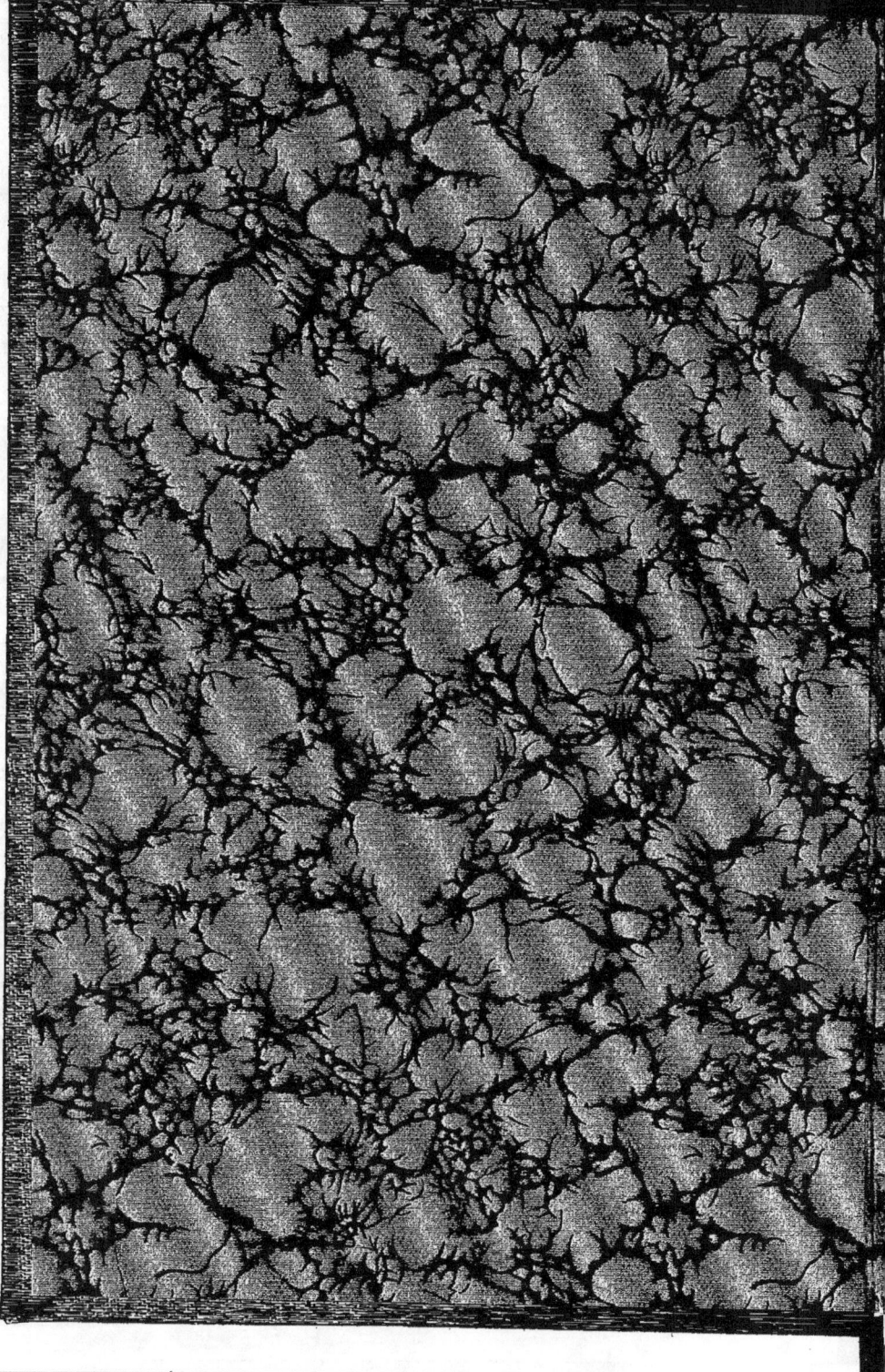

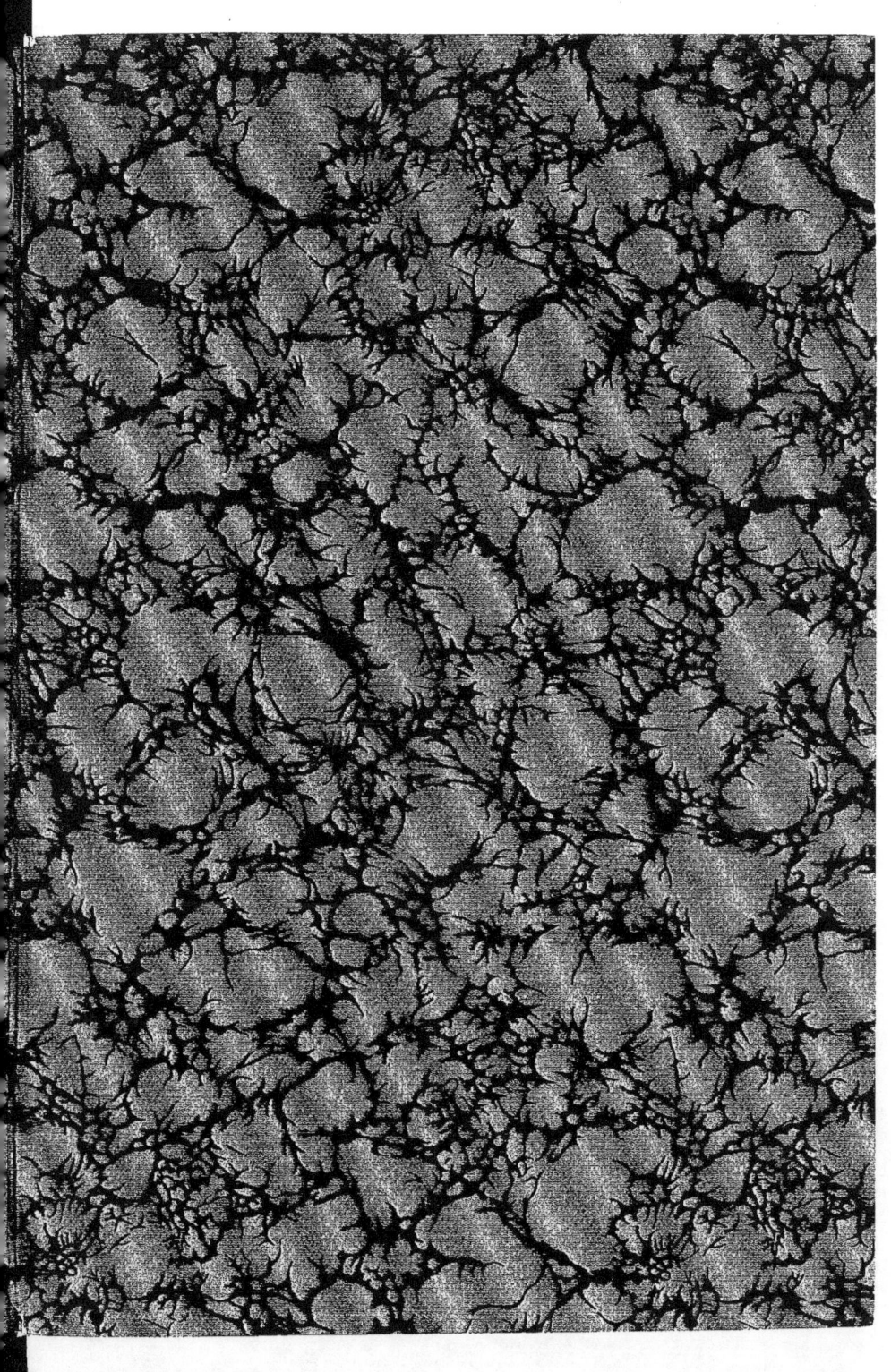

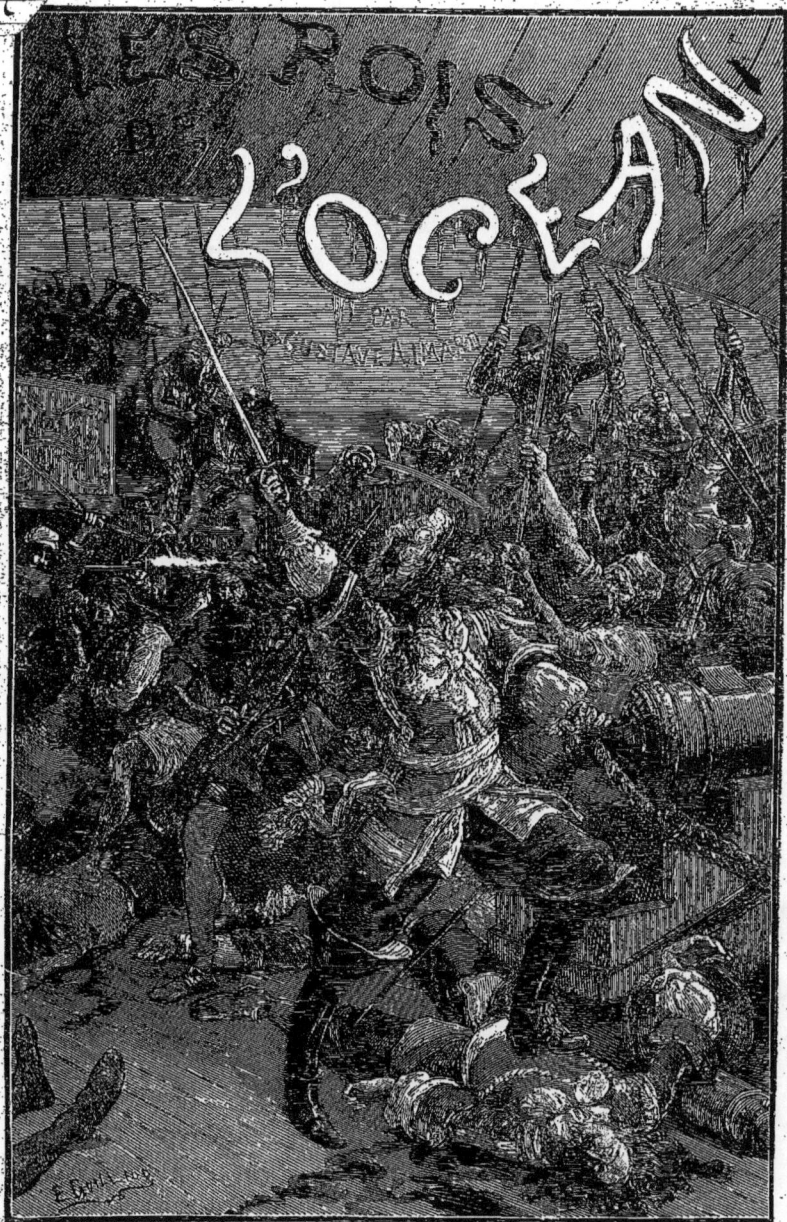

F. ROY, éditeur, 222, boulevard Saint-Germain, PARIS.

LES

ROIS DE L'OCÉAN

SCEAUX. — IMPRIMERIE CHARAIRE ET FILS

LES
ROIS DE L'OCÉAN

PAR

GUSTAVE AIMARD

DEUXIÈME VOLUME

VENT-EN-PANNE

PARIS
F. ROY, LIBRAIRE-ÉDITEUR
222, BOULEVARD SAINT-GERMAIN, 222
—
1891

LES ROIS DE L'OCEAN
DEUXIÈME PARTIE
VENT-EN-PANNE

Un second coup de pistolet retentit; une nouvelle victime roula sur le sol.

VENT-EN-PANNE

COMMENT L'OLONNAIS SE PERDIT DANS LA FORÊT ET CE QUI S'EN SUIVIT.

Nous avons abandonné l'Olonnais, au moment où, grâce à l'appui que lui avait prêté Vent-en-Panne, il avait réussi à délivrer la duchesse de la Torre et sa fille des mains des Espagnols.

Les deux dames s'étaient évanouies; la duchesse, soulevée dans les bras robustes de Pitrians, fut transportée dans la clairière et remise à son mari; quant à la jeune fille, l'Olonnais ne voulut laisser à personne le soin de la rendre à son père.

La poursuite des ravisseurs avait entraîné les flibustiers assez loin du lieu, où primitivement s'était livré le combat. L'Olonnais, demeuré seul près de doña Violenta, car tous les flibustiers avaient répondu à l'appel de Vent-en-Panne, et s'étaient élancés sur ses pas, enleva délicatement la jeune fille entre ses bras, et se mit en marche pour rejoindre ses compagnons.

Depuis quelques jours à peine, l'Olonnais avait débarqué à Saint-Domingue, c'était la première fois qu'il s'enfonçait si avant dans l'intérieur; il ne connaissait pas le pays.

A cette époque, déjà bien loin de nous, Saint-Domingue n'était en réalité qu'une immense forêt vierge, coupée çà et là par de vastes savanes, où l'herbe poussait drue, et s'élevait parfois à six, sept, et même huit pieds de hauteur.

Les établissements fondés par les Espagnols et les Français, l'avaient été sur le bord de la mer seulement. On avait défriché quelques centaines d'acres de terre, et tout avait été dit.

Depuis l'invasion des Français, et la façon audacieuse dont ils s'étaient établis dans l'île, les Espagnols, contraints de se défendre contre les attaques continuelles de ces implacables ennemis, avaient, à la vérité, établi un cordon de *ranchos* le long de leurs frontières, ranchos que, avec tout l'orgueil castillan, ils décoraient pompeusement du nom de villes. Mais ces misérables bourgades disséminées à de longues distances, étaient enfouies et comme perdues, au milieu de l'Océan de verdure qui les cernait de toutes parts.

Les forêts américaines sont excessivement redoutables, par cette double raison que la végétation y est tellement puissante, que les arbres y atteignent une hauteur considérable, et y font régner, sous leur couvert, un jour crépusculaire; de plus ces forêts sont invariablement composées de la même essence. Il faut donc avoir acquis une grande expérience, et surtout une grande habitude de la vie des bois, pour ne pas courir le risque de s'égarer sous ces dômes de verdure, où tout bruit meurt sans écho; où l'air ne circule qu'avec peine, et où la névrose ne tarde pas à amener l'anémie et la mort.

Les exemples sont nombreux de chasseurs perdus dans les forêts américaines, qui ont pendant des semaines entières tourné dans le même cercle; et qui, s'ils n'ont pas succombé, ont été retrouvés, les cheveux blanchis et privés de raison; il est admis en principe que, lorsqu'on est perdu dans une forêt vierge, on y meurt.

Après avoir marché pendant environ une demi-heure, l'Olonnais reconnut avec épouvante qu'il s'était égaré.

Il déposa doucement son léger fardeau à terre; il craignait, en continuant à marcher, de s'égarer davantage; et allant puiser de l'eau dans son chapeau à une source voisine de l'endroit où il se trouvait, il essaya de faire revenir la jeune fille à elle.

L'évanouissement de doña Violenta avait été causé seulement par la terreur profonde qu'elle avait éprouvée, à la brutale agression dont elle avait failli être victime. Elle ne tarda pas à ouvrir les yeux; sa surprise fut extrême en se voyant seule avec l'Olonnais, dans un lieu aussi désert.

De toutes les facultés de l'homme, la mémoire est celle qu'il perd le plus vite, mais aussi celle dont en général il reprend le plus tôt possession.

La jeune fille se rappela bientôt les événements qui s'étaient passés; une légère rougeur empourpra ses joues pâlies, et fixant son doux regard sur le flibustier, en même temps qu'elle essayait de sourire:

— Oh! je me souviens, dit-elle, c'est vous qui m'avez sauvée!

— Hélas! mademoiselle, répondit l'Olonnais, je donnerais ma vie, pour que vous disiez vrai; mais je crains malheureusement de ne nous avoir sauvée d'un danger terrible, pour vous exposer à un plus terrible encore!

— Que voulez-vous dire? murmura-t-elle.

— C'est en vain que depuis une demi-heure j'essaie de rejoindre mes compagnons. Vous le savez, je ne suis que depuis peu dans ce pays; je ne le connais pas, et force m'est de vous avouer que je ne retrouve plus ma route.

— N'est-ce que cela? dit elle avec insouciance; je ne vois pas là grande raison de s'effrayer; nos amis ne nous voyant pas revenir, se mettront à notre recherche; il est impossible qu'ils ne nous retrouve pas, si nous ne les retrouvons pas nous-mêmes.

— Je suis heureux de vous voir si courageuse, mademoiselle.

— Qu'ai-je à redouter? n'êtes-vous pas près de moi? Depuis que je vous ai rencontré pour la première fois, je ne compte plus les services que vous m'avez rendus; aussitôt qu'un danger m'a menacée, je vous ai toujours vu apparaître à mes côtés, prêt à me défendre et toujours votre protection m'a sauvegardée.

— Mademoiselle!

— Oh! je ne suis pas ingrate! si je ne vous ai rien dit, c'est que les circonstances ne m'ont pas permis de le faire ; mais puisque aujourd'hui l'occasion s'en présente enfin, je la saisis avec empressement, monsieur, pour vous témoigner toute la reconnaissance que j'éprouve pour les services que vous m'avez rendus.

En parlant ainsi, le visage de la jeune fille s'était couvert d'une pâleur subite; elle avait baissé ses yeux si doux, dans lesquels brillaient des larmes.

— Oh! mademoiselle! que suis-je, pour que vous daigniez me parler ainsi que vous le faites? Si j'ai été assez heureux pour vous rendre quelques services, j'ai trouvé dans mon cœur tout le prix que j'en pouvais attendre; je ne saurais rien réclamer de plus. Je ne suis qu'un être obscur; perdu dans la foule, dont jamais, hélas! je ne réussirai à sortir; je suis trop loin de vous pour qu'un de vos regards s'égare sur moi.

— Vous êtes injuste, et vous me jugez mal, monsieur. L'affection que vous porte mon père est grande; ma mère vous considère comme un ami fidèle et dévoué; ne me permettez-vous donc pas de vous regarder moi aussi comme tel?

— Cette amitié, mademoiselle, me comble de joie, dit-il avec une profonde expression de tristesse; elle dépasse de si loin tout ce que j'aurais osé espérer, que je ne trouve pas dans mon cœur, de paroles pour exprimer les sentiments que me fait éprouver cette adorable bonté.

— Laissons cela, dit gaiement la jeune fille en se levant, rétablissant par un geste gracieux le désordre de sa toilette; je suis une princesse malheureuse et persécutée, enlevée par de méchants enchanteurs et délivrée par un preux chevalier ; cela n'est-il pas bien ainsi?

— Oui, vous avez raison, mademoiselle; seulement le preux chevalier n'est qu'un pauvre Frère de la Côte, un homme presque mis hors la loi commune.

— Ne dites pas cela. En quelques jours à peine, vous avez su conquérir une place très honorable parmi vos compagnons; souvenez-vous de ceci, monsieur : qui possède courage, persévérance et loyauté, doit acquérir richesses et bonheur.

— Est-ce une prophétie que vous me faites? répondit l'Olonnais avec un sourire amer.

— Non, dit-elle, en détournant la tête pour cacher sa rougeur, mais c'est peut-être un espoir que j'exprime.

Il y eut un court silence.

Les deux jeunes gens étaient en proie à une émotion d'autant plus vive, qu'ils essayaient davantage de la cacher.

— Vous sentez-vous assez forte, mademoiselle, reprit l'Olonnais après un instant, pour essayer avec moi de retrouver notre route? ou préférez-vous attendre mon retour auprès de cette source?

— Non pas! s'écria-t-elle vivement; je ne veux sous aucun prétexte me séparer de vous; donnez-moi votre bras, monsieur, je suis prête à vous suivre.

Ils se mirent en marche, après que l'Olonnais se fut orienté de son mieux.

De temps en temps, c'est-à-dire de six minutes en six minutes, le flibustier déchargeait son fusil, mais vainement ; le bruit du coup de feu s'envolait, mourant sans écho sous le couvert.

Bien qu'il feignît l'indifférence et presque la gaieté, pour ne pas effrayer sa compagne, le jeune homme était en proie à une douleur, que chaque seconde qui s'écoulait rendait plus intense; il sentait que plus il marchait, plus il s'égarait.

Les arbres se succédaient les uns aux autres, se ressemblant tous, comme s'ils eussent été taillés sur le même modèle; les forces de la jeune fille s'épuisaient, elle commençait à peser lourdement au bras du boucanier; bien qu'elle ne se plaignît pas, qu'elle essayât de sourire, il était facile de s'apercevoir que sa fatigue était grande.

Afin de ne pas épuiser sa petite provision de poudre, le flibustier avait été contraint de cesser de décharger son arme.

Le jour s'avançait; la lueur sombre qui régnait sous le couvert se faisait de plus en plus obscure; bientôt les forces de la jeune fille la trahirent complètement; elle s'affaissa sur elle-même.

L'Olonnais avec cette énergie que donne le désespoir, enleva la pauvre enfant à demi-évanouie dans ses bras et essaya de continuer ses recherches.

Ce n'était pas sans un sentiment de joie douloureuse, qu'il sentait les boucles soyeuses et parfumées de la jeune fille, dont la tête languissante reposait sur son épaule, frôler doucement son visage.

Mais les forces humaines ont des limites qu'elles ne sauraient impunément franchir; le flibustier sentait le sang lui monter à la gorge, ses tempes battaient à se rompre, des lames de feu traversaient son regard; il n'avançait plus qu'avec peine, marchait en chancelant comme un homme ivre, prévoyant avec terreur que bientôt il tomberait vaincu aux pieds de celle qu'il prétendait sauver; quelques minutes encore, et c'en était fait.

Tout à coup, une voix claire, aux notes cristallines, se fit entendre sous la feuillée.

Cette voix chantait la délicieuse ronde normande, qui commence ainsi :

<blockquote>
L'alouette, au plus haut des airs,
Chante sa chanson joyeuse ;
Le milan, etc., etc., etc...
</blockquote>

L'Olonnais, à ces accents bien connus, et qui lui révélaient l'approche d'un secours inespéré, sentit l'espoir rentrer dans son cœur; il réunit toutes ses forces pour tenter un dernier effort; à trois reprises différentes, il poussa un cri aigu, strident, particulier aux marins pendant la tempête, et qui sur l'aile de la brise s'envole à des distances considérables, cri qui n'a de comparable que celui des montagnards se répondant d'un pic à un autre.

Après son troisième cri, le jeune homme posa doucement à terre doña Violenta complètement évanouie, et il roula sur le sol, incapable de lutter davantage.

A travers le brouillard sanglant qui obscurcissait sa vue, il lui sembla voir la forme svelte et gracieuse de Fleur-de-Mai, émerger de derrière les arbres et se diriger en toute hâte de son côté; mais, dompté par la souffrance, il perdit presque aussitôt le sentiment des objets extérieurs.

Lorsqu'il revint à lui, il aperçut Fleur-de-Mai agenouillée à son côté, et lui prodiguant les soins les plus délicats.

Doña Violenta, penchée sur lui, le regardait avec une expression étrange, dans laquelle la joie et la douleur se confondaient tellement, qu'il était impossible de deviner lequel de ces deux sentiments dominait l'autre.

— Pourquoi te hasardes-tu ainsi dans les bois, toi qui es tout nouveau dans la colonie ? lui dit Fleur-de-Mai d'un ton de léger reproche; si je n'avais pas pensé à toi, tu aurais été perdu, ami ; avant deux jours ton cadavre serait devenu la proie des bêtes sauvages. Ne recommence pas de telles folies ; je ne serai pas toujours là, pour me mettre à ta recherche.

— Comment se fait-il que tu m'aies retrouvé, Fleur-de-Mai ? Je ne me souviens pas de t'avoir aperçue parmi nos compagnons?

— C'est vrai, dit-elle avec un pâle sourire, je ne suis qu'une pauvre fille, moi ; je crains le contact des Frères de la Côte, quoique, cependant, ils soient bons pour moi, et me traitent comme leur enfant ; mais mon cœur m'avait dit que peut-être tu aurais besoin de moi, voilà pourquoi je me suis mise à leur suite ; lorsque le combat a été terminé, et que l'on n'a plus retrouvé la jeune demoiselle, j'ai compris d'où provenait ton absence.

— Oui, murmura doña Violenta, c'est à lui que cette fois encore je dois mon salut.

— C'est vrai : pour vous sauver, il s'est exposé à mourir ! et elle murmura, comme si elle se fût parlé à elle-même : *Oh ! je le sens à mon cœur, ce doit être cela qu'on appelle l'amour !*

A ces paroles si brusquement prononcées sans intention apparente, les deux jeunes gens tressaillirent ; une vive rougeur empourpra leurs visages, et ils détournèrent la tête.

— Pourquoi cette émotion ? Pourquoi cette honte ? ce sentiment n'est-il pas naturel ? ne vient-il pas du cœur ? reprit Fleur-de-Mai d'une voix plaintive. De même que le soleil vivifie les plantes, l'amour est un rayonnement divin que Dieu, dans son ineffable bonté, a mis au cœur de l'homme pour épurer son âme.

— A quoi bon dire ces choses, Fleur-de-Mai ? J'éprouve pour cette dame, le plus profond respect ; la distance est trop grande entre nous, nos positions dans la société trop différentes, pour que le sentiment dont vous parlez puisse exister.

La jeune fille sourit doucement, en hochant tristement la tête.

— Vous essayez vainement, dit-elle, de donner le change aux sentiments qui vous agitent : vous vous aimez sans le savoir peut-être ; si vous descendiez en vous-mêmes, vous reconnaîtriez que j'ai dit vrai.

— N'insistez pas sur ce sujet, Fleur-de-Mai ; ne serait-ce pas plus convenable au contraire, maintenant que les forces de cette dame sont à peu près revenues, de la ramener près de son père, dont l'inquiétude doit être grande?

— C'est en vain que vous essayez de me fermer la bouche, reprit-elle, avec une énergie fébrile, vous ne réussirez pas à me tromper. Pourquoi ce noble seigneur est-il venu à Saint-Domingue ? Cette noble demoiselle, grâce au rang qu'elle occupe dans la société, ne manquera jamais d'adorateurs, sans qu'il lui soit nécessaire de les choisir parmi les Frères de la Côte. Vous vous aimez, vous dis-je ; quoi qu'il arrive, rien ne pourra vous empêcher d'être l'un à l'autre.

— Arrêtez, madame ! s'écria doña Violenta avec animation. Je ne vous connais pas, j'ignore qui vous êtes ; mais à mon tour, je vous demanderai de quel droit vous prétendez faire ce que votre compagnon et moi nous n'avons pas osé tenter, c'est-à-dire scruter nos cœurs ? Et, quand cela serait vrai ? quand un sentiment plus doux, quand une passion plus profonde que la plus sincère amitié se serait, à notre insu, glissé dans notre âme, de quel droit prétendriez-vous nous contraindre à vous faire, à vous, un aveu que nous n'osons nous faire, à nous-mêmes ? J'ai contracté d'immenses obligations envers votre ami ; nous avons, pendant plusieurs mois, vécu côte à côte sur le même navire, mais nous allons nous séparer, pour ne jamais nous revoir ; pourquoi, ou plutôt dans quel but, essayez-vous de nous rendre cette séparation plus cruelle qu'elle ne doit l'être ? vous commettez presque une mauvaise action, en essayant de provoquer des aveux que ni lui, ni moi ne pouvons, ni ne devons faire.

— Vous voyez bien que vous l'aimez, madame, mon cœur ne m'avait pas trompée ; je savais que cela était ainsi. Eh bien ! je serai plus franche que vous ne voulez l'être ; moi, madame, je n'ai aucune considération à garder ; je suis une orpheline vivant au jour le jour, comme les oiseaux du ciel ; j'aime l'Olonnais ; je l'aime de toutes les forces de mon âme, depuis la première heure où je l'ai vu : mais cet amour ne m'a rendue ni injuste, ni jalouse, ni méchante ; il m'a seulement douée de clairvoyance, en me permettant de lire, malgré vous, dans votre cœur, comme dans un livre ouvert ; vous l'aimez et il vous aime, madame ; soit, je ne saurais l'empêcher ; je ne le pourrais et ne le voudrais pas ; mais si j'accepte cette rivalité, ou plutôt si j'admets cette supériorité que le hasard vous donne sur moi, c'est à la condition que vous aimerez mon ami, comme je l'aurais aimé moi-même. Maintenant venez, madame, je vais vous reconduire à votre père.

— Un instant encore ! s'écria l'Olonnais avec énergie. Cette explication que vous avez provoquée, Fleur-de-Mai, et dans laquelle vous nous avez entraînés malgré notre volonté, doit être complète. Quel que soit le sentiment qui m'agite et gronde dans mon cœur, il faut que Mlle de la Torre sache bien ceci : que je professe pour elle un inaltérable dévouement, que quoi qu'il advienne, je serai toujours le plus respectueux de ses serviteurs, que le jour où elle me demandera ma vie, ce sera avec joie que je la lui donnerai.

— Monsieur, répondit la jeune fille avec émotion, j'ai peut-être regretté, un instant, l'intervention étrange, quoique bienveillante, de votre amie Fleur-de-Mai ; à présent je ne sais pourquoi, mais il me semble que je suis presque heureuse, de l'avoir entendue parler ainsi qu'elle l'a fait.

— Oh ! mademoiselle ! s'écria-t-il avec passion.

Elle l'interrompit d'un geste, et continua avec un sourire triste ;

— Dans quelques heures nous serons séparés, mais le cœur franchit les distances, et les pensées, dans leur vol rapide, sont toujours près de ceux qu'on aime. Bien que séparées matériellement, nos âmes seront toujours

A travers le brouillard qui obscurcissait sa vue, il lui sembla voir la forme svelte et gracieuse de Fleur-de-Mai.

ensemble; si la différence de ma position sociale exige de moi une certaine réserve, et m'empêche d'exprimer plus clairement ma pensée, pardonnez-moi.

Elle arracha un médaillon suspendu à son cou par une légère chaîne d'or et le présentant au jeune homme :

— Conservez ce souvenir, dit-elle, que ce soit le lien qui nous rattache l'un à l'autre; soyez bien convaincu, que quoi que le sort décide de moi, jamais je n'oublierai ni les services que vous m'avez rendus, ni l'attachement profond et respectueux que vous m'avez voué.

Le jeune homme prit le médaillon, qu'il pressa sur son cœur, et détournant la tête il fondit en larmes, seul moyen qui lui restait d'exprimer ce qu'il éprouvait et ce qu'il n'osait dire.

— Bien, dit Fleur-de-Mai, vous êtes une noble nature, madame; Dieu, qui a fait égaux tous les êtres qu'il a créés, saura, croyez-le bien, abaisser les barrières qui s'élèvent entre vous et mon ami. Prends courage, l'Olonnais, tu es jeune, tu es beau, tu es aimé, un jour viendra où tu seras heureux.

Elle prononça ces dernières paroles d'une voix étouffée et les yeux pleins de larmes; mais bientôt elle releva la tête doucement, sourit et, sans ajouter un mot, elle ouvrit les bras.

Les deux jeunes femmes demeurèrent un instant embrassées; puis se prenant par la main, elles se mirent en marche pour rejoindre les chasseurs, suivies par l'Olonnais, dont le front pâle et les yeux brûlés de fièvre laissaient deviner le feu intérieur dont il était dévoré.

Ainsi que cela arrive toujours en pareille circonstance, l'Olonnais, depuis sa séparation avec les Frères de la Côte, n'avait fait qu'errer au hasard, mais sans s'éloigner, et en tournant toujours dans le même cercle; de sorte que lorsqu'il avait rencontré Fleur-de-Mai, lui et Mlle de la Torre se trouvaient à peine à deux portées de fusil de l'endroit où les flibustiers avaient fait halte.

Fleur-de-Mai, élevée au désert, se dirigeait avec une adresse merveilleuse au milieu de ce dédale en apparence inextricable, dans lequel elle trouvait son chemin sans paraître même le chercher.

Tout à coup, le petit groupe émergea du couvert dans une clairière, où les flibustiers avaient établi leur campement provisoire.

La joie fut générale en apercevant Mlle de la Torre; le duc et la duchesse remercièrent avec effusion l'Olonnais d'avoir sauvé leur fille.

Le jeune homme eut beau protester que ce qu'il avait fait se réduisait à très peu de chose; qu'il s'était égaré dans la forêt; que sans Fleur-de-Mai qui les avait providentiellement rencontrés, leur position était désespérée; personne ne voulut ajouter foi à ses paroles, que du reste Fleur-de-Mai démentait avec énergie; force lui fut donc de passer aux yeux de tous pour un héros.

Quelques instants plus tard, l'engagé que M. d'Ogeron avait expédié au Port-Margot revint avec des chevaux; ce fut en vain que Montbars, le Beau Laurent et les autres chefs de la flibuste proposèrent aux dames de pousser jusqu'au boucan du Poletais, dont on se trouvait alors très rapproché; elles ne voulurent pas y consentir. Elles étaient brisées par les émotions successives qu'elles avaient éprouvées, et n'avaient qu'un désir : rentrer dans la ville le plus tôt possible.

On reprit donc la direction du Port-Margot. Ce fut alors, et au moment où la troupe se remettait en marche, qu'elle fut rejointe par l'engagé de Vent-en-Panne. Nous avons rapporté plus haut quelle fut l'issue de sa mission auprès de l'Olonnais.

Il était près de dix heures du soir lorsque les promeneurs, harassés de fatigue, atteignirent la ville, qu'ils avaient quittée si joyeusement le matin.

L'Olonnais se retira dans la maison de Vent-en-Panne, emportant dans son cœur du bonheur pour une vie entière; où du moins il le croyait.

Le lendemain de cette journée si accidentée, et cependant si heureusement terminée, un orage effroyable éclata sur Saint-Domingue.

Cette fois encore, l'Olonnais eut l'occasion de se signaler, et de faire preuve de ce dévouement sans bornes à ses semblables, qui était le côté saillant de son caractère. Sans son courage, son adresse et surtout la connaissance approfondie qu'il possédait de son métier de marin, plusieurs navires et entre autres le vaisseau *Le Robuste*, auraient été jetés à la côte et brisés sur les rochers.

Aux premiers éclats de la foudre, aux premiers déchirements de l'ouragan, le jeune homme s'élança au dehors. Par son exemple il électrisa la population, suivi par Montbars, Pitrians, le Crocodile, Montauban et les plus célèbres flibustiers, qui comme lui, armèrent des pirogues, les montèrent bravement; il se rendit à bord des bâtiments en perdition, et réussit à les sauver.

Le *Robuste*, mouillé sur une seule ancre, avait eu son câble rompu; une seconde ancre jetée trop précipitamment n'avait pas accroché le fond, qu'elle draguait, et ne pouvait arrêter la dérive du navire. Presque tous les officiers étaient à terre, l'équipage perdait la tête. Pendant que Montbars faisait dépasser les mâts de perroquet, caler les mâts de hune et mettre les basses vergues sur les porte-lofs, pour alléger le navire, en donnant moins de prise à la tempête, l'Olonnais et le capitaine Montauban, montés chacun sur une pirogue qui faisait eau de toutes parts, ballottés comme des bouchons de liège, par les lames furieuses, qui parfois passaient par-dessus leurs embarcations, allèrent, au péril de leur vie, mouiller des ancres à jet au large.

L'équipage du *Robuste* suivait anxieusement du regard cette audacieuse manœuvre, qui réussit providentiellement; on aurait dit que la mort reculait devant ces téméraires Frères de la Côte.

Au moment où l'on raidit les câbles au cabestan, il n'y avait plus un instant à perdre; le *Robuste* n'était plus qu'à une portée de pistolet des rochers.

La tempête se prolongea pendant toute la journée et toute la nuit suivante; l'ardeur des flibustiers ne se ralentit pas une minute; mais le lendemain, lorsque l'ouragan se calma, que la mer redevint maniable, les habitants du Port-Margot constatèrent avec joie que pas un bâtiment n'avait péri pendant la tempête.

M. de la Torre et sa fille, en proie à une terreur profonde, avaient assisté avec une anxiété extrême à cette lutte héroïque, soutenue par ces hommes que l'on était accoutumé à considérer presque comme des bandits, contre les éléments déchaînés et furieux.

Rapporter les remerciements qui furent adressés aux Frères de la Côte, et particulièrement à l'Olonnais, serait retomber dans des redites; nous nous abstiendrons donc d'en parler.

Cependant le rude assaut que son navire avait eu à soutenir, avait donné beaucoup à réfléchir à M. de Lartigues; il ne se souciait point de s'exposer à une nouvelle tempête, en prolongeant davantage son séjour à Port-Margot.

Comme le cartel parlementaire qu'il avait demandé au gouverneur de la

Havane, pour transporter M. de la Torre et sa famille à la Véra-Cruz, avait été reçu depuis quelques jours déjà par M. d'Ogeron, le commandant du *Robuste* résolut de mettre le temps à profit, en appareillant au plus vite.

Cette résolution annoncé par M. de Lartigues à la table de M. d'Ogeron, en présence de plusieurs flibustiers invités par le gouverneur, causa une grande émotion à tous les convives; émotion qui fut surtout vivement ressentie par deux personnes, l'Olonnais et Mlle de la Torre, qui échangèrent un regard empreint d'une navrante tristesse. Pendant tout le temps que dura le repas ils n'eurent plus le courage de se mêler à la conversation.

Cependant, en se levant de table et au moment de prendre congé, l'Olonnais, rappelant à lui tout son courage, fit un effort suprême, et s'approchant du duc qui causait avec M. d'Ogeron :

— Monsieur le duc, lui dit-il en le saluant courtoisement ainsi que les deux dames, permettez-moi de vous faire mes adieux, et en même temps de vous adresser tous mes souhaits, pour que vous rencontriez au milieu de vos compatriotes, autant de respectueuses sympathies que vous en avez trouvé parmi nous; vous allez occuper une position presque royale; mais mieux que moi, vous le savez sans doute, monsieur le duc, il n'y a rien de stable que le malheur; Dieu veuille que ceux qui, pendant de si longues années, ont poursuivi votre famille ne vous atteignent pas de nouveau. Mais, ajouta-t-il, en jetant un regard sur doña Violenta, dont les yeux étaient ardemment fixés sur son mâle visage, si, ce que Dieu ne veuille, vos ennemis l'emportaient de nouveau sur vous, je crois être ici l'interprète de tous mes compagnons, en vous rappelant que sur un rocher perdu de l'Atlantique, il existe des cœurs qui battent pour vous. Vous êtes l'hôte des Frères de la Côte, ne l'oubliez pas plus qu'ils ne l'oublieront eux-mêmes. Le jour où vous aurez besoin de leur appui, vous les trouverez tous, prêts à vous défendre. Un mot seulement, un chiffre, un signe quelconque et nous accourons vers vous, comme un vol de vautours. Malheur, alors, à ceux qui oseront nous barrer le passage!

— Je n'attendais pas moins de vous, riposta le duc avec chaleur, en lui serrant cordialement la main; si je suis né en Espagne, j'ai été élevé en France; c'est dans ce pays que j'ai aimé et souffert: je suis donc Français de cœur; je vous remercie du fond de l'âme de cette offre généreuse ; cette offre, que j'ai acceptée; ainsi que vous-même me l'avez rappelé, je n'oublierai jamais que j'ai été l'hôte des Frères de la Côte; le jour où j'aurai besoin d'eux je n'hésiterai pas à les appeler. Embrassez-moi, l'Olonnais, nous nous séparons comme deux frères, deux amis. Un de mes plus doux souvenirs sera les quelques jours heureux que j'ai passés à Saint-Domingue, parmi les flibustiers, ces hommes si méconnus, et qui cependant méritent tant d'être appréciés à leur valeur. Adieu à vous, l'Olonnais, adieu à vous tous, messieurs; n'oubliez pas que le duc de la Torre est vice-roi du Pérou. Vos vaisseaux seront toujours reçus dans ses ports, soit pour se garantir de la tempête, soit pour se ravitailler, soit, enfin, pour chercher protection contre un ennemi.

— Messieurs, dit alors M. de Lartigues, les remerciements que je vous adresserais pour les services que vous avez rendus à mon vaisseau, n'exprimeraient que très faiblement la reconnaissance que j'éprouve pour vos généreux procédés. Dans trois mois, je serai de retour en France ; bientôt, je l'espère, vous aurez la preuve que j'ai vu le roi, et que je lui ai rendu compte de votre conduite.

Les adieux se prolongèrent quelques instants encore, enfin on se sépara.

L'Olonnais avait le cœur navré ; sa souffrance était d'autant plus grande, qu'il était seul, et ne pouvait épancher sa douleur dans le sein d'un ami.

Au lieu de rentrer chez lui, où il lui aurait été impossible de trouver le calme dont il avait besoin, il alla tristement errer sur la plage, espérant que la solitude rendrait un peu d'équilibre à son esprit, et réveillerait son courage ; il prolongea ainsi sa promenade jusqu'à un bloc de rochers déchiquetés par la mer, et qui, aux rayons de la lune, prenait des proportions presque fantastiques.

Là, il s'assit, cacha sa tête dans ses mains, et s'absorba dans sa douleur.

Plusieurs heures s'étaient écoulées, sans qu'il eut changé de position ; les étoiles commençait à s'effacer dans le ciel, lorsqu'une main se posa légèrement sur son épaule, et une voix harmonieuse murmura doucement à son oreille :

— Pourquoi pleures-tu ainsi ? cette séparation était prévue ; elle était inévitable. Ne t'abandonne pas à ta douleur ; sois homme ; l'adversité grandit le cœur.

L'Olonnais releva la tête ; il vit devant lui, comme un blanc fantôme, Fleur-de Mai dont un sourire triste éclairait le gracieux visage.

— Merci de venir ainsi me consoler, Fleur-de-Mai, répondit le jeune homme d'une voix plaintive ; oh ! si tu savais combien je souffre !

— Je le sais, répondit-elle tristement en posant la main sur son cœur ; mais tu te trompes, ami, je ne viens pas te consoler, je viens te dire : Courage !

— Courage ! murmura-t-il, lorsque tout me manque à la fois ! lorsque je reste seul !

— Non, tu n'es pas seul ; tu as des amis qui t'aiment, et ceux qui partent ne t'oublieront pas. Ce que l'homme fait, Dieu peut le défaire ; déjà je te l'ai dit ; celui qui pleure sera consolé ; il n'y a d'éternel que l'adieu prononcé par une bouche mourante. Espère ! bientôt peut-être tu retrouveras celle qui va partir. Je l'ai vue moi.

— Tu as vu doña Violenta, Fleur-de-Mai ? s'écria-t-il avec passion.

— Oui, je l'ai vue. Comme toi, elle succombait sous le poids de la douleur ; je lui ai parlé, elle m'a chargée de t'apporter sa dernière parole, cette parole qui doit être entre vous un signal, si quelque jour elle a besoin de toi.

— Que t'a-t-elle dit ? répète-le-moi vite !

— Oh ! que tu es impatient !

— Si tu savais combien je l'aime, Fleur-de-Mai.

— Oui, tu l'aimes bien ; reprit-elle d'une voix profonde.

— Mais, interrompit l'Olonnais, sans même avoir écouté les paroles de la jeune fille, tu ne me dis pas ce mot qu'elle t'a chargée de me répéter.

— Écoute-moi donc puisque tu veux le savoir, c'est un mot castillan : *Recuerdo*.

— Merci, Fleur-de-Mai ; merci, tu es bonne ; tu m'as rendu bien heureux.

La jeune fille soupira ; elle jeta un long regard au flibustier dont la tête était retombée pensive sur sa poitrine; et elle s'éloigna lentement en murmurant à demi-voix :

— Il est heureux !... et moi !...

Bientôt son gracieux profil s'effaça dans les ténèbres.

Au lever du soleil, le *Robuste* appareilla et, poussé par une bonne brise, il ne tarda pas à disparaître en haute mer.

Le soir du même jour, Vent-en-Panne revint à Port-Margot; l'ouragan l'avait contraint malgré lui à différer son retour.

Les deux matelots eurent une longue conversation pendant laquelle l'Olonnais raconta franchement à son ami, sans rien lui cacher, ce qui s'était passé entre lui et doña Violenta.

Vent-en-Panne regretta beaucoup de ne pas avoir vu le duc de la Torre avant son départ, afin de le mettre en garde contre ses ennemis, en le prévenant des machinations qu'ils tramaient traîtreusement contre lui.

Ce fut à la suite de cette importante conversation entre les deux matelots, qu'ils résolurent de tenter une expédition contre San-Juan de la Maguana, afin de s'emparer, s'il était possible, des papiers importants que le Chat-Tigre devait avoir entre les mains.

Nous reprendrons maintenant notre récit au point où nous l'avons interrompu, c'est-à-dire, au moment où les deux Frères de la Côte se sont endormis, presque en vue du village, dans lequel ils voulaient s'introduire.

II

COMMENT LES BOUCANIERS TENTÈRENT UNE CAMISADE CONTRE SAN-JUAN DE LA MAGUANA ET CE QUI EN ADVINT

Il était près de trois heures de l'après-midi; cependant les deux flibustiers et leurs engagés dormaient encore aussi profondément que s'ils n'eussent jamais dû se réveiller.

Qui sait pendant combien de temps encore ce sommeil se serait prolongé, si tout à coup les venteurs, qui, eux, ne dormaient pas, heureusement, n'avaient, comme d'un commun accord, non pas donné de la voix, mais simplement poussé une plainte étouffée presque insaisissable; on aurait cru que les braves bêtes comprenaient de quelle importance il était pour leurs maîtres de ne pas trahir leur présence.

Cependant, si faible que fut cette plainte, elle suffit pour éveiller des hommes auxquels la continuelle appréhension de dangers terribles tenait, même dans le sommeil, l'esprit en vedette.

— Eh ! qu'y a-t-il, Monaco ? demanda Vent-en-Panne à l'un des venteurs, dont les yeux animés d'une expression presque humaine étaient fixés sur lui.

L'intelligent animal remua la queue et pointa le museau dans la direction de l'étang de Riquille, en grondant sourdement, mais cependant d'une façon toute amicale.

— Ah! ah! fit Vent-en-Panne, il paraît qu'il nous arrive des visites? Voyons un peu à qui nous allons voir affaire?

Son attente ne fut pas longue : à peine achevait-il de parler que deux hommes parurent.

Ces deux hommes, armés jusqu'aux dents, marchaient avec une précaution extrême; sept ou huit engagés les suivaient à distance.

— Eh! fit le flibustier, Montbars et Montauban! Ils sont en avance, il me semble; ou bien aurions-nous par hasard dormi trop longtemps, et me tromperais-je sur l'heure? cela serait singulier! enfin attendons.

Montbars et Montauban, les deux célèbres chefs de la flibuste, dont l'un au moins est déjà connu du lecteur, continuaient à s'avancer; mais en redoublant de précautions, au fur et à mesure qu'ils approchaient de l'endroit où Vent-en-Panne et ses compagnons étaient campés.

Lorsqu'il les vit assez proches de lui, le vieux Frère de la Côte se décida à se montrer; les arrivants négligèrent alors toutes précautions et marchèrent résolument en avant; il ne leur fallut que quelques minutes pour rejoindre leurs amis. Les compliments furent brefs : ce n'était pas une visite de cérémonie, mais un rendez-vous d'affaires; les flibustiers étaient en expédition.

— Quoi de nouveau? demanda Montbars.

— Rien, nous sommes arrivés à onze heures du matin; rien n'a bougé autour de nous.

— Bon! les Gavachos ne se méfient pas alors! fit le capitaine Montauban, charmant jeune homme de vingt-cinq ans au plus, aux manières exquises, aux traits fins et aristocratique, et dont la physionomie avait une expression de douceur féminine. Cordieu! nous allons avoir une belle camisade, on pourra jouer des couteaux!

— Allons! allons! Montauban, lui dit en souriant Montbars, calme-toi un peu. Tudieu! comme tu prends feu, compagnon!

— C'est vrai; mais aussi c'est si amusant de houspiller les Gavachos!

— Le Poletais n'a pas encore paru? demanda Montbars.

— Il ne devait pas venir ici; son poste était du côté de l'étang de Riquille.

— C'est juste! Combien a-t-il d'hommes avec lui?

— Il n'a que ses engagés : cinq rudes compagnons.

— Nous disions donc : le Poletais, et cinq engagés, six; Montauban, moi, et nos engagés, seize; cela fait vingt-deux; vous autres, huit, trente; très bien! et le Beau Laurent?

— Il amène quinze hommes.

— Quarante-six. Ourson Tête-de-Fer?

— Dix-huit hommes; avec lui, dix-neuf, bien entendu.

— Bon; quarante-six et dix-neuf, soixante-cinq. Est-ce tout?

— Mais oui, reprit Vent-en-Panne, je n'ai pas supposé qu'il fallût plus de monde pour une expédition comme celle-ci.

— Le fait est, appuya Montbars, que nous n'avons pas à redouter une grande résistance. Quelle est la population de ce village, à peu près?

— Cinq cents habitants tout au plus, dit Vent-en-Panne ; et une garnison composée de trois cinquantaines commandées par un capitaine.

— Oh! alors nous en viendrons facilement à bout! dit Montauban.

— Diable! compagnons, comme vous y allez! fit en riant l'Olonnais ; une population que vous évaluez au moins à cinq cents âmes ; une garnison de cent cinquante soldats! vous trouvez que ce n'est rien contre soixante-cinq hommes et derrière de bonnes murailles!

Les flibustiers se mirent à rire.

— Tu es encore nouveau parmi nous, matelot, lui dit paternellement Vent-en-Panne ; il te reste encore beaucoup de choses à apprendre, d'abord celle-ci ; règle générale, en moyenne, un flibustier vaut dix Gavachos, en rase campagne : derrière de bonnes murailles, ainsi que tu le dis fort élégamment, il peut très bien en abattre six ; ainsi soixante-cinq flibustiers représentent en réalité le chiffre fort respectable de trois cent quatre-vingt-dix hommes résolus et bien armés ; tu vois que c'est plus que suffisant, d'autant plus que dans la population, il faut défalquer les femmes, les enfants, les vieillards, les moines et les poltrons, c'est-à-dire au moins les trois quarts des habitants.

— Très bien, insista l'Olonnais, mais restent toujours les soldats.

— Ah! c'est vrai, mais ceci est une autre affaire. Les soldats sont pour nous les ennemis les moins redoutables ; voici pourquoi : dans les premiers temps de l'occupation de Saint-Domingue par les Frères de la Côte, le gouvernement espagnol avait armé les cinquantaines d'excellents mousquets ; tu sais, n'est-ce pas, que ces cinquantaines ont été créées dans le but spécial de donner la chasse aux boucaniers? Or, il arriva ceci : chaudement reçus par nous dans plusieurs rencontres, et rudement houspillés, ainsi que le disait tout à l'heure Montauban, ces pauvres soldats prirent une si grande frayeur de nous, que chaque fois qu'on les expédiait à notre recherche, à peine entraient-ils dans la savane qu'ils commençaient un feu roulant qui durait tant qu'il leur restait une charge de poudre. Ils faisaient ainsi un tel vacarme, que les flibustiers prévenus par le bruit, les laissaient tranquillement continuer leur inoffensive fusillade, et allaient chasser d'un autre côté. Le gouvernement espagnol, toujours intelligent, feignit de se tromper sur le but de ces fusillades intempestives. Au lieu de les attribuer à la lâcheté de ses soldats, il en conclut que ceux-ci méprisaient les armes à feu, bonnes seulement dans les combats à distance, et préféraient des armes qui leur permissent de lutter corps à corps contre nous. Fort de ce raisonnement, le gouvernement retira aux cinquantaines leurs fusils, et les remplaça par des lances ; de sorte que les pauvres diables, quand on les conduit contre nous, marchent en avant, comme des chiens qu'on fouette, ou comme des veaux que l'on mène à l'abattoir, car ils ont à l'avance la conviction de leur défaite.

— Ah! pardieu, matelot, voilà qui est fort! tout ce que tu me racontes là est bien vrai! tu ne brodes pas un peu!

— Non, tout est d'une exactitude rigoureuse ; tu vois donc que les cent cinquante hommes de la garnison ne sont pour nous d'aucune importance.

— Oui, ajouta Montauban, et les Gavachos vont recevoir une jolie brûlée!

LES ROIS DE L'OCÉAN

Il s'assit sur un bloc de rochers déchiquetés par la mer et s'absorba dans sa douleur.

que le diable les emporte! ce sera bien fait pour eux! A quelle heure donnons-nous l'assaut?

— Trois heures après le coucher du soleil; c'est-à-dire à neuf heures; il faut donner aux señores le temps de s'endormir; d'ailleurs ils se couchent de bonne heure.

— Oh! alors, reprit Montbars, nous avons du temps devant nous! si j'avais su cela je ne me serais pas autant pressé d'arriver.

— Comment diable, dit Montauban, allons-nous tuer les heures qui nous restent à attendre.

— Que cela ne vous inquiète pas, compagnons, dit Vent-en-Panne, nous causerons; cela aidera à tromper notre impatience.

— Et puis, ajouta Montbars, je crois que nous ne ferions pas mal d'envoyer deux de nos engagés battre l'estrade, afin de s'assurer si nos compagnons sont à leurs postes.

— Oui, ceci sera prudent.

Deux engagés furent aussitôt appelés, ils reçurent des instructions détaillées et ils s'éloignèrent.

San-Juan de la Maguana n'existe plus aujourd'hui, elle a été remplacée par la petite ville de San-Juan, située à quelques lieues plus bas sur la rivière de Neybe; à l'époque où se passe notre histoire, elle s'élevait sur les bords d'une petite rivière, nommée la Maguana, qui n'est qu'un affluent du Neybe.

Cette ville, ou plutôt ce village, formait alors la limite extrême de la frontière espagnole; comme telle, c'était un point stratégique d'une très grande importance, pour défendre les possessions espagnoles contre les déprédations des boucaniers.

Cet établissement n'avait, dans le principe, été fondé que dans un but essentiellement militaire; son existence ne remontait pas à plus de trente ou quarante ans.

D'abord ce n'avait été qu'un fortin, ou plutôt un blockhaus, comme on dirait aujourd'hui, construit en troncs d'arbres reliés entre eux par des crampons de fer; entouré d'un large fossé, d'un talus en terre, auquel deux ou trois ans auparavant, on avait ajouté un chemin couvert, des casemates, et un ouvrage à cornes.

Quelques ranchos misérables s'étaient groupés autour de ce fortin: peu à peu le nombre de ces ranchos s'accrut; puis, comme cela arrive toujours dans les centres de population espagnole, on avait bâti une église, trois ou quatre chapelles, fondé deux couvents, un de carmélites pour les femmes, l'autre de capucins.

La population s'était ainsi augmentée jusqu'à atteindre le chiffre de cinq ou six cents âmes; population pauvre, honnête, spécialement occupée au défrichement des forêts, à la culture de la terre et à l'élève des bestiaux.

Pour garantir cette population, une enceinte avait été tracée et un fossé creusé; on y avait ajouté un talus en terre et un petit fortin, qui ainsi que le premier protégeait le cours de la rivière. Chacun de ces fortins était armé de deux petits canons de bronze, de quatre livres de balles; de deux espingoles et de quatre fusils de remparts. Cet armement en réalité bien faible, paraissait cependant suffisant pour protéger le village contre un coup de main des flibustiers; en effet, jusque-là, il avait suffi.

San-Juan de la Maguana, dont les ranchos étaient étagés en amphithéâtre sur les pentes d'une haute colline, dernier contrefort des Montagnes Noires baignait le pied de ses dernières maisons dans la rivière, offrait l'aspect le plus charmant et le plus pittoresque; avec ses constructions moresques, à toits plats, badigeonnées au lait de chaux, et à demi enfouies sous un fouillis de bananiers, de grenadiers, d'orangers et d'autres arbres, des régions intertropicales.

Telle était la ville dont soixante-cinq flibustiers avaient résolu de s'emparer par surprise.

Maintenant, pourquoi les Frères de la Côte avaient-ils formé cette résolution ? c'est ce que nous allons expliquer en deux mots.

Lorsque Vent-en-Panne avait assisté, invisible, à l'entretien du Chat-Tigre avec le capitaine don Antonio Coronel, gouverneur de San-Juan de la Maguana, un fait l'avait frappé ; ce fait était celui-ci : Non seulement le Chat-Tigre entretenait des intelligences avec le gouvernement espagnol, mais encore il avait à San-Juan une habitation dans laquelle il se rendait souvent. Cette habitation renfermait des papiers précieux pour les flibustiers ; d'autres très importants y avaient été déposés depuis quelques jours.

Vent-en-Panne avait résolu de s'emparer à tous risques de ces papiers ; qui, il en avait la conviction, l'aideraient à éclaircir le mystère dont s'entourait le Chat-Tigre, et lui révéleraient certaines particularités de la vie passée de cet homme ; particularités que le flibustier tenait surtout à connaître.

Le Chat-Tigre ne devait demeurer que deux ou trois jours à San-Juan ; il fallait donc se hâter d'agir, si on voulait le surprendre, et s'emparer de ses papiers.

L'expédition avait été aussitôt résolue entre Vent-en-Panne et l'Olonnais ; le lendemain même, après s'être entendus avec quelques-uns de leurs amis, ils s'étaient mis en route, pour tenter la surprise de la ville.

Les engagés, envoyés à la découverte, ne furent de retour au campement que vers sept heures du soir ; ils avaient visité tous les postes établis par les flibustiers autour de la ville, communiqué aux différents chefs les ordres qu'ils avaient reçus.

Partout, ils avaient été accueillis de la façon le plus cordiale. Les Frères de la Côte attendaient avec impatience le moment de commencer l'attaque ; ce moment arrivé, ils promettaient de renverser tous les obstacles qui leur seraient opposés.

Ces nouvelles furent accueillies par Vent-en-Panne et ses compagnons, comme elles devaient l'être ; c'est-à-dire avec des transports de joie, les flibustiers ne doutèrent pas un instant de la réussite de leur hardi coup de main. Leur impatience redoubla ; ce fut à grand'peine qu'ils se résignèrent à demeurer dans leur embuscade, sans se laisser aller à quelques-unes de ces imprudences dont ils étaient si coutumiers, chaque fois qu'ils tentaient une expédition.

Pour tuer le temps et tromper l'ardeur qui les dévorait, ils ne trouvèrent qu'un moyen, moyen au reste très pratique : ce fut de souper. Cependant ce repas fut excessivement frugal ; ils n'osèrent pas allumer le feu, afin de ne pas donner l'éveil aux Espagnols.

Enfin Montbars sortit de sa ceinture une magnifique montre garnie de diamants, et annonça à ses compagnons qu'il était neuf heures.

Un joyeux hourra accueillit cette nouvelle ; l'on se mit immédiatement en mesure de tout préparer pour l'attaque ; du reste, les préparatifs ne furent pas longs; les flibustiers saisirent leurs armes, émergèrent doucement du couvert et, guidés par leurs venteurs, ils se dirigèrent à pas de loups vers la ville.

Tout les protégeait; la nuit était noire et sans lune; le vent soufflant en foudre, ses sifflements continus à travers les branches des arbres, produisaient un bruit sourd qui étouffait le retentissement des pas des flibustiers, sur la terre desséchée de la savane.

Ils atteignirent le rebord du fossé, sans avoir attiré l'attention des sentinelles espagnoles, probablement endormies au fond des échauguettes où des guérites.

Chacun des flibustiers s'était muni, ce que nous avons oublié de noter, d'une énorme botte de broussailles et de menues branches d'arbres; ces fascines furent jetées dans le fossé qu'elles comblèrent presque, sur une largeur de deux pieds et demi, chemin fort étroit à la vérité, mais plus que suffisant, pour des hommes acoutumés à courir sur des vergues de huit pouces de diamètre.

Vent-en-Panne donna un coup de sifflet strident, signal répété comme un sinistre écho par les autres chefs de boucaniers, dont les troupes étaient disséminées autour de la ville; puis les Frères de la Côte s'élancèrent hache en main, traversant le fossé en quelques secondes, ils franchirent le talus et, en poussant de grands cris, ils coururent au pont-levis dont ils attaquèrent les chaînes et qui tomba bientôt avec fracas.

Alors, ils se ruèrent dans la ville comme une légion de démons; les uns pénétrèrent dans les fortins, dont ils massacrèrent les soldats qui, surpris dans leur sommeil, furent tués avant même d'avoir conscience de ce qui se passait; d'autres s'emparèrent de l'église et des chapelles, montèrent dans les clochers et firent sonner les cloches à rebours; d'autres enfin forcèrent l'*ayuntamiento*, ou maison du gouverneur, saisirent don Antonio Coronel dans son lit et le firent prisonnier avec sa famille.

Cette surprise fut si habilement conduite, et si lestement exécutée, que la ville avait été envahie par tous les côtés à la fois, et qu'en moins d'un quart d'heure les flibustiers s'en trouvèrent les maîtres.

Montbars s'établit à la maison de ville, fit comparaître le gouverneur devant lui et le condamna à payer séance tenante une somme de 50,000 piastres pour la rançon de la ville, lui annonçant que faute de le faire, lui et cinquante habitants notables de San-Juan de la Maguana seraient pendus.

Puis la ville fut livrée au pillage.

Nous passerons légèrement sur les atrocités commises par les Frères de la Côte.

A l'époque où se passe notre histoire, le sac d'une ville, tombée surtout au pouvoir d'hommes comme les boucaniers, était une chose horrible. Ni l'âge, ni le sexe ne réussissaient à préserver les malheureux habitants de l'avarice et de la rage des vainqueurs. Le sort qu'ils réservaient aux femmes surtout, était atroce. Les flibustiers forçaient les portes de toutes les maisons, brisaient les meubles, et s'emparaient de tout ce qui se trouvait à leur convenance. Pour aller plus vite en besogne, ils tranchaient les doigts pour avoir les bagues, et déchiraient les oreilles pour prendre les boucles.

Le désordre était extrême; c'était vainement que les habitants affolés de terreur imploraient la pitié de ces furieux; on ne leur répondait que par des ricanements sinistres ou en les assommant à coups de crosse, les déchiquetant à coups de sabre, ou les perçant avec les baïonnettes.

Cependant les flibustiers procédaient avec un certain ordre, dans leur œuvre de rapine. Toutes les richesses enlevées dans les maisons, quelle que fût la valeur des objets, étaient scrupuleusement apportées sur la grande place de la ville, entassées en un monceau sous la garde de quatre sentinelles, qui en répondaient sur leur vie.

La ville avait été soudain illuminée, de loin, on l'aurait crue en feu; c'était une scène digne de Salvator Rosa, de Ribera, où de Breughel d'Enfer, ces peintres de toutes les horreurs; pour se débarrasser de ce qu'ils appelaient les criailleries des habitants, les flibustiers les avaient refoulés à coups de crosse dans l'église et les chapelles, où ces malheureux, blessés pour la plupart, se trouvèrent entassés pêle-mêle.

Cependant Vent-en-Panne ne perdait pas de vue le motif qui lui avait fait tenter cette expédition; après avoir pénétré dans le premier fortin, dont les pièces furent enclouées, démontées et jetées dans le fossé, le massacre de la garnison commença. Un seul alferez échappa à la mort.

C'était un jeune homme de vingt ans à peine, appartenant à une grande famille espagnole; il était venu à Saint-Domingue pour y faire ses premières armes; Vent-en-Panne lui garantit la vie sauve et lui assura la liberté, à la condition de le conduire à la maison habitée par le Chat-Tigre; le jeune homme, à peine échappé à la mort, accepta avec joie cette proposition.

Le Chat-Tigre, toujours prudent, avait choisi son logement à une portée de pistolet à peine des remparts; c'était donc à une courte distance du fortin, l'alferez y conduisit Vent-en-Panne qui se fit accompagner de l'Olonnais, de Montauban, de Tributor et de deux autres de ses engagés.

Arrivé devant la maison, Vent-en-Panne fit conduire par un engagé, l'alferez à l'*ayuntamiento*, où se trouvait Montbars afin de mettre le jeune homme sous sa sauvegarde; puis le Frère de la Côte s'approcha, la hache à la main, de la porte de la maison, qu'il essaya d'enfoncer. Le Chat-Tigre était sur ses gardes. Aux premiers cris des boucaniers à leur entrée dans la ville, le transfuge avait pris l'éveil; comprenant aussitôt que les Frères de la Côte tentaient une camisade contre San-Juan de la Maguana; camisade du succès de laquelle il ne douta pas un instant.

Cet homme, passé maître en fourberies et en trahisons, se rappela que lors de son entrevue avec don Antonio Coronel, il avait, à plusieurs reprises, remarqué des mouvements insolites dans un fourré placé à portée de voix de l'endroit où l'entrevue avait lieu, mouvements auxquels, dans le premier moment, il n'avait pas attaché une grande importance, mais qui lui firent alors deviner que sa conversation avait été entendue; que la surprise de la ville en était la conséquence, et que l'ennemi, quel qu'il fût, qui avait assisté à son entretien, n'avait tenté ce hardi coup de main que pour s'emparer de ses papiers et peut-être, en même temps, se défaire de lui.

Le Chat-Tigre était non seulement un scélérat, mais encore il possédait toute la férocité de l'animal dont il avait pris le nom. Convaincu que c'était à lui qu'on en voulait, il résolut d'opposer la plus vive résistance, tandis que son frère, chargé des papiers précieux, qu'à tout prix il voulait soustraire à ses ennemis fuirait, par une porte de derrière, et gagnerait la campagne en toute hâte.

Quant à lui, il était persuadé qu'il réussirait à s'ouvrir passage; au pis-aller, s'il succombait, son frère resterait pour poursuivre sa vengeance; sa mort ne serait ainsi qu'une faible satisfaction pour ses ennemis, puisque ses secrets seraient intacts.

Cette détermination prise, le Chat-Tigre barricada solidement la porte de sa maison ouvrant du côté de la ville, donna à son frère des instructions fort détaillées, lui remit tous ses papiers sans en excepter un seul, lui assigna un rendez-vous au cas où il réussirait à s'échapper; puis, ainsi qu'il l'avait arrêté, il le fit sortir par une porte de derrière, le suivit des yeux jusqu'à ce qu'il se fût perdu dans les ténèbres, rentra, barricada la porte et se mit à charger ses fusils et ses pistolets, avec cette froide résolution de l'homme qui a fait le sacrifice de sa vie.

Aux premiers coups de hache retentissant contre la porte, le Chat-Tigre disposa ses armes sur une table, à portée de sa main, et ouvrant une fenêtre, tout en ayant soin de s'abriter derrière un volet, il déchargea deux pistolets dans la rue.

Mais les flibustiers étaient gens qui allaient vite en besogne; l'Olonnais réfléchit que peut-être la maison avait une seconde issue; il la tourna, résolu à l'attaquer à revers; l'assaut fut alors donné devant et derrière, et cela si rudement, que bientôt les portes tombèrent et la maison fut envahie.

Le Chat-Tigre, debout dans un angle obscur du palier du premier étage, déchargea ses pistolets sur les flibustiers qui montaient l'escalier en courant; puis, dégainant son épée et la tenant de court, il se jeta à corps perdu au milieu de ses ennemis, avec un rugissement de fauve aux abois.

Il y eut une mêlée horrible dans les ténèbres; une lutte acharnée, entrecoupée de cris et d'imprécations, d'autant plus terrible, que les combattants, resserrés dans un espace très étroit, ne pouvant qu'imparfaitement se servir de leurs armes, risquaient de se blesser les uns les autres, en voulant atteindre leur ennemi.

L'audacieuse résolution du Chat-Tigre le sauva; le projet insensé qu'il avait conçu réussit contre toute prévision: excepté quelques blessures dans les chairs, blessures sans importance, il atteignit la rue sain et sauf, courut désespérément jusqu'au rempart, se lança dans le fossé, grimpa le talus opposé et disparut dans la campagne, sans être atteint par un seul des coups de fusil tirés contre lui pendant cette course affolée.

Vent-en-Panne était désespéré; une fois encore son ennemi avait glissé comme un serpent entre ses doigts prêts à l'étreindre, et s'était joué de lui; ce fut en proie à un profond découragement, convaincu à l'avance de l'inutilité de ses recherches, qu'il se résolut à les commencer presque machinalement et par acquit de conscience.

En effet, tous les meubles étaient vides; les papiers avaient disparu. Avant de fuir, le Chat-Tigre avait tué raide un engagé de Vent-en-Panne et blessé trois autres; sa retraite avait été celle du jaguar acculé par les chasseurs; l'avantage lui était resté; le vieux flibustier sortit de la maison la tête basse, mâchonnant des imprécations et ruminant dans sa tête les plus terribles projets de vengeance.

Comme la ville était prise, le pillage à peu près terminé, Vent-en-Panne se dirigea vers l'*ayuntamiento*, rendez-vous assigné aux flibustiers, pour partager le butin conquis.

Mais, en chemin, poussé par une espèce de sourd pressentiment, il se sépara de ses amis, les laissa continuer leur route, et s'engagea dans les rues les plus sombres de la ville.

Cependant, Chanteperdrix n'avait pas réussi à s'échapper aussi facilement que l'avait supposé le Chat-Tigre; après avoir quitté la maison, il avait piqué tête baissée tout droit devant lui, courant sans regarder où il allait; il voulait avant tout s'éloigner de la maison au plus vite, se croyant certain de réussir facilement à sortir de la ville; mais il rencontra à l'exécution de ce projet des difficultés plus grandes qu'il ne le pensait.

Jamais, jusqu'alors, il n'était venu à San-Juan de la Maguana où il ne se trouvait que depuis la veille; par conséquent, il ne connaissait pas du tout la ville; de plus, Chanteperdrix ne possédait pas la bravoure de son frère. Le Chat-Tigre avait le courage audacieux et froid du lion ou du jaguar, celui de Chanteperdrix ressemblait à celui de l'hyène ou du chacal; il était cauteleux, sournois, sentiments produits en réalité par l'instinct de la conservation. L'hyène et le chacal peuvent faire preuve de bravoure, mais ce n'est que lorsque ces animaux se sentent acculés, que toute fuite leur est impossible.

Tel était Chanteperdrix.

Après avoir couru assez longtemps, il s'arrêta pour reprendre haleine et essayer de reconnaître s'il se trouvait près des remparts. L'endroit où il avait fait halte formait une espèce de carrefour où plusieurs rues aboutissaient. Dans ces rues, on voyait s'agiter des torches, passer des ombres rapides; parfois l'éclair d'un coup de feu zigzaguait les ténèbres.

Quant au carrefour, il était désert, sombre et silencieux.

Chanteperdrix respira.

— J'échapperai, murmura-t-il, les ténèbres me couvrent, je ne dois pas être éloigné des remparts, mais comment y arriver?

Là était la difficulté.

— Tout doit être fini maintenant, reprit-il après un instant; si je retournais du côté de la maison? Ces rues sont désertes; je ne cours pas le risque d'être attaqué; d'ailleurs, ajouta-t-il, je suis armé; si l'on m'y contraint, je saurai me défendre.

Il retourna alors sur ses pas, mais lentement, avec précaution; rasant les murailles, interrogeant à chaque pas l'obscurité, la sondant du regard, afin de s'assurer qu'il n'était ni suivi ni épié.

Il atteignit ainsi l'angle d'une rue, le tourna machinalement et s'engagea au hasard dans une nouvelle direction; soudain un cri de joie lui échappa; à cent pas devant lui se dressait la masse sombre du rempart.

— Je suis sauvé ! s'écria-t-il.

Et, sans plus réfléchir, il s'élança en courant vers ce rempart, qu'un instant auparavant il désespérait presque d'atteindre. Tout à coup, il reçut un choc tellement violent qu'il trébucha, fit quelques pas à reculons, et finalement roula sur le sol; il avait été donner à l'improviste contre un individu qui, au moment où il passait, débouchait d'une rue voisine.

Cet individu marchait la tête basse et l'air fort préoccupé; cependant, à cette rude attaque, après avoir, lui aussi, reculé en trébuchant, il avait poussé une exclamation de colère, et s'élançant sur son malencontreux agresseur, il le prit rudement à la gorge et lui appuya un genoux sur la poitrine.

— Drôle ! s'écria l'inconnu en brandissant une énorme hache sur la tête du pauvre diable, rends-toi, ventre-dieu ! ou tu es mort !

— Je me rends, señor ! je me rends, murmura l'autre d'une voix lamentable ; il avait reconnu, dans l'homme dont l'arme le menaçait, un flibustier.

— Eh ! fit celui-ci avec un geste de surprise aussitôt réprimé, qui avons-nous donc là ? Voilà une voix que je connais, il me semble ; et se penchant vers lui : Que faites-vous donc là, maître Chanteperdrix ? ajouta-t-il d'une voix goguenarde.

— Je... je ne sais pas, balbutia l'autre.

— Ah ! vous ne savez pas, cela est singulier ! je crois que vous le savez bien, au contraire ; vous vous échappiez, hein, mon maître ?

— Et quand cela serait, capitaine ! Est-il donc défendu à un pauvre diable d'essayer de sauver sa vie, dans une nuit comme celle-ci ?

— Nullement ; mais vous vous sauviez bien vite ; on vous poursuivait donc ?

— Personne, illustre capitaine, mais j'avais hâte de me mettre en sûreté, je vous l'avoue.

— Je ne vois aucun mal, à cela au contraire, il n'est pas défendu de chercher à sauver sa vie ; ainsi donc, vous couriez vers le rempart ?

— Hélas, oui, noble capitaine ; si je n'avais pas eu la malechance de vous rencontrer, je l'aurais atteint déjà ; mais je n'ai pas de bonheur.

— Allons, allons, mon maître, tout cela s'arrangera peut-être beaucoup mieux que vous ne le supposez ; nous ne sommes pas aussi féroces, nous autres boucaniers, qu'on nous en fait la réputation. Il est vrai que je suis votre ennemi, mais je vous avais moi-même autorisé à vous retirer ici ; je n'ai donc aucunement l'intention de vous nuire ; ma parole vous garantit ; voyons, relevez-vous, mon maître.

Et il lui tendit la main.

Chanteperdrix se releva péniblement.

— Seriez-vous blessé ? lui demanda Vent-en-Panne.

— Non, je ne crois pas, mais j'ai le corps tout endolori.

— Bon ! ce ne sera rien, consolez-vous ; il est heureux pour vous de m'avoir rencontré, sans cela, vous n'auriez jamais réussi à sortir de la ville ; suivez-moi, je vais vous mettre en lieu de sûreté.

— Vraiment, vous feriez cela ? fit l'autre avec un sourire cauteleux.

— Puisque je vous le promets ; seulement service pour service !

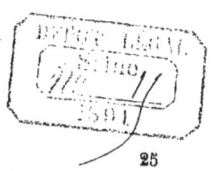

— Voilà le prix de ta trahison, renégat! ajouta-t-il d'une voix rauque.

— Je ne vous comprends pas, noble capitaine !
— J'ai surpris la ville, tout exprès pour m'emparer de certains papiers que possède votre frère; lorsque j'ai attaqué votre maison, déjà vous étiez parti, votre frère était seul; il nous a opposé une résistance acharnée et finalement a réussi à s'échapper.
— Ah ! tant mieux ! s'écria Chanteperdrix.

Liv. 34. F. ROY, édit. — Reproduction interdite.   4 VENT-EN-PANNE.

— Tant mieux, en effet, foi de Vent-en-Panne ! car je ne voulais pas sa mort, je ne l'aurais tué qu'à la dernière extrémité ; or il est évident pour moi que, en vous laissant partir et demeurant seul dans la maison, votre frère avait des raisons pour agir ainsi ; raisons sérieuses, comme par exemple de mettre en sûreté ces papiers, que j'ai vainement cherché chez lui, et qu'il est trop fin pour conserver dans une circonstance pareille, quand il vous était si facile de vous sauver en les emportant avec vous. Ces papiers, vous devez les avoir ; remettez-les-moi donc, et je vous réitère ma promesse, non seulement de ne pas vous tuer, mais encore de vous rendre votre liberté avant une demi-heure.

— Je vous jure, noble capitaine, répondit Chanteperdrix en pâlissant, que...

— Ne jurez pas et exécutez-vous, dit sévèrement le flibustier ; je ne fais jamais de menaces qui ne soient aussitôt exécutées ; les papiers, vous les avez, je le sais, il me les faut ou sinon !

— Capitaine !...

— Les papiers ! pour la dernière fois je vous les demande.

Chanteperdrix devint livide, un tressaillement nerveux agita tous ses membres, il fit un pas en arrière, et portant vivement la main à sa poitrine :

— Tu ne les auras pas, chien ! s'écria-t-il, et brandissant un poignard, il en porta un coup terrible au cœur de son ennemi.

Le poignard se brisa sur la poitrine du flibustier, qui demeura ferme comme un roc.

— Ah ! misérable, c'est ainsi ! s'écria-t-il. Merci, ma bonne cotte de mailles !

Et levant sa hache :

— Voilà le prix de ta trahison, renégat ! ajouta-t-il d'une voix rauque.

Chanteperdrix roula sur le sol le crâne fendu ; il se débattit quelques secondes dans les affres de la mort, puis il expira en poussant un rugissement terrible.

Vent-en-Panne repassa sa hache à sa ceinture, s'agenouilla près du cadavre, fouilla ses vêtements, et, ainsi qu'il l'avait supposé, il trouva un portefeuille fermé par un cadenas, et dans lequel étaient renfermés sans doute les papiers si longtemps cherchés.

— Allons ! allons ! dit philosophiquement le flibustier en serrant précieusement le portefeuille dans son pourpoint, j'avais tort de me plaindre : je crois que décidément le Chat-Tigre, malgré toute sa finesse, s'est laissé prendre cette fois dans ses propres filets.

Il se releva, jeta un dernier regard de mépris sur le cadavre étendu à ses pieds ; puis il reprit à pas lents, mais fort satisfait cette fois, le chemin de l'ayuntamiento, où il ne tarda pas à arriver.

III

COMMENT VENT-EN-PANNE LUT LES PAPIERS QU'IL AVAIT ENLEVÉS
A CHANTEPERDRIX ET CE QU'IL EN ADVINT

Au moment où Vent-en-Panne pénétrait dans l'ayuntamiento, il y régnait un désordre si grand, que Montbars lui-même était impuissant à le calmer.

Le capitaine don Antonio Coronel et les quarante notables de la ville s'épuisaient en protestations de toutes sortes, pour essayer de se soustraire au payement de la rançon énorme exigée par les flibustiers pour le rachat de la cité.

Malheureusement pour eux, les braves gens parlaient à des sourds, la coutume invariable des flibustiers étant de ne jamais revenir sur une décision prise.

Le capitaine Montauban avait déjà dit, en frappant rudement la crosse de son fusil contre le parquet :

— Au diable l'argent! pendons les *Garachos!* cela vaudra mieux, nous rirons!

Proposition accueillie avec enthousiasme par les flibustiers; malgré leur cupidité innée, ils éprouvaient un plaisir extrême à voir pendiller, au haut d'une corde, ces orgueilleux Espagnols par lesquels ils étaient si dédaigneusement traités de *Ladrones*, et pendus haut et court, sans autre forme de procès, lorsque le hasard les faisait tomber entre leurs mains.

Montbars n'avait pas été pour rien nommé l'*Exterminateur;* de guerre lasse, il allait donner le signal de l'exécution, lorsque Vent-en-Panne entra à l'improviste dans la salle où se tenaient ces sinistres assises.

Le succès si providentiellement obtenu par le vieux flibustier avait rempli son cœur de joie et disposé son esprit à la clémence; seulement ce sentiment n'était pas poussé assez loin chez lui pour lui faire négliger l'intérêt de ses compagnons.

Quand il entra, tous les regards se tournèrent vers lui; Montbars, dans son for intérieur, n'était pas fâché de décliner la responsabilité de ce *joli pendement*, ainsi que disait si facétieusement le capitaine Montauban; Vent-en-Panne était en réalité le chef de l'expédition, et reconnu comme tel par tous les Frères de la Côte. Montbars s'empressa de s'effacer devant lui.

— De quoi s'agit-il donc? demanda Vent-en-Panne.

Montbars lui expliqua l'affaire en deux mots.

— Ah! ah! et ces messieurs refusent?

— Oui, de sorte que nous allons les pendre.

— Ceci me paraît logique.

Les notables avaient senti l'espoir renaître dans leurs cœurs à l'entrée du vieux flibustier, dont la réputation de bonté était bien établie; ils se reprirent à trembler de tous leurs membres, en entendant cette froide réponse. Leur dernière planche de salut se brisait sous leurs pieds.

— Donc nous pendrons les señores ! s'écria Montauban tout joyeux.

— Un instant, dit Vent-en-Panne, rien ne presse encore ; expliquons-nous d'abord.

Et se tournant vers les notables, plus morts que vifs :

— Comment ! reprit-il, vous ne pouvez pas, à vous tous, réunir une misérable somme de cinquante mille piastres, pour sauver votre vie et empêcher votre ville d'être totalement détruite ? Sur mon âme, caballeros, vous n'y avez pas réfléchi sans doute, ou peut-être vous figurez-vous que nous n'exécuterons pas nos menaces ?

— Nous savons que vous êtes des hommes implacables, señor, répondit don Antonio Coronel ; mais il nous est impossible de réunir la somme à laquelle vous nous imposez.

— Cela est-il réellement ainsi ? demanda Vent-en-Panne d'un air d'intérêt.

— Je vous le jure sur l'honneur, señor.

— Oh ! oh ! cela devient sérieux, et si au lieu de cinquante mille piastres, nous nous contentions de quarante mille ?

— Il nous est aussi impossible de payer quarante mille piastres que cinquante mille, señor.

— Ah ! diable ! alors j'en suis fâché pour vous ; cependant j'espère que vous réfléchirez ; je vous donne cinq minutes.

— Vous entendez ? ponctua Montauban.

— Nos réflexions sont faites, señor, répondit froidement le gouverneur.

— Bien vrai ? alors, señor, tant pis pour vous ! Tributor, viens ici, mon garçon, fit Vent-en-Panne en s'adressant à son engagé, debout à quelques pas de la porte. Ton pistolet est-il chargé, mon enfant ?

— Oui, capitaine.

— Très bien ; alors aproche et fais-moi le plaisir de brûler la cervelle à ce señor qui est là, tiens, à côté du capitaine don Antonio.

Tributor s'avança et exécuta froidement l'ordre de son chef.

— C'est une triste nécessité, mon cher capitaine, dit Vent-en-Panne avec bonhomie, en s'adressant au gouverneur atterré par cet acte de justice sommaire ; cependant, vous reconnaîtrez que ce caballero n'a pas souffert ; maintenant, si vous voulez, nous reprendrons la conversation où nous l'avons laissée.

— Mais, señor, il nous est impossible, je vous le proteste, de...

— Ah ! vous vous entêtez ? très bien ; Tributor, passe à cet autre caballero et agis avec lui comme tu as fait avec le premier.

Un second coup de pistolet retentit ; une nouvelle victime roula sur le sol.

Les flibustiers riaient à se tordre, l'idée de Vent-en-Panne leur semblait charmante ; la bonhomie et le laisser aller avec lesquels leur chef procédait mettaient surtout le comble à leur joie ; certes, ils préféraient beaucoup voir se prolonger cette exécution, au payement des quarante mille piastres demandées.

Les notables de San-Juan de la Maguana ne partageaient nullement cette opinion ; la forme de conversation adoptée par Vent-en-Panne leur souriait très médiocrement. Convaincus que les flibustiers n'hésiteraient pas à les mettre tous à mort, ils étaient en proie à une agonie terrible, et commençaient à chuchoter vivement entre eux.

— Nous disons donc, señores, reprit paisiblement Vent-en-Panne, que définitivement, vous êtes dans l'impossibilité, ou du moins vous vous obstinez à ne pas vouloir payer les quarante mille piastres fixées pour le rachat de votre ville, c'est bien entendu ? n'est-ce pas, señores ?

— Pardon, señor capitaine, répondit vivement don Antonio Coronel; après mûres réflexions, les notables de la ville sont résolus à faire d'incroyables efforts pour vous satisfaire.

— Ah ! je savais bien qu'ils y arriveraient.

— Mais, vous comprenez, señor capitaine, que quarante mille piastres ne se trouvent pas ainsi tout d'un coup ; il faut du temps, et...

— Je comprends parfaitement cela, mon cher capitaine; nous ne sommes pas des Arabes ; nous vous laisserons tout le temps nécessaire.

— Ah ! merci, señor capitaine.

— Oui, oui, répondit Vent-en-Panne ; vous avez une demi-heure.

— Mais, señor capitaine !... s'écria le gouverneur atterré.

— Ah ! pas d'observations, je vous prie, ce temps est plus que suffisant pour réunir le double et même le triple de cette somme ! ne m'obligez pas à faire moi-même des recherches ; peut-être vous coûteraient-elles plus cher que vous ne le supposez; ainsi, voilà qui est convenu, quarante mille piastres dans une demi-heure; ces deux caballeros, dit-il en désignant deux notables, iront prendre l'argent; seulement, souvenez-vous bien de ceci : Si dans trente minutes, montre en main, ils ne sont pas de retour avec la somme dite, dans trente et une minutes, l'exécution recommencera, et cette fois, je ne l'interromprai plus. Vous m'avez entendu ? allez maintenant.

Les deux notables sortirent effarés, laissant dans la salle leurs compagnons plus morts que vifs; un quart d'heure plus tard, des peones chargés de lourdes *talegas*, remplies de piastres, entraient dans l'ayuntamiento, suivis et surveillés par les deux notables. Les quarante mille piastres furent comptées. Vent-en-Panne était un homme méthodique; il signa généreusement un reçu ; délicatesse médiocrement appréciée par les notables : en somme leur argent leur tenait au cœur.

Quoi qu'on puisse supposer, à propos de la façon expéditive dont Vent-en-Panne avait procédé, la vérité est que, dans cette circonstance, devant l'acharnement implacable des flibustiers, en ordonnant l'exécution sommaire de deux des notables, il sauva la vie aux autres; les flibustiers n'auraient pas hésité à les pendre ; en feignant d'être cruel, il fit donc preuve de générosité, presque de clémence.

Cette affaire réglée à la satisfaction générale des flibustiers, on sortit sur la place; là se trouvaient amoncelées les richesses enlevées dans les maisons; de l'indigo, de la cochenille, des bijoux de toutes sortes, des pièces de velours, des ornements d'église tels que calices, ostensoirs, patènes, croix d'or et d'argent, encensoirs, etc., etc.

A la lueur des torches, le partage commença sous la présidence de Vent-en-Panne. Les parts furent faites avec une équité remarquable, aucune plainte ne s'éleva; chacun fut satisfait de son lot.

A six heures du matin, au moment où le soleil se levait radieux à l'horizon, peu soucieux comme toujours des scènes tristes ou gaies qu'il allait éclairer, les flibustiers évacuèrent enfin San-Juan de la Maguana, emmenant avec eux plusieurs charrettes traînées par des bœufs, mises en réquisition pour le transport des marchandises trop lourdes pour être transportées à dos d'hommes.

Après s'être acquitté de ses devoirs de chef de l'expédition, en faisant son rapport officiel à M. d'Ogeron, sur les faits accomplis, et lui remettant le dixième prélevé sur les prises et revenant au roi, Vent-en-Panne, de retour chez lui, se renferma dans sa chambre à coucher; puis, après avoir forcé la serrure du portefeuille enlevé sur le cadavre de Chanteperdrix, il déplia les papiers et commença à les lire attentivement.

La journée et la nuit entière furent employées à cette lecture, qu'il n'interrompit pas un seul instant; il ne sembla même pas entendre les appels réitérés de l'Olonnais, du Poletais et d'autres flibustiers, surpris et inquiets de cette réclusion, dont ils ne comprenaient pas les motifs.

Pendant cette lecture, le visage de Vent-en-Panne prenait une teinte terreuse, ses sourcils se fronçaient à se joindre, des rides profondes se creusaient sur son front inondé d'une sueur froide. Parfois, il laissait échapper à travers ses dents, serrées à se briser, quelques paroles sans suite et incompréhensibles. Ces papiers devaient renfermer des révélations bien terribles, des secrets bien étranges, pour causer à cet homme de bronze, que rien ne pouvait émouvoir, une émotion semblable.

Quand enfin, vers sept heures du matin, après une nuit pendant laquelle le sommeil n'avait pas une seconde clos ses paupières, il eut terminé sa lecture, il se laissa aller en arrière sur le dossier de son fauteuil; ses bras tombèrent inertes le long de son corps, et ses yeux alors se fixèrent sans regards sur les papiers épars devant lui.

Deux heures s'écoulèrent ainsi; deux heures pendant lesquelles il garda une immobilité sculpturale; on l'eût cru frappé de la foudre.

Peu à peu cependant la vie sembla rentrer en lui, un soupir profond souleva, comme s'il eût voulu la faire éclater, sa puissante poitrine, des larmes brûlantes jaillirent de ses yeux brûlés de fièvre et tracèrent un sillon sur ses joues blêmies. Ces larmes le sauvèrent, elles lui rendirent la vie qui l'abandonnait. Il se redressa, jeta autour de lui un regard farouche, et secouant sa fauve chevelure, comme un lion se préparant au combat :

— C'est une guerre à mort ! murmura-t-il en frappant vigoureusement du poing sur la table. Eh bien ! soit, quelle que doive être l'issue de cette lutte, je l'accepte !

Par un puissant effort de volonté, son visage avait repris son apparence de froideur et d'impassibilité ordinaire ; il essuya ses larmes d'un geste brusque, et pendant quelques minutes il marcha de long en large dans sa chambre.

Lorsque le flibustier crut enfin avoir reconquis toute sa puissance première sur lui-même, il revint vers la table, rassembla les papiers, les replaça dans le portefeuille qu'il ferma tant bien que mal, cacha ce portefeuille dans une armoire secrète, pratiquée si habilement dans la muraille que personne n'en pouvait soupçonner l'existence ; puis il défit son lit, s'étendit dessus pendant quelques instants, afin d'y imprimer les contours de son corps ; et certain que toute trace de ce qu'il avait fait avait disparu, il ouvrit la porte de sa chambre et sortit.

La première personne contre laquelle il se heurta en traversant la pièce suivante, fut l'Olonnais. Le jeune homme paraissait en proie à une vive inquiétude ; il tenait une hache à la main.

— Ah ! te voilà ! s'écria-t-il en apercevant son ami.

— Oui, répondit Vent-en-Panne avec bonhomie ; où allais-tu ainsi ?

— J'allais te chercher.

— Que se passe-t-il donc ? tu parais tout ému.

— Il se passe, répondit l'Olonnais avec agitation, que j'allais t'appeler et que si tu avais fais comme hier, c'est-à-dire si tu n'avais pas répondu, j'étais résolu à défoncer la porte.

— Oh ! oh ! voilà une bien grave résolution, matelot, dit Vent-en-Panne en souriant.

— Grave sans doute, mais en tous cas, plus que justifiée par la conduite que tu as tenue envers moi depuis hier.

— Allons donc, tu es fou ; en quoi, je te prie, ma conduite a-t-elle quelque chose de singulier ?

— Comment, tu entres dans ta chambre à onze heures du matin, tu t'y enfermes...

— Comment, je m'y enferme ! s'écria Vent-en-Panne avec une surprise parfaitement jouée.

— L'ignorais-tu donc ? te serais-tu enfermé sans le savoir ?

— Sans doute ! je n'ai pas le plus léger souvenir de l'avoir fait. Hier, je me sentais un très grand mal de tête ; je suis rentré chez moi ; à peine m'étais-je assis sur mon fauteuil et avais-je allumé ma pipe, que sans m'en douter, j'ai été à l'improviste surpris par une envie de dormir si irrésistible, que à peine ai-je eu la force de me traîner jusqu'à mon lit, où je me suis aussitôt endormi, d'un sommeil profond, ressemblant presque à la mort.

— Et ce sommeil a duré ? demanda l'Olonnais, en fixant sur son matelot un regard incrédule.

— Jusqu'à ce moment ; il y a à peine une demi-heure que je suis éveillé. Sur mon âme, jamais je n'ai si bien dormi de ma vie ; tiens, ajouta-t-il en bâillant à se démettre la mâchoire, tu le vois, le sommeil ne m'a pas encore quitté.

— C'est bien ! dit l'Olonnais en hochant la tête, tes secrets t'appartiennent ; Dieu me garde d'essayer de les pénétrer malgré toi.

— Tu es fou, matelot ! où diable prends-tu que j'aie des secrets, et qu'en ayant je veuille te les cacher ? tout n'est-il pas commun entre nous ? Voyons, ce que je t'ai dit est vrai; il ne s'est passé rien de plus, rien de moins; maintenant, laissons cela, si tu le veux, et allons déjeuner, je me sens une faim de loup.

— Soit, je n'insisterai pas, dit le jeune homme, un moment viendra sans doute où tu seras plus confiant. J'attendrai.

Ils passèrent dans la salle à manger et se mirent à table.

Quatre ou cinq jours s'écoulèrent, pendant lesquels, bien que vivant sous le même toit, les deux matelots ne se virent que très rarement.

Tous les matins au lever du soleil, Vent-en-Panne quittait sa cabine, ainsi qu'il nommait sa maison, sortait de Port-Margot, et ne rentrait qu'à la tombée de la nuit.

De son côté, l'Olonnais, comprenant que son ami désirait être seul, s'attachait à ne se rencontrer avec lui que le moins possible, et à ne lui adresser que des questions banales, qui ne pussent en rien l'embarrasser. Un matin cependant, contrairement à l'habitude qu'il avait prise, Vent-en-Panne ne sortit pas à l'heure de son déjeuner; les deux amis se rencontrèrent face à face devant la même table.

Pendant tout le repas la conversation roula sur des sujets insignifiants, mais lorsque le café eut été servi, que les engagés se furent retirés, Vent-en-Panne bourra sa pipe, l'alluma, puis se penchant sur la table et poussant le pot à tabac vers son ami :

— Maintenant, matelot, dit-il, causons.

— Mais il me semble que nous ne faisons que cela, depuis le commencement du déjeuner, répondit l'Olonnais avec une feinte surprise.

Vent-en-Panne haussa les épaules.

— Non, reprit-il, nous pelotons, en attendant partie.

— Pour être vrai, je m'en doutais un peu, fit l'Olonnais. Ainsi nous allons véritablement causer?

— Oui, fit-il, si tu y consens.

— Je ne demande pas mieux.

Vent-en-Panne posa les deux coudes sur la table, la tête dans ses mains et lâchant une énorme bouffée de tabac, tout en conservant sa pipe rivée au coin de ses lèvres :

— Matelot, lui demanda-t-il *ex abrupto*, sais-tu parler espagnol?

— Oui, répondit l'Olonnais tout interloqué par la physionomie narquoise de son ami; mais pourquoi cette question?

— Tu vas voir; parles-tu bien l'espagnol?

— J'ai fait pendant six ans le cabotage sur la côte d'Espagne, depuis Port-Vendre jusqu'à Cadix, à bord d'un navire de Gijon; je parle et j'écris l'espagnol avec une perfection telle, que dans les derniers temps de mon séjour dans ce pays, les gens avec lesquels le hasard me mettait en rapports d'affaires ne voulaient pas admettre que je fusse Français et s'obstinaient à me croire leur compatriote.

— Bon! fit Vent-en-Panne; tu es venu à la Côte avec le frère de Pitrians, n'est-ce pas?

Le partage recommença à la lueur des torches, sous la présidence de Vent-en-Panne.

— Oui, et tu dois le connaître, puisqu'il a été reçu Frère de la Côte en même temps que moi.
— Je le connais en effet; j'ajouterai même que l'on m'a donné d'excellents renseignements sur son compte.
— Ah! fit l'Olonnais, comprenant de moins en moins où son ami voulait en venir.

— Oui, mais comme toi tu le connais sans doute plus particulièrement que moi, je voudrais avoir ton opinion sur ce garçon, et savoir si c'est un gaillard solide; en un mot si l'on peut au besoin compter sur lui; un homme enfin!

— Cher ami, je connais Pitrians depuis plus de quinze ans déjà, bien que je sois encore très jeune; nous avons navigué ensemble sur toutes les mers; partagé les souffrances les plus atroces, les plaisirs les plus effrénés; donc je le connais mieux que personne; et mieux que personne, je puis te renseigner sur son compte.

— C'est précisément ce que je désire.

— Eh bien! dans la joie comme dans la douleur, dans la misère comme dans l'abondance, je l'ai toujours vu le même : c'est-à-dire honnête, dévoué, plein de cœur; un homme enfin, comme tu en cherches un, sur lequel on peut se fier en tout et pour tout.

— Mordieu! tu fais de lui un bel éloge! s'il le mérite c'est un grand et noble caractère!

— Je suis encore resté, crois-le bien, au-dessous de la vérité.

— Oh! oh!

Il y eut alors un silence.

Vent-en-Panne semblait profondément réfléchir; l'Olonnais attendait; Vent-en-Panne reprit tout à coup la parole.

— Matelot, dit-il brusquement, tu avais raison l'autre jour.

— Hein! que veux-tu dire? je ne comprends pas, fit-il d'un air distrait.

— Allons, allons, reprit gaîment Vent-en-Panne, n'essaie pas de me donner le change; puisque je suis franc avec toi, sois-le avec moi; je te répète que tu avais raison, ou, si tu le préfères, que tu avais parfaitement deviné; oui, je suis demeuré vingt-quatre heures, enfermé chez moi, sans sortir et sans répondre à personne; je ne dormais pas, j'entendais fort bien tout ce qui se faisait derrière ma porte.

— Ah tu en conviens à présent?

— Complètement, tu le vois. Est-ce que tu n'es plus curieux de savoir pourquoi je m'obstinais ainsi à garder le silence?

— Matelot, la confiance ne se commande pas, chercher à surprendre les secrets d'un ami est à mon sens une mauvaise action; je t'ai interrogé l'autre jour, j'ai eu tort, je le reconnais; aujourd'hui tu penses pouvoir rompre le silence, je suis prêt à t'écouter, mais je ne ferai rien pour provoquer de ta part une confidence, dont peut-être plus tard tu te repentirais.

— Merci, matelot, je n'attendais pas moins de toi. Mais rassure-toi, cette confidence, je la fais de mon plein gré; avant de parler, j'ai voulu bien réfléchir sur la ligne de conduite que je devais adopter : on se repent souvent d'avoir agi avec trop de promptitude. Il y a dans la vie de l'homme certaines situations parfois tellement sérieuses, que la moindre imprudence peut causer d'irréparables désastres. Écoute-moi, je serai bref; d'ailleurs, ce que j'ai à t'apprendre peut-être le soupçonnes-tu déjà, il est donc inutile de s'étendre sur un pareil sujet: Tu sais dans quel but nous avions tenté l'expédition de la Maguana, tu sais comment, grâce à un hasard extraordinaire, cette expédition a réussi; c'est-à-dire comment, au moment où je désespérais de retrouver jamais ces papiers, si important pour moi, ils tombèrent entre mes mains.

— Oui, je me rappelle tout cela. Eh bien ?

— Eh bien ! frère, reprit Vent-en-Panne, en fixant sur le jeune homme un regard d'une expression singulière, les vingt-quatre heures pendant lesquelles je suis resté enfermé ont été employées par moi à lire ces papiers. Ils contiennent d'effroyables révélations; des secrets dont mon cœur a été glacé d'épouvante; entre autres choses, j'y ai lu tous les détails d'un complot horrible, ourdi contre le duc de la Torre et sa famille.

— Contre le duc de la Torre ! s'écria le jeune homme en bondissant de colère.

— Oui; mais calme-toi et laisse-moi finir. Le duc de la Torre a été l'hôte des Frères de la Côte à Saint-Domingue, nous lui avons promis, et toi-même tu t'es engagé, si ce qu'on m'a rapporté est vrai, à lui porter secours, s'il réclamait notre assistance.

— Oui, c'est vrai; je suis prêt à tenir ma parole.

— Très bien; seulement je te ferai observer que le duc de la Torre n'est plus à Saint-Domingue; peut-être même a-t-il déjà quitté la Vera-Cruz; de plus il ignore ce qui se trame contre lui. Où le prendre pour l'avertir de se tenir sur ses gardes ? lequel de nous osera risquer sa tête, pour aller, soit à la Vera-Cruz, soit dans toute autre partie du territoire espagnol, l'avertir d'un danger peut-être problématique ? En somme, ce complot n'est encore qu'à l'état de projet; d'ailleurs nous connaissons fort peu ce gentilhomme, bien que nos rapports avec lui aient été excellents; de plus il est Espagnol, c'est-à-dire notre ennemi.

— Si je ne te connaissais pas, matelot; si je ne comprenais que tu me parles ainsi, non pas pour me détourner de la dangereuse mission que tu veux me confier, et dont je te remercie, mais pour bien m'en faire sentir toutes les conséquences probables, au cas où j'échouerais, je t'en voudrais sérieusement, je te l'avoue, de m'adresser de telles paroles, dont tu ne penses pas un mot.

— Au fait, c'est vrai ; pardonne-moi, matelot, j'ai voulu te tendre un piège; j'ai eu tort, d'autant plus que je sais combien tu t'intéresse à cette famille. Eh bien ! à présent que j'ai lu ces papiers, je te le dis franchement, moi aussi je m'y intérssse; si je puis l'empêcher, je te jure que pas un cheveu ne tombera de la tête d'un de ses membres.

— Merci, matelot, à la bonne heure, je te reconnais ; ainsi ta pensée...

— La voici tout entière : Le duc de la Torre est arrivé à la Vera-Cruz, depuis deux ou trois jours à peine, en admettant un beau temps continuel. Or nous sommes à la fin de septembre, le navire chargé du cabotage entre Chagrès et la Vera-Cruz, et vice versa, n'exécute ce voyage que trois fois par an, en décembre, en avril et en août, parce qu'il est obligé de se régler d'abord sur les arrivages d'Europe, et sur le départ des galions du Pacifique ; or étant à la fin de septembre, nous avons deux mois et demi devant nous ; deux mois et demi pendant lesquels nous sommes certains que le duc de la Torre restera à la Vera-Cruz ; nous avons donc le temps nécessaire pour essayer de parvenir jusqu'au duc, et l'avertir du danger dont il est menacé. Voici mon plan : Toi et Pitrians, le jeune bien entendu, vous vous noircissez le teint et les cheveux ; cela fait, le diable m'emporte si, grâce à votre connaissance approfondie de la langue espagnole, on ne vous prend pas pour des Andalous. Je frète un navire, sur lequel j'embarque un demi-douzaine de mules, avec tous les harnachements nécessaires, douze ballots de marchandises de provenance espagnole ; puis je vous trouve n'importe comment, ceci me regarde, des papiers bien en règle, constatant que vous êtes nés au Ferrol, port que vous connaissez sans doute?

— Sur le bout du doigt, appuya l'Olonnais.

— Très bien ; afin de ne pas attirer l'attention, j'arme mon navire dans la baie de Gônaves, point presque perdu, habité seulement par quelques pêcheurs ; le jour du départ venu, nous quittons le Port-Margot sans tambours ni trompettes, nous nous rendons à bord de mon bâtiment et nous mettons sous voile, entre chien et loup.

— C'est cela même, mais où allons-nous?

— A la Vera-Cruz, pardieu !

— Oui, mais pas directement.

— Pas si sots! s'écria Vent-en-Panne en riant, je connais, à dix lieues en amont de la Vera-Cruz, une charmante plage déserte, où je réponds de vous débarquer sans être aperçu. Une fois à terre, vous vous arrangerez comme vous voudrez ; quand à moi, ma tâche sera remplie. Que penses-tu donc de ce plan, matelot?

— Je le trouve excellent ; seulement je crois que tu oublies quelque chose d'important.

— Quoi donc? fit Vent-en-Panne d'un air goguenard.

— Dame, il ne s'agit pas seulement d'aller, il faut revenir, tu me sembles avoir complètement oublié le retour.

— Tu te trompes, matelot, j'ai laissé pour la fin la partie la plus sérieuse de mes instructions ; ainsi fais-moi le plaisir de m'écouter avec l'attention la plus scrupuleuse.

— Sois sans crainte.

— Nous disons donc que je vous ai mis à terre ; vous voilà, toi et Pitrians, métamorphosés en Espagnols de la plus belle venue, et naturellement il va sans dire que vous agissez en conséquence. Seulement tu sais, ou tu ne sais pas, que les Espagnols sont les gens les plus curieux qui existent?

— Je l'ignorais en effet.

— Eh bien! je te l'apprends, matelot.

— Merci.

— Or, puisque tu es Espagnol, tu es curieux.

— Oui, fit en riant l'Olonnais, et tellement curieux, que j'interroge continuellement, que je regarde partout, que je m'introduis dans les forts, j'étudie les murailles, au besoin, même, je fais de la statistique, n'est-ce pas cela, matelot?

— Oui, répondit Vent-en-Panne en riant aussi ; je vois que tu m'as parfaitement compris. On ne sait pas, vois-tu, matelot, ce qui peut arriver. Peut-être ces connaissances acquises par toi, connaissances topographiques et statistiques, nous serviront-elles plus tard? Maintenant il va sans dire que, ta mission remplie, tu ne resteras pas une seconde de plus à la Vera-Cruz : tu ne saurais t'imaginer le plaisir exquis que trouvent les *Gavachos* à prendre un flibustier, et quel flair ils ont pour les dépister. Prends garde à cela. Ils ont adopté contre nous un système essentiellement radical ; aussitôt pris, aussitôt pendu, sans autre forme de procès. Pendant tout le temps de ton séjour au Mexique, je croiserai au large ; la nuit du jeudi de chaque semaine, je m'approcherai, quelque temps qu'il fasse, jusqu'en vue de la plage où se sera opéré ton débarquement, et je louvoierai devant cette plage, jusqu'à une heure avant le lever du soleil ; de sorte que rien ne te sera plus facile que de t'embarquer, si tu le juges convenable ; cependant, comme il est bon de tout prévoir, s'il arrivait malheur, soit à toi, soit à Pitrians, celui qui resterait libre allumerait un feu sur le point le plus élevé de cette plage ; dans ce cas je viendrais moi-même à terre, et nous verrions à prendre des mesures pour sauver celui de vous qui se serait laissé prendre. Est-ce bien entendu ? Est-ce bien clair ?

— Parfaitement.

— Donc je continue : avant de nous séparer, je te confierai des papiers que tu remettras au duc de la Torre. Ces papiers lui donneront tous les détails du complot tramé contre lui ; seulement, et pour ne plus revenir sur ce sujet, je t'avertis que ces papiers ont été placés par moi sous une enveloppe cachetée ; tu vas me donner à l'instant ta parole d'honneur de ne pas rompre ce cachet quoi qu'il arrive ; de plus, au cas où tu tomberais aux mains des Espagnols, tu te feras écharper, comprends-tu ? plutôt que de laisser prendre ce paquet. Ces papiers, je te le répète, renferment des secrets si terribles, que personne, excepté le duc de la Torre et moi, n'en doit connaître le contenu ; es-tu prêt à me donner ta parole ?

— Je te la donne, répondit le jeune homme avec un fier regard ; ces papiers ne sortiront de mes mains que pour passer dans celles du duc de la Torre, et il lui seront remis intacts.

— Merci, matelot, je compte sur toi ; il est bien entendu que si le duc, effrayé pour sa femme et pour sa fille, désire quitter la Vera-Cruz, je le recevrai à mon bord, où il sera traité avec tous les égards et le respect auxquels il a droit. Tu vois, enfant, que tu avais tort de te défier de moi ; si je n'ai pas satisfait plus tôt ta curiosité, j'avais pour cela des motifs dont sans doute à présent tu apprécies la gravité.

— Ne revenons plus sur ce sujet, matelot, parlons plutôt de notre départ. J'ai hâte de quitter Saint-Domingue, maintenant que je sais qu'un danger terrible est suspendu sur la tête du duc de la Torre ; malheureusement, il s'écoulera bien du temps encore avant que tout soit prêt.

— Tu crois ? fit Vent-en-Panne avec ce sourire moitié figue moitié raisin qui lui était particulier ; va chercher ton ami, instruis-le de ce que j'attends de lui et de toi ; promenez-vous par la ville, en gens désœuvrés, dînez dans une taverne, puis à onze heures du soir rendez-vous ici, nous partirons immédiatement pour la Gonave, où nous arriverons demain au lever du soleil.

— Mais après ?...

— Après, enfant que tu es! supposes-tu donc que depuis huit jours je n'ai pas agi? Tout est paré, on n'attend plus que nous.

— Oh! matelot, s'écria l'Olonnais, en lui pressant la main avec force, il n'y a que toi pour penser ainsi à tes amis.

— Ne me remercie pas, enfant, dit Vent-en-Panne avec mélancolie; qui sait si, plus tard, nous ne regretterons pas ce que nous faisons aujourd'hui?

— Je ne regrette jamais, s'écria le jeune homme avec feu, de remplir un devoir!

— Suffit, je m'entends : brisons-là, quant à présent, matelot, plus tard nous reviendrons là-dessus. Dieu veuille que mes tristes prévisions ne se réalisent pas. Hâte-toi de prévenir Pitrians, il faut que demain à cette heure-ci, nous soyons en vue de Cuba.

Les deux Frères de la Côte se levèrent de table, et l'Olonnais quitta aussitôt la maison.

Vent-en-Panne le suivit un instant du regard en murmurant à part lui :

— Je devais me conduire ainsi. Qu'arrivera-t-il? Dieu y pourvoiera!

Il laissa tomber sa tête sur sa poitrine, et demeura longtemps plongé dans de profondes réflexions; selon toute apparence, elles n'avaient rien que de fort triste.

IV

COMMENT L'OLONNAIS ET PITRIANS DÉBARQUÈRENT AU MEXIQUE, ET FIRENT LA RENCONTRE DE DON PEDRO GARCIAS

Aujourd'hui, grâce aux recherches incessantes faites par certains savants, il est prouvé de la manière la plus authentique, que Christophe Colomb ne découvrit pas l'Amérique, mais ne fit que retrouver cette terre, dont la route était perdue, depuis tout au plus une centaine d'années.

Tout porte à croire que le grand navigateur génois avait été mis par un hasard quelconque, ou par des investigations habilement conduites, au courant de cette particularité; et qu'à son départ de Palos, il était non seulement convaincu de l'existence du continent qu'il allait essayer de retrouver, mais encore qu'il savait à peu près quelle route il lui fallait suivre pour l'atteindre.

On sait à n'en pas douter que les relations entre l'Amérique et l'ancien continent remontent à la plus haute antiquité; on est même certain que ces relations n'ont jamais été interrompues; on a les preuves d'expéditions faites par les Islandais en 877, 983 et 986, dans l'île de Nantucket, un degré au-dessous de Boston, à la Nouvelle-Écosse et enfin à Terre-Neuve; on a des renseignements positifs sur les progrès des colonies de la Scandinavie américaine, jusqu'au milieu du xive siècle; dès le xiie le Groenland eut des évêques suffragants de Hambourg; jusqu'en 1418, les colons norvégiens établis sur ces côtes payaient au Saint-Siège, pour dîme et denier de Saint-Pierre, deux mille six cent livres de dents de morses. En 1266, les prêtres groenlandais de l'évêché de Gardar se mirent à la tête d'une expédition de pêcheurs qui, partis de la baie de Baffin, allèrent pêcher dans le détroit de Lancastre jusqu'à celui de Barrow. Le dernier voyage dont il soit fait mention dans l'histoire de la Scandinavie est celui d'un bâtiment parti en 1347, à destination de la Nouvelle-Écosse, pour y chercher des bois de construction. La grande peste, qui vers le milieu du xive siècle, ravagea l'Europe, s'étendit jusqu'au Groenland; plus tard le commerce de cette région devint un droit régalien de la couronne de Norvège. En 1418 une flotte commandée par le prince Zichmni de Freslande, vint on ne sait d'où, et détruisit par le fer et par le feu toute la colonie. Enfin les relations faites par les frères Zens, relations dont l'authenticité est incontestable, et qui remontent à la fin du xive siècle, donnent sur la Nouvelle-Angleterre et les nations situées plus au S.-E., des renseignements précieux sur le degré de civilisation auquel étaient parvenus les peuples de ces divers pays.

Lorsque Christophe Colomb eut commencé ses merveilleuses découvertes, les Espagnols, comprenant toute l'importance pour eux de s'assurer la propriété de ces immenses territoires, où l'or semblait foisonner comme à plaisir, achetèrent une bulle du pape Alexandre VI, bulle très chèrement payée, mais au moyen de laquelle ils s'assurèrent la propriété exclusive de toutes les terres découvertes, ou à découvrir, dans le Nouveau-Monde, jusqu'à une ligne imaginaire, tracée par le pape, et dont la position ne fut jamais parfaitement déterminée.

Le gouvernement espagnol, en conséquence de cette bulle, continua ses conquêtes et réussit à s'assurer ces immenses possessions, qui permirent plus tard au roi Philippe II de dire que le soleil ne se couchait jamais dans ses États.

L'Espagne organisa ses conquêtes ; elle y installa un système despotique, dont l'histoire ne présente aucun autre exemple. Les pays sur lesquels s'étendait sa domination furent fermés au commerce européen, avec une sévérité inouïe. L'entrée des ports fut prohibée; tout étranger, à quelque nation qu'il appartînt, surpris à franchir les frontières des colonies espagnoles, était impitoyablement mis à mort. En un mot, ce continent si providentiellement retrouvé, fut presque en entier confisqué au profit de la monarchie espagnole; sans relations avec les autres peuples, et isolé dans le monde, plus complètement que ne l'a jamais été la Chine elle-même.

Le Mexique, bien amoindri aujourd'hui, comprenait sous la monarchie espagnole, cette vaste et magnifique contrée du continent américain, s'étendant du 16° au 40° degré de latitude. La vice-royauté du Mexique était bornée au sud par la baie de Honduras et le royaume de Guatémala ; à l'est par le golfe du Mexique, à l'ouest, par la mer Pacifique et les deux Californies.

Les frontières du nord étaient moins certaines ; elles traversaient des déserts inconnus; elles paraissaient s'étendre du cap San-Francisco, aux sources du Rio-del-Norte, et suivre le cours du Rio-Colorado, jusqu'au Rio-Sabina, qui se jette dans l'Océan à l'extrémité du golfe du Mexique, à l'ouest de la Nouvelle-

Orléans; l'étendue de cette magnifique vice-royauté n'était pas moindre de 473,913 kilomètres carrés.

Lors de sa merveilleuse expédition, Fernan Cortez, après avoir pris possession des côtes du Yucatan et du Goatzacoalco, débarqua définitivement sur une plage aride et sablonneuse entièrement déserte. Cette contrée inhospitalière se nommait Chalchinhuecan; elle n'était éloignée que de trente kilomètres de la ville Cuetlastlan, aujourd'hui Costala.

Avant de se décider à fonder un établissement durable, Fernan Cortez chercha un terrain plus propice; enfin le vendredi saint de l'année 1519, le Conquistador se décida à poser la première pierre d'une ville à laquelle il donna le nom de Villa Rica de la Vera-Cruz; ce ne fut qu'en 1599 que le comte de Monterey, reconnaissant les désavantages de la position choisie par Cortez, fit définitivement bâtir la ville, à l'endroit où, pour la première fois, le Conquistador avait débarqué.

A l'époque où se passe notre histoire, la Vera-Cruz était encore toute jeune, puisqu'il n'y avait pas tout à fait quatre-vingts ans qu'elle avait été bâtie sur son nouvel emplacement. Elle se divisait en deux parties distinctes, dont l'une se trouvait en terre ferme, et l'autre sur l'île nommée alors Saint-Jean-de-Luz et qui prit plus tard celui de Saint-Jean-d'Ulua.

La partie comprise dans l'île renfermait une magnifique forteresse, existant encore, une redoute avec un ouvrage à cornes, une centaine de maisons environ, et une église.

C'était à cette île et à celle de Sacrificios qui en est voisine, que mouillaient les navires arrivant d'Europe; après avoir opéré leur déchargement et leur chargement au môle de la Vera-Cruz.

La ville proprement dite avait forme d'un carré long, et était entièrement fermée de murailles. Elle s'appuyait à l'est sur une petite rivière, aujourd'hui dans la ville, et à l'ouest sur un cours d'eau débouchant dans la mer près du môle, après avoir traversé la ville dans toute sa largeur. Selon la mode espagnole les rues étaient larges et coupées à angles droits. Deux forteresses solidement établies défendaient la ville dans sa partie ouest et du côté de la campagne; les murailles, assez bien construites, étaient coupées de distance en distance par des poternes; deux portes, dont l'une située à l'est presque sur le bord de la mer, donnaient accès dans la ville.

La Vera-Cruz était alors justement nommée la ville riche. En effet, elle servait d'entrepôt à tout le commerce du Mexique; l'or et l'argent des mines y affluaient de toutes parts. Sa population s'élevait à environ 25,000 habitants, adonnés au commerce; gens actifs, entreprenants, pêchant à qui mieux mieux en eau trouble dans ce magnifique Eldorado, et faisant en peu de temps des fortunes considérables.

Aujourd'hui, la Vera-Cruz se meurt; sa population a diminué de moitié au moins; l'herbe pousse dans ses rues éclairées au gaz et traversées par un chemin de fer américain. Les révolutions incessantes de ce malheureux pays ont réduit son commerce presque à néant; ce port, jadis si florissant, languit presque moribond; un coup de tonnerre réussira seul à galvaniser le Mexique,

Les arrieros répondirent cordialement au salut de l'étranger.

en lui faisant perdre sa nationalité précaire, et le courbant, pour toujours peut-être, sous le joug de fer du gouvernement des États-Unis.

Mais en 1674, rien ne faisait encore prévoir cette décadence profonde. L'Espagne était riche, puissante, redoutable et redoutée. Ses ennemis les plus terribles, puisqu'ils étaient les plus infimes et les plus difficiles à saisir, étaient les flibustiers. Eux seuls lui faisaient une guerre permanente : soutenant que passé les tropiques, il ne pouvait plus y avoir de paix avec l'Espagne; ils lui infligeaient des défaites, dont les conséquences étaient désastreuses pour son orgueil et surtout pour ses finances.

Un promeneur matinal, qui se serait trouvé sur le bord de la mer, à peu près à la hauteur du village de Médellin, vers cinq heures du matin, dix ou douze jours après les événements rapportés dans notre précédent chapitre, aurait assisté à une scène singulière et fort intéressante; mais sur une étendue de plus de quatre lieues, le village était complètement désert; les oiseaux et les poissons furent, par conséquent, seuls témoins de la scène en question.

Un peu après le lever du soleil, un charmant petit navire, coquettement espalmé, d'une finesse de formes exquises, et dont la marche devait être supérieure, se dégagea des brumes, qui aux premières heures du jour s'élèvent de la mer, comme un rideau diaphane se balançant au gré de la brise, et laissa arriver en grand sur le rivage.

Lorsque le navire ne fut plus qu'à une portée de pistolet de la côte, il vint au lof, brassa ses vergues, mit sur le mât, et demeura stationnaire, s'inclinant gracieusement aux caprices de la houle.

Cette manœuvre exécutée, avec une adresse et une agilité merveilleuses, deux embarcations se détachèrent des flancs du navire, et firent force de rames vers le rivage, où elles ne tardèrent pas à atterrir.

La première et la plus petite de ces embarcations était montée par six hommes, dont quatre portaient le costume de marins; les deux autres, grands gaillards vigoureusement découplés, aux cheveux noirs comme l'aile du corbeau, au teint presque olivâtre, et aux favoris taillés en côtelettes, étaient vêtus du pittoresque costume de *majo andalou,* généralement adopté alors par les arrieros riches, c'est-à-dire possesseurs d'une *recua* de mules.

Laissant un de leurs compagnons à la garde du canot, les cinq autres étrangers sautèrent gaiement à terre, et se préparèrent à faire accoster la plus grande embarcation qui paraissait très lourdement chargée.

En effet, celle-ci contenait une douzaine de ballots faits et ficelés avec soin au moyen de lanières de cuir, et une quantité de harnais à la mode espagnole, garnis de clochettes; en quelques instants, la chaloupe eut déposé son chargement à terre et repris le large. Un des matelots agita son chapeau au-dessus de sa tête; à ce signal, on vit s'élever l'une après l'autre, de l'intérieur du navire, plusieurs mules dont, aussitôt qu'elles atteignaient la mer, on détachait les sangles; toutes, dès qu'elles se virent libres, nagèrent vigoureusement vers la plage, où elles furent facilement arrêtées par les marins restés à terre.

Les mules furent vivement harnachées, et chargées chacune de deux ballots.

Ce dernier travail terminé, Vent-en-Panne, que le lecteur a sans doute déjà reconnu, entraîna un peu à l'écart les deux arrieros, qui n'étaient autres que l'Olonnais et Pitrians le jeune, son ami.

— Maintenant, frères, dit-il, la première et la plus dangereuse partie de notre expédition est terminée; c'est à vous à accomplir la plus délicate, ce soin vous regarde seuls; vous sortirez à votre honneur, je n'en doute pas, d'une affaire si bien commencée.

— Du moins, répondit l'Olonnais, nous ferons les plus grands efforts pour réussir.

— N'oubliez pas, dit Vent-en-Panne, de relire avec soin vos instructions écrites; elles sont de la plus scrupuleuse exactitude; en vous y conformant vous êtes certains de ne pas laisser soupçonner votre incognito; surtout veillez à ce qu'on ne les découvre pas sur vous, tout serait perdu.

— Quant à cela, sois tranquille, matelot, dit l'Olonnais; Pitrians et moi nous avons eu la patience d'apprendre ces instructions par cœur, comme une leçon; dès que nous avons été sûrs de notre mémoire, le papier a été déchiré en morceaux et jeté à la mer.

— Bien, nous n'avons plus rien à redouter de ce côté-là; il ne me reste plus qu'à vous embrasser, vous serrer la main, et vous souhaiter bonne chance, frères; souvenez-vous du signal dont nous sommes convenus; adieu, matelots.

Les trois hommes se serrèrent affectueusement la main, s'embrassèrent et retournèrent de compagnie vers le canot. Vent-en-Panne prit une dernière fois congé de ses amis et sauta dans l'embarcation qui s'éloigna rapidement. En quelques minutes elle atteignit le léger navire et fut hissée à bord; le bâtiment orienta ses voiles, vira gracieusement sur lui-même, piqua dans le vent, s'éloigna en haute mer; au bout d'un quart d'heure, il n'apparaissait plus aux deux boucaniers dont les regards le suivaient anxieusement, que comme l'aile d'une mouette; puis tout disparut.

En se voyant seuls, séparés peut-être pour toujours de leurs compagnons, les jeunes gens laissèrent échapper un soupir involontaire et poignant.

Si solidement trempé que soit un homme; si ferme que soit son cœur, il y a certains moments d'une haute gravité dans l'existence, où malgré lui, il sent son courage faiblir, son âme s'attrister. L'isolement est une des situations les plus terribles dans lesquelles puisse se trouver un individu; aussi cause-t-il une impression plus forte que toutes les autres péripéties, souvent plus sérieuses, d'une vie d'aventures et de hasards.

— Songeons à nos affaires, dit brusquement l'Olonnais; surtout entendons-nous bien afin de ne pas commettre d'imprudence; d'abord renonçons quant à présent à la langue française pour ne plus parler que l'affreux *charubia* des señores.

— Très bien, c'est-à-dire *muy bien*; répondit Pitrians avec un gros rire. La première chose que nous devons faire, est de nous éloigner le plus promptement possible du rivage; si le hasard amenait quelque curieux par ici, il trouverait assez singulière la présence de deux arrieros, avec leur recua, dans un endroit où ne conduit aucun chemin et par conséquent n'aboutissant nulle part.

— Parfaitement. Si je ne me trompe, cette rivière est le Jamapa; en la suivant elle nous conduira tout droit à Médellin, qu'elle traverse; charmant village où nous ferons notre première halte.

— D'ailleurs, ajouta Pitrians, mon père, le digne homme, m'a toujours dit que le meilleur moyen de trouver sa route, était de suivre les rivières, parce qu'elles conduisent toujours quelque part.

— Ton père était un homme de grand sens, cher ami, c'est incontestable ; mettons-nous en route, n'oublie pas que nous arrivons de Mexico, et que nous nous rendons à la Vera-Cruz.

— C'est convenu.

Les deux hommes rassemblèrent les mules et les poussèrent du côté de la rivière. Là, ils ne tardèrent pas à apercevoir une *sente* peu frayée, mais suffisamment large, serpentant sur le bord de la rivière.

Ils s'engagèrent sans hésiter sur cette sente, et bientôt ils disparurent sous le couvert.

Médellin est un charmant village, à demi caché, ou plutôt enfoui, sous un fouillis d'arbres odorants, et enveloppé de toutes parts des plus magnifiques spécimens de la flore luxuriante des tropiques.

Les habitants de la Vera-Cruz y ont bâti de charmantes demeures, où ils se retirent à l'époque des grandes chaleurs, alors que le séjour de cette ville devient impossible, même pour les habitants les mieux acclimatés.

Médellin est pour les Véracruzains, ce que le Chorillo est pour les habitants de Lima, Dieppe et les autres villes d'eau pour les Européens; on y joue un jeu effréné, des fortunes s'y font et s'y défont en quelques heures ; du reste il était impossible de choisir un site plus enchanteur pour en faire un lieu de repos et de plaisir.

Donc c'était vers ce délicieux village, que se dirigeaient les aventuriers, tout en poussant nonchalamment leurs mules, et en fumant l'inévitable cigarette espagnole.

Ils marchaient ainsi depuis une heure environ lorsque, à un détour de la route, ils se rencontrèrent face à face, presque à l'improviste, avec un homme d'une quarantaine d'années, à la physionomie ouverte mais un peu railleuse, et qui les salua d'un :

— Buenos Dias ! retentissant, en émergeant d'une sente latérale, au galop d'un magnifique cheval.

Le costume de cet individu, sans être riche, montrait l'aisance dont jouissait son propriétaire.

Les arrieros répondirent cordialement au salut de l'étranger; celui-ci, sans plus de cérémonies, fit ranger son cheval auprès d'eux.

— Oh ! oh ! dit-il gaiement, vous êtes en route de bien bonne heure, mes maîtres ; qui diable a pu vous engager à partir ainsi avant le lever du soleil? vous n'êtes pas des jeunes filles, pour craindre de gâter votre teint ?

— Non, répondit en riant l'Olonnais, seulement nous ne nous soucions pas de marcher à la grande chaleur du jour.

— Et, caraï ! vous avez raison, mes maîtres ; vous vous rendez à Médellin ?

— Mon Dieu, oui.

— Eh bien ! si cela peut vous être agréable, je vous annonce que vous y serez avant un quart d'heure.

— La nouvelle est excellente en effet, nous vous remercions de nous l'avoir donnée.

— D'après votre costume, je vois que vous n'êtes pas *costenos* (des côtes).

— Vous avez deviné, señor, nous sommes en effet *tierras adentro* — de l'intérieur, — voici la première fois que nous venons si près de la mer, ce qui est cause, caraï! que nous nous sommes trompés de route; et au lieu de suivre tout droit notre chemin, nous avons bêtement descendu, et cela, si bas qu'un peu plus nous arrivions au rivage.

— Vivo Cristo! voilà une bonne histoire, fit l'étranger en riant, il n'y a que des *Gallegos* pour aller ainsi à l'étourdie.

— Le fait est, dit Pitrians, que nous avons agi comme de véritables innocents.

— Bon, le mal n'est pas grand, fit l'étranger avec bonne humeur, il est facile à réparer; êtes-vous recommandés à quelqu'un à Médellin?

— Non, nous ne comptions pas nous y arrêter; mais je suppose qu'il n'y doit pas manquer de *tambos* ni de *posadas*.

— Qu'il en manque, ou qu'il n'en manque pas, ceci importe peu, dit l'étranger et ne doit pas vous inquiéter; vous avez rencontré Pedro Garcias, mes maîtres; il n'est pas, à la vérité, l'un des plus riches du pays, mais, caraï! jamais un voyageur n'a frappé impunément à sa porte, pour demander l'hospitalité.

— Je vous remercie cordialement de votre offre généreuse; mais je crains véritablement de l'accepter, malgré tout le plaisir qu'elle me fait.

— Pourqui donc cela, s'il vous plaît?

— Mon Dieu, nous sommes des marchands, des gens tout simples, peut-être nous vous gênerons.

— Eh mais! répondit-il vivement, que suis-je donc moi-même, señor? sinon un pauvre diable d'*haciendero* gagnant comme vous sa vie en travaillant. Oh! là, vous êtes bien pointilleux vous autres, tierras adentro; est-ce qu'on doit jamais hésiter à accepter une hospitalité franchement offerte? Apprenez, caballeros, que nous autres costenos, nous n'agissons pas ainsi envers les voyageurs; quand nous faisons une offre à un étranger, c'est de bon cœur, par conséquent, nous n'admettons pas de refus.

— Ne vous fâchez pas, señor, reprit l'Olonnais en riant, la délicatesse me faisait vous parler ainsi que je l'ai fait : votre proposition me cause le plus grand plaisir, je l'accepte avec joie!

— Eh bien! voilà qui est dit, reprit joyeusement l'haciendero, en se frottant les mains, quand vos courses vagabondes vous conduiront à Peña Verde, c'est le nom de mon hacienda, j'espère vous y offrir une hospitalité autrement large que celle que je suis en état de vous donner aujourd'hui. Vous verrez comme nous agissons, nous autres costenos, caraï! quand nous nous y mettons!

La conversation prit alors un ton d'intimité, tout à fait sans façons; lorsque les trois hommes, un quart d'heure plus tard, atteignirent Médellin, ils étaient les meilleurs amis du monde, on les aurait crus liés depuis dix ans.

Don Pedro Garcias occupait à Médellin une charmante habitation, construite tout en bois, et dont les jardins descendaient en pente douce jusqu'au bord de la rivière.

L'haciendero fut reçu à la porte de sa maison de campagne, car cette habitation n'était pas autre chose, par deux ou trois peones empressés, dont les cris et les acclamations joyeuses attirèrent hors des appartements une dame de trente-trois ans environ, fort belle encore, et dont les traits étaient empreints de cette dignité douce et sympathique que l'âge met au front des matrones dont la vie a été pure. Deux charmantes jeunes filles de quatorze et quinze ans se tenaient modestement près de cette dame; leur ressemblance frappante avec elle indiquait clairement que celle-ci était leur mère.

Au Mexique, un hôte est réellement l'envoyé de Dieu ; du moins, cela était encore ainsi à l'époque assez éloignée déjà où j'habitais ce beau pays. Aujourd'hui, tant de changements se sont produits dans cette malheureuse contrée, avec les révolutions et les interventions étrangères, que je n'ose affirmer qu'il en soit encore de même.

Un hôte, dès qu'il posait le pied sur le seuil de la maison où il était reçu, était considéré comme un membre de famille; par conséquent libre d'agir à sa guise, sans être exposé à ce feu roulant de questions indiscrètes, dont, dans notre bienheureux pays, si avancé, dit-on, en civilisation, on accable sans rime ni raison les étrangers.

Les deux arrieros, après avoir déchargé leurs mules avec l'aide des peones, et les avoir confortablement établies dans un corral spacieux, furent conduits dans la chambre disposée pour eux, afin de se livrer au repos, jusqu'à l'heure prochaine du déjeuner.

Deux jours se passèrent, pendant lesquels les deux étrangers furent traités avec les plus grands égards. Don Pedro Garcias, dont les journées s'écoulaient à ne rien faire, s'était institué leur cicérone. Non seulement il leur fit visiter la ville dans ses plus minutieux détails, mais encore il les présenta à plusieurs personnes riches, dont le patronage pouvait plus tard leur être fort utile.

De plus il leur ouvrit les maisons où l'on jouait gros jeu, et dans lesquelles, pour soutenir leur rôle de Mexicains, les deux aventuriers risquèrent quelques onces.

Chose singulière, le hasard sembla s'obstiner à leur être favorable au *monte*; s'ils avaient continué à jouer sérieusement, peut-être auraient-ils gagné de très grosses sommes ; mais ils eurent la prudence de s'abstenir ; ils se contentèrent d'acquérir la réputation de beaux joueurs auprès de toutes les personnes avec lesquelles ils furent engagés.

L'Olonnais et Pitrians avaient défait une partie des ballots apportés, pour satisfaire la curiosité des jeunes filles de don Pedro Garcias. Ils leur avaient fait admirer de magnifiques crêpes de Chine brodés, des coupons de soie du plus haut prix, des bijoux de toutes sortes; mais, malgré les prières les plus pressantes, ils avaient refusé de vendre quoi que ce fût à Médellin ; réservant, disaient-ils, leurs marchandises pour la Vera-Cruz, où ils espéraient en trouver un placement beaucoup plus avantageux, en les vendant en bloc à quelque grande maison de commerce.

Ce raisonnement spécieux était loin de satisfaire les dames de Médellin, dont la curiosité avait été excitée par les récits passionnés, et plus que fantastiques, des deux jeunes filles de don Pedro Garcias.

Mais les arrieros s'obstinèrent dans leur première résolution ; rien ne réussit à les faire consentir à ouvrir la vente, ainsi que l'on dit en termes du métier; du reste, ils avaient pour cela de bonnes raisons; la beauté et le choix de leurs marchandises, en leur ouvrant les portes des riches maisons de la Vera-Cruz, les aideraient à parvenir, sans éveiller les soupçons, jusqu'au duc de la Torre.

Le soir du second jour de leur arrivée à Médellin, l'Olonnais annonça après le dîner à don Pedro Garcias, son intention de quitter le lendemain le village au lever du soleil, afin d'atteindre la Vera-Cruz de bonne heure dans la matinée.

Cette résolution causa une tristesse générale dans la famille; chacun se récria sur la promptitude de ce départ; quelques jours de plus à Médellin ne nuiraient en rien à leurs intérêts ; rien ne les empêchait de demeurer encore, etc., etc.

L'Olonnais répondit que, tout le premier, il regrettait fort de se séparer d'aussi bons amis; mais que leurs affaires devaient être menées rondement, d'autant plus que des navires venant d'Europe étaient attendus à la côte; que s'ils tardaient trop, l'abondance des marchandises sur la place amènerait une dépréciation des leurs, et leur causerait ainsi de graves préjudices.

Les dames s'obstinaient à vouloir retenir les étrangers ; ceux-ci, de leur côté, insistaient pour partir; la discussion se serait prolongée longtemps sans amener de solution, si par hasard don Pedro Garcias n'y avait coupé court, par une question inattendue, et n'était parvenu ainsi à donner gain de cause à sa famille, c'est-à-dire à retarder de quarante-huit heures le départ des étrangers.

— Vous autres tierras adentro, fit-il, bien que je ne veuille pas dire de mal de vous, vous êtes les hommes les plus ignorants des choses de la vie qui se puissent voir, ainsi par exemple vous venez de Mexico, n'est-ce pas?

— Pas directement, répondit l'Olonnais avec un sourire.

— Eh bien ! je parie, et remarquez bien que je suis sûr de mon fait, que vous êtes assez inconséquents et assez fous, pour ne pas avoir songé à vous munir d'une passe de l'alcade mayor de Mexico?

— Une passe? pourquoi faire? demanda l'Olonnais surpris et en même temps effrayé de cette question.

— Comment pourquoi faire? reprit don Pedro Garcias avec un gros rire, mais pour circuler librement dans toute la vice-royauté !

— Voilà cinq ans, dit l'Olonnais avec un aplomb magnifique, que nous faisons le commerce dans l'intérieur, à Guanajuato, Guadalaxara, Mexico, Puebla-de-los-Angeles, enfin dans toutes les villes qui entourent la capitale, dans un périmètre de cinquante et même de cent lieues; jamais on ne nous a demandé une semblable passe; j'ignorais même, je vous l'avoue, qu'on en exigeât une.

— Là ! n'en étais-je pas sûr ! s'écria l'haciendero en riant; quand je vous le disais ! mais, *hombres de Dios !* faire le commerce dans l'intérieur et le faire sur la côte, ce n'est pas du tout la même chose. Pour trafiquer sur la côte, il faut être muni de papiers parfaitement en règle, de passes légalement visées par les autorités des villes où vous avez passé. Ignorez-vous donc que la Vera-Cruz est une place forte? que personne n'y peut pénétrer sans autorisation? *Caraï! compadre!* vous alliez commettre une jolie bévue! vous n'auriez pas plus tôt montré votre nez à la *garita* de la Vera-Cruz, que l'on vous aurait bel et bien arrêtés; et qui sait? peut-être vos marchandises auraient-elles été confisquées!

— Eh! voilà qui est sérieux! dit l'Olonnais.

— Comment faire? ajouta Pitrians.

— Oh! que cela ne vous inquiète pas! je me charge de tout régler à votre satisfaction. Mais avant de m'engager davantage vis-à-vis de vous, je veux votre parole de demeurer encore deux jours ici, avec nous.

— Oh! de grand cœur! s'écria Pitrians.

— Pour vous consoler, reprit l'haciendero, je vous accompagnerai à la Vera-Cruz, où m'appellent quelques affaires importantes.

— Ceci est charmant, dit l'Olonnais; j'accepte avec joie votre proposition; mais à une condition aussi, señor, et cette condition, si vous la repoussez, je vous déclare que rien ne pourra me retenir ici un quart d'heure de plus.

— Voyons la condition, señor.

— La voici : vous me permettrez d'offrir à vos charmantes filles et à doña Incarnacion, leur mère, des pendants d'oreilles et un crêpe de Chine, que j'ai mis de côté pour elles.

— Au diable les marchands! s'écria gaiement don Pedro Garcias, ils ont toujours la rage de se ruiner en cadeaux! faites comme il vous plaira, mais vous nous resterez encore pendant quarante-huit heures?

— C'est convenu, señor don Pedro; maintenant permettez-moi de vous demander quel est le moyen que vous comptez employer pour nous faire obtenir les passes dont nous avons besoin, et qui à votre avis nous sont indispensables.

— Oh! un moyen bien simple, señor; l'alcade et le chef de la police de Médellin sont mes compères; ils n'ont rien à me refuser. Je les verrai ce soir même, je leur expliquerai en deux mots l'embarras où vous êtes, et avant une heure, je l'espère, je vous rapporterai vos passes parfaitement visées et en règle.

L'Olonnais ouvrit son portefeuille, y prit un papier et le présentant à l'haciendero :

— Voici, dit-il, une patente qui nous a été délivrée, il y a un an, à Mexico, contre une autre périmée; nos noms y sont inscrits; ce papier facilitera peut-être votre négociation.

— Non seulement il la facilitera, señor, mais de plus, il lèvera tous les obstacles; attendez-moi; je ne vous demande qu'une demi-heure.

Sans plus discuter, don Pedro Garcias se leva et sortit.

Les aventuriers profitèrent de son absence pour faire choisir des pendants d'oreilles aux jeunes filles, et remettre à doña Incarnacion le crêpe de Chine brodé que déjà elle avait remarqué.

— Monsieur le baron! s'écria le gouverneur, nous saurions au besoin répondre à la force par la force.

Selon sa promesse, don Pedro revint au bout d'une demi-heure; il rapportait les deux passes parfaitement en règle. Sa demande n'avait soulevé aucune objection.

Deux jours plus tard, ainsi que cela avait été convenu, l'Olonnais et Pitrians prenaient, vers sept heures du matin, congé de la famille de l'haciendero, et se mettaient, en compagnie de celui-ci, en route pour la Vera-Cruz.

V

QUELLE FUT LA PREMIÈRE ENTREVUE DE L'OLONNAIS ET DU DUC DE LA TORRE A LA VERA-CRUZ

Don Pedro Garcias jouait décidément le rôle de la Providence auprès des deux aventuriers; le hasard, en le plaçant sur leur chemin au moment où ils venaient de débarquer, leur avait rendu un signalé service. Dès le premier instant le digne homme avait pris en affection les deux jeunes gens; comme il était connu dans le pays et qu'il y jouissait d'une réputation d'honnêteté bien établie, sa garantie leur fut très profitable.

D'abord, il leur évita une foule de désagréments, auxquels sans lui ils auraient été exposés, dans une contrée qui leur était complètement inconnue, et dont seuls ils auraient eu beaucoup de peine à se tirer; ensuite, grâce à ses relations, il les munit de nombreuses lettres de recommandation, leur ouvrant ainsi les portes des principales maisons de la Vera-Cruz, ce qui convenait on ne peut mieux pour la réussite des projets qui les amenaient au Mexique.

Les trois hommes franchirent sans difficulté les garitas de la ville; l'officier commandant la garde était lié avec l'haciendero; il ne jeta qu'un regard distrait sur les passes des arrieros, et tout en serrant la main de don Pedro, et lui demandant affectueusement de ses nouvelles, il fit signe aux sentinelles de laisser passer les voyageurs; ce qui, nous ne craignons pas de le constater, causa à ceux-ci une vive joie intérieure.

L'haciendero, avant de s'occuper de ses propres affaires, voulut absolument accompagner ses nouveaux amis à la calle de la Parroquia, où il les installa, avec force recommandations au maître du tambo, qu'il connaissait, et dont il était le compère.

Nous ferons remarquer en passant, que le compérage en Espagne et surtout dans les colonies, est fort étendu et presque élevé à la hauteur d'une institution; c'est une quasi-parenté, par laquelle les deux parties sont peut-être plus engagées que par une parenté réelle. Les compères ne se refusent jamais, dans les limites du possible, bien entendu, de se rendre les services que réciproquement ils se demandent.

Au Mexique, au Chili, au Pérou surtout, le compérage est considéré presque comme quelque chose de sacré; par suite il astreint souvent à de très grandes obligations; obligations devant lesquelles, du reste, jamais les compères ne reculent.

Après avoir commodément installé les deux hommes chez son compère, don Pedro leur donna son adresse en les engageant à le venir voir, le plus tôt possible, puis il consentit enfin à les laisser et à s'occuper de ses propres affaires.

Nous abandonnerons quant à présent l'Olonnais et Pitrians, s'installant à la Vera-Cruz, tout en préparant leur entrée en campagne, et nous reviendrons au duc de la Torre et à sa famille.

Ainsi que nous l'avons dit, M. d'Ogeron avait fait demander, par l'entremise du gouverneur espagnol de Saint-Domingue, au capitaine général de Cuba, l'autorisation de laisser mouiller devant la Vera-Cruz le vaisseau de guerre français *Le Robuste*, chargé par le roi Louis XIV d'y conduire S. Exc. le duc de la Torre, récemment nommé vice-roi du Pérou, par S. M. catholique.

Cette autorisation s'était fait attendre quelque temps, mais enfin elle était arrivée, accompagnée d'une lettre gracieuse du capitaine général. Le lendemain de la réception de cette autorisation, le duc de la Torre, après avoir fait ses adieux à M. d'Ogeron et aux principaux boucaniers, s'était embarqué avec sa famille. Le *Robuste* avait immédiatement levé l'ancre et mis sous voiles.

La traversée de Port-Margot à la Vera-Cruz se fit dans les conditions ordinaires, sans incidents dignes d'être notés. Le *Robuste* mouilla vers huit heures du matin devant le fort de San-Juan-de-Luz, où tous les bâtiments avaient coutume de jeter l'ancre.

C'était la première fois, depuis la conquête du Mexique, qu'un bâtiment de guerre français faisait majestueusement flotter les plis de son pavillon dans un des principaux ports de l'Espagne de *Ultra-mar*; aussi la curiosité était-elle grande dans la ville; les habitants étonnés, et presque effrayés à la vue de ce puissant vaisseau, s'interrogeaient avec anxiété; ils essayaient de découvrir quel motif l'avait conduit devant leur ville, et comment il avait obtenu l'autorisation d'y mouiller.

Une heure et demie avant de prendre son ancrage, le vaisseau *Le Robuste* avait été accosté en pleine mer, par une goélette espagnole portant pavillon parlementaire. Cette goélette avait à son bord le señor conde don Antonio de la Sorga-Caballos, gouverneur général de la province de Vera-Cruz, et quatre ou cinq officiers de son état-major ; il s'y trouvait en sus un pilote lamaneur chargé de conduire le vaisseau à son mouillage.

Don Antonio, ses officiers et le pilote, montèrent à bord du *Robuste*.

Le gouverneur général était un gentilhomme de vieille souche espagnole, très instruit; bien que fort jeune encore, il s'était acquis une certaine réputation militaire dans les guerres de Flandres. Son entrevue avec M. de Lartigues et le duc de la Torre fut ce qu'elle devait être, c'est-à-dire cordiale sans familiarité, et bienveillante sans faiblesse. Don Antonio avait été averti par le capitaine général de Cuba, de l'arrivée prochaine à la Vera-Cruz du vaisseau *Le Robuste* mis gracieusement à la disposition du nouveau vice-roi du Pérou, par S. M. le roi Louis XIV, et de l'autorisation donnée au baron de Lartigues d'accomplir sa mission.

Cependant, malgré toute l'aménité affectée, dans leurs relations, par le gouverneur et M. de Lartigues, un débat sérieux ne tarda pas à s'élever entre eux, débats dont les suites faillirent devenir fort graves.

Don Antonio soutenait que les lois établies par le gouvernement espagnol étaient positives, n'admettaient ni exception, ni interprétation; que dans ces conditions la seule chose à laquelle il se crût autorisé, et cela bien entendu sous sa propre responsabilté vis-à-vis de ses supérieurs, — responsabilité que cependant, par considération pour le duc de la Torre et le baron de Lartigues, il n'hésitait pas à assumer sur lui, au risque de ce qui pourrait survenir, — était de prendre à bord de la goélette le duc, sa famille et ses bagages; se chargeant de le conduire ainsi, sous pavillon espagnol, à la Vera-Cruz, où le duc serait reçu avec tous les honneurs dus à son rang.

M. de Lartigues écouta avec une visible impatience ce raisonnement spécieux, puis il répondit nettement et sèchement :

— Monsieur le comte don Antonio de la Sorga-Caballos, S. M. le roi Louis XIV, mon maître, m'a fait l'honneur de me charger de conduire à la Vera-Cruz S. Exc. M. le duc de la Torre, vice-roi du Pérou; je vous déclare donc que, quoi qu'il advienne, de gré ou de force, je remplirai à la lettre la mission que m'a confiée S. M. le roi mon maître.

— Monsieur le baron ! s'écria vivement le gouverneur, nous saurions au besoin répondre à la force par la force.

— Peut-être le voudriez-vous, señor, dit M. de Lartigues avec un sourire sardonique, malheureusement les moyens vous manquent. La Vera-Cruz n'est pas en état de défense; il n'y a pas un seul vaisseau de guerre dans le port, avant trois mois il n'en arrivera point. J'ai l'honneur, ainsi que vous le voyez, de commander un vaisseau de soixante-six pièces de canon; six autres bâtiments de guerre français d'une force égale à celui-ci formant l'escadre dont je suis le chef dans l'Atlantique, louvoient à dix lieues au large, prêts à exécuter mes ordres; veuillez donc répondre catégoriquement à la question que j'ai l'honneur de vous poser : voulez-vous, oui ou non, me laisser accomplir ma mission ? mes intentions sont bonnes et essentiellement loyales.

— Mais, monsieur le baron, répondit le gouverneur assez interloqué, et obligé de reconnaître dans son for intérieur qu'il avait peut-être été un peu trop loin, vu la faiblesse des moyens dont il disposait; mais, monsieur le baron, encore est-il nécessaire que je sache de quelle façon vous entendez remplir cette mission.

— Eh ! monsieur ! de la façon habituelle, rien de moins : je mouillerai devant les îles de San-Juan-de-Luz, je saluerai la ville de vingt et un coups de canon en hissant le pavillon espagnol à mon grand mât; salut auquel le fort de San-Juan-de-Luz me répondra coup pour coup en hissant le pavillon français; puis j'armerai mes embarcations au nombre de huit, M. le duc de la Torre me fera l'honneur de prendre place dans la mienne, avec sa famille, et à la tête de mon état-major et d'un détachement de cent vingt homme armés, j'escorterai S. Exc. le vice-roi du Pérou jusqu'au palais du gouvernement. Là, monsieur le comte, vous voudrez bien me délivrer des lettres patentes constatant l'accomplissement de ma mission ; cela fait je prendrai congé de M. le duc de la Torre, je retournerai à mon bord, et une heure plus tard j'aurai quitté la Vera-Cruz. Voilà, monsieur, de quelle manière j'entends m'acquitter de la mission que j'ai reçue : rien ne me fera modifier mes instructions.

— Soit, monsieur le baron, il en sera ainsi ; mais croyez bien que si je me soumets à vos exigences, ce n'est ni par crainte, ni par impuissance ; mais seulement afin de prouver la haute estime du gouvernement espagnol, pour

S. M. le roi Louis XIV, et le cas qu'il fait de ses mandataires, lorsque ceux-ci vous ressemblent, monsieur.

— Soyez convaincu, monsieur le comte, que j'apprécie comme ils le méritent les motifs, quels qu'ils soient, qui dictent votre conduite; quand il ne s'agirait que d'empêcher l'effusion du sang, je vous adresserais mes remerciements les plus sincères pour la condescendance, à la fois ferme et digne, que vous me montrez.

Cet incident vidé, il fut convenu que le gouverneur de la Vera-Cruz retournerait immédiatement à terre, et que le vaisseau *Le Robuste* croiserait au large pendant une heure, afin de laisser aux autorités de la ville le temps de tout préparer pour la réception du vice-roi.

M. de Lartigues sourit dédaigneusement à cette proposition, mais il accepta.

Le cérémonial arrêté fut exécuté ponctuellement; le vaisseau salua la ville, le fort rendit aussitôt le salut; puis les embarcations du *Robuste* furent amenées, elles se dirigèrent à force de rames vers le môle; au fur et à mesure que les canots s'approchaient de la ville, le vaisseau, sans impulsion visible, semblait décrire une courbe sensible; si bien que lorsque les embarcations accostèrent le môle, on reconnut que le *Robuste* s'était placé ou plutôt embossé de façon à ne rien avoir à redouter des canons du fort, tandis que lui, pouvait foudroyer la ville avec ses batteries.

M. de la Sorga, sous prétexte de rendre au vice-roi les honneurs dus à son rang, avait fait prendre les armes à toute la garnison; les rues regorgeaient de soldats; les troupes occupaient divers points stratégiques ; la foule des curieux avait été repoussée assez loin, pour ne gêner en rien les manœuvres militaires.

Le gouverneur, à la tête d'un brillant état-major, vint recevoir ses hôtes à l'escalier du môle; il offrit gracieusement le poing à Mme de la Torre tandis que M. de Lartigues présentait le sien à doña Violenta.

— Voilà un bien grand déploiement de forces, monsieur le comte, dit M. de Lartigues avec un sourire ironique.

— Vous m'excuserez, monsieur le baron, répondit le gouverneur sur le même ton; nous sommes peu habitués à recevoir la visite de vos compatriotes; la population est très hostile aux Français; j'ai cru devoir prendre ces précautions, afin d'éviter un conflit presque probable.

— Je ne vous blâme pas, monsieur; vous voyez que moi-même, répondit M. de Lartigues, en étendant le bras vers le *Robuste*, je me suis mis en mesure de répondre à une attaque, sinon de la prévenir.

Tous les yeux se portèrent alors sur le vaisseau ; le gouverneur reconnut, avec un dépit secret, que tous les sabords étaient ouverts, les pièces en batterie, les mèches allumées; un geste, un signe de M. de Lartigues et une grêle de mitraille aurait, comme un vent de mort, passé sur la ville et balayé ses quais.

Le comte de la Sorga se pencha à l'oreille d'un de ses officiers, lui dit quelques mots à voix basse; celui-ci s'éloigna aussitôt.

Cependant le débarquement s'était opéré avec cette rapidité que mettent les Français dans tout ce qu'ils font; cent vingt soldats bien armés étaient rangés derrière leur commandant; sans compter une soixantaine d'hommes restés dans les canots, prêts au premier signal à rendre d'excellents services.

— Mon cher commandant, dit le comte avec un sourire contraint, je vois que nous nous sommes mutuellement trompés; sur ma foi de noble Espagnol, je veux vous donner l'exemple de la confiance; voyez.

En effet, sans doute par suite de l'ordre donné par le gouverneur, un instant auparavant, les rangs des soldats s'étaient considérablement éclaircis; la plupart des troupes étaient rentrées dans leurs quartiers; la population, dont les coudées étaient rendues plus franches, se pressait autour des étrangers, sans montrer en aucune façon cette animosité dont, au dire du gouverneur, elle était animée. En un mot, l'aspect de la ville avait totalement changé : de sévère et farouche, en quelques minutes il était devenu riant et amical.

— Je vous remercie, monsieur le comte, dit M. de Lartigues; ce que vous faites est bien, je n'attendais pas moins de vous; à mon grand regret, cet exemple que vous me donnez si loyalement, je ne puis l'imiter; la prudence exige impérieusement que je me tienne sur mes gardes; mais je vous donne ma parole de gentilhomme, que quoi qu'il arrive, les premières démonstrations hostiles et les premiers coups ne viendront pas des Français.

Le gouverneur s'inclina : les musiques militaires espagnoles commencèrent à exécuter leurs airs les plus joyeux, et le cortège se mit définitivement en marche, non vers le palais du gouverneur, mais vers celui que, par les soins du gouverneur, on avait préparé pour recevoir le duc de la Torre et sa famille.

Là encore, tout se passa exactement d'après le programme convenu entre M. de la Sorga et M. de Lartigues.

Lorsque le comte eut remis à l'officier français ses lettres patentes bien en règle, le duc de la Torre prit à son tour congé du commandant de la façon la plus affectueuse; il le chargea de remettre au roi une lettre qu'il lui présenta, et dans laquelle il remerciait respectueusement Sa Majesté de la grâce qu'elle lui avait faite et de la manière dont ses ordres avaient été compris et exécutés par le commandant du *Robuste*.

M. de Lartigues prit alors officiellement congé du duc et de sa famille; puis il regagna ses embarcations en compagnie du gouverneur, qui lui fit rendre strictement tous les honneurs dus à son rang.

Une heure plus tard, le *Robuste* mettait sous voile et quittait la Vera-Cruz.

Le duc de la Torre n'ignorait pas qu'il devait passer trois mois au Mexique, avant qu'un navire pût le conduire à Panama.

Il se souciait peu d'habiter pendant ces trois mois à la Vera-Cruz, dont le climat est réputé mortel pour les étrangers.

Avant tout, il écrivit au vice-roi de la Nouvelle-Espagne, résidant à Mexico, pour lui annoncer son débarquement à la Vera-Cruz, et la situation précaire dans laquelle il se trouvait, à cause du long laps de temps qui s'écoulerait avant son départ pour le Pérou. Il ajoutait qu'un séjour aussi prolongé dans les terres chaudes pourrait avoir des conséquences fort graves, non seulement pour sa santé, mais encore pour celle de Mme de la Torre et de sa fille, dont il était accompagné. Il terminait sa lettre en priant le vice-roi de l'autoriser à établir sa résidence provisoire dans les terres tempérées, soit à Orizaba, soit à Puebla-de-los-Angeles.

Cette lettre écrite, fermée et cachetée de son sceau, le duc de la Torre la remit à un domestique qu'il avait amené d'Espagne avec lui, et sur la fidélité duquel il pouvait compter; il l'expédia à Mexico, puis il se mit en mesure de monter sa maison sur un pied respectable.

Quelques jours s'écoulèrent ainsi, sans qu'aucun incident vint troubler la monotone tranquillité de la vie qu'il menait à la Vera-Cruz.

Le duc avait reçu, les unes après les autres, les visites cérémonieuses des autorités de la ville; ces visites, il les avait ponctuellement rendues; puis il s'était renfermé dans son palais et avait vécu fort retiré; non pas que le duc soupçonnât les mauvaises intentions que certaines gens nourrissaient contre lui, ni le complot que ses ennemis ourdissaient en silence: il était à cent lieues de soupçonner une aussi odieuse machination.

Il venait pour la première fois en Amérique; jusque-là sa vie presque tout entière s'était écoulée à la cour de France; il avait conscience de n'avoir fait de mal à personne, tandis qu'au contraire il conservait le souvenir des bienfaits qu'il avait semés autour de lui, chaque fois que l'occasion s'en était présentée.

La réclusion volontaire à laquelle le duc s'était condamné n'avait donc aucune des raisons que nous avons données; elle provenait seulement du caractère un peu sauvage du duc, de la nécessité d'étudier sérieusement les hautes questions politiques que peut-être il serait appelé à traiter plus tard, et surtout de son désir de ne pas être au-dessous de sa position en justifiant la confiance de son souverain.

Un matin, le duc, retiré dans son cabinet, se livrait avec ardeur à son travail de chaque jour; travail aride, épineux, surtout pour un homme dont la vie jusque-là s'était écoulée en dehors de toutes les questions abstraites de la haute politique; un serviteur entra et lui annonça que deux arrieros désiraient être autorisés à déployer devant les dames leurs riches marchandises; le serviteur ajouta que l'un de ces arrieros insistait pour avoir l'honneur d'être reçu par M. le duc de la Torre, auquel, disait-il, il avait à faire des communications urgentes et de la plus haute importance.

Le duc ordonna que cet homme fût amené en sa présence, tandis que son compagnon montrerait ses fines étoffes et ses bijoux aux dames.

L'arriero entra; aussitôt que la porte se fut refermée derrière lui, celui-ci fit quelques pas en avant, et salua silencieusement le duc.

— Vous avez désiré me voir? dit M. de la Torre, en jetant un regard scrutateur sur l'étranger; que désirez-vous, señor? je suis prêt à vous entendre.

— Monsieur, répondit l'arriero en s'approchant jusqu'à toucher la table derrière laquelle le noble Espagnol était assis, veuillez, je vous prie, m'examiner avec plus d'attention et me dire si vous me reconnaissez?

— Non, répondit le duc au bout d'un instant, après avoir attentivement regardé son singulier interlocuteur; je crois être certain de vous voir aujourd'hui pour la première fois; cela, du reste, n'a rien d'étonnant, n'étant arrivé que depuis dix jours à la Nouvelle-Espagne.

— Peut-être m'avez-vous rencontré ailleurs? reprit l'arriero.

— Non, je ne le crois pas; j'affirmerais presque que cela n'est pas. Je possède une grande mémoire des physionomies; plus je vous regarde, moins la vôtre me rappelle quelqu'un que j'aurais connu, ou seulement vu une fois ou deux.

— Alors tout est pour le mieux! dit l'arriero, en éclatant d'un rire jovial, et changeant d'idiome, c'est-à-dire parlant le français au lieu de l'espagnol dont jusque-là il s'était servi; mon déguisement est mieux réussi que je ne le supposais; puisque j'ai pu vous tromper, monsieur le duc, vous dont je suis si bien connu, il est évident que tous les autres s'y laisseront prendre.

— Qu'est-ce à dire? s'écria M. de la Torre avec surprise; maintenant que vous parlez français, votre voix a un accent qui me frappe et rappelle à mon oreille des notes déjà entendues; mais homme ou spectre dites-moi votre nom, car encore une fois, je ne vous reconnais pas.

L'arriero fit rouler un fauteuil auprès du duc, s'assit sans plus de façons, et toujours riant :

— Monsieur de la Torre, dit-il, je suis un de vos meilleurs amis : l'Olonnais.

— Vous l'Olonnais! s'écria le duc au comble de l'étonnement; c'est impossible!

— Ah! pardieu! voilà qui est flatteur pour moi! mais permettez-moi de vous dire, monsieur le duc, que je suis certain de mon identité. Je suis l'Olonnais, aussi vrai que mon camarade Pitrians, que vous connaissez bien aussi, montre en ce moment de riches marchandises à Mme de la Torre et à sa noble fille.

— Mais comment êtes vous ici? de quelle façon avez-vous réussi à vous introduire dans la Vera-Cruz? quel motif vous y amène?

— Voilà bien des questions à la fois, monsieur le duc; cependant j'espère répondre à toutes de façon à vous satisfaire.

— Parlez, mon ami, je vous en conjure; bien que rien ne m'étonne de la part des Frères de la Côte, il est évident pour moi que, pour tenter une expédition aussi audacieuse, je dirai presque aussi folle, il faut que vous ayez eu des motifs bien graves.

— En effet, monsieur le duc, mais vous vous êtes toujours montré notre ami; nous autres flibustiers, vous le savez, nous conservons religieusement nos serments, et jamais nous n'oublions nos amis. A la suite d'une camisade exécutée contre une petite ville de Saint-Domingue, nommée San-Juan de la Maguana, des papiers importants sont tombés entre les mains de mon matelot Vent-en-Panne; ces papiers, paraît-il, ont pour vous une si grande valeur, que Vent-en-Panne et moi, nous n'avons pas hésité une seconde à vous les faire parvenir; mais il fallait éviter qu'ils ne s'égarassent en route : ils devaient être remis à un homme sûr; je me chargeai de cette mission délicate. Je ne vous ennuierai pas du récit fastidieux des moyens que j'ai employés pour arriver jusqu'à vous. Il vous suffira, monsieur le duc, de savoir que j'ai réussi, puisque me voilà.

— Et ces papiers, vous les avez? demanda le duc avec anxiété.

— Depuis que mon matelot me les a remis, monsieur, ils ne m'ont pas quitté : les voici.

LES ROIS DE L'OCÉAN

Saisissant la main de l'Olonnais, il s'approcha des deux dames.

Il retira alors de la poche intérieure de son dolman un paquet soigneusement cacheté, et le remit au duc.

— Prenez connaissance de ces papiers à votre loisir, monsieur le duc, dit-il ; quant à moi, rien ne me presse ; je me tiendrai toujours à votre disposition, au cas où vous auriez besoin de me voir et de m'entretenir.

— Non, reprit vivement le duc, en arrêtant d'un geste l'Olonnais, après ce que vous avez fait dans le seul but de m'être utile, je commettrais une faute grave si je ne m'empressais pas de reconnaître ce service, en parcourant immédiatement ces papiers. Des choses aussi sérieuses ne sauraient être négligées. Veuillez donc, je vous prie, patienter ici, pendant quelques minutes; cela fait, nous aurons tout le loisir nécessaire pour nous entretenir.

Le duc passa alors dans un appartement contigu et laissa le flibustier seul.

Ainsi que nous l'avons dit, l'Olonnais ignorait complètement le contenu des papiers dont il était porteur; par conséquent, il ne savait rien de leur importance réelle; sa curiosité était donc vivement excitée. Nous n'avancerons rien de trop, en affirmant que dans son for intérieur, malgré la délicatesse innée de son caractère, il n'était pas fâché de voir se soulever le voile, dont jusque-là ce mystère avait été pour lui enveloppé.

Près d'une demi-heure s'écoula sans que le duc reparût; le flibustier commençait à être embarrassé de sa personne; il se demandait déjà si son noble interlocuteur ne l'avait pas oublié, et combien de temps il resterait encore prisonnier dans ce salon, quand une porte s'ouvrit et un valet parut.

— Veuillez me suivre, señor, dit le valet en s'inclinant devant lui.

L'Olonnais se leva; sans faire d'observations, il suivit le domestique.

Celui-ci le conduisit, après lui avoir fait traverser plusieurs appartements somptueusement meublés, dans un cabinet d'assez petites dimensions, faiblement éclairé, où, après l'avoir annoncé, il se retira en fermant la porte derrière lui.

L'Olonnais aperçut alors M. de la Torre, assis ou plutôt affaissé dans un fauteuil.

Le duc était pâle, ses traits bouleversés, malgré ses efforts pour se contenir, avaient une expression de douleur immense; il salua le jeune homme de la main, en lui faisant signe de s'asseoir.

Il y eut un instant de silence.

Enfin le duc, après avoir deux ou trois fois passé la main sur son front, moite de sueur, se redressa péniblement sur son fauteuil, et d'une voix sourde et tremblante :

— Excusez-moi, mon ami, dit-il, je viens de souffrir une angoisse terrible. Sans vous en douter, hélas! et dans les meilleures intentions, vous m'avez infligé un horrible supplice.

— Oh! monsieur le duc! s'écria le jeune homme avec l'expression d'une tristesse réelle; serait-il possible que j'eusse fait cela en effet? moi qui au prix de ma vie, voudrais vous éviter le plus léger chagrin.

— Hélas! mon ami, cela est ainsi; j'aurais tort de me plaindre! vous n'avez été en cette circonstance que la tige d'acier, dont s'est servi la main habile d'un chirurgien pour sonder la blessure que je renferme dans mon cœur, en m'obstinant à la cacher à tous les yeux. Je ne vous en veux pas; je ne puis pas vous en vouloir; votre intention était bonne. Mais revenons à ce qui doit être le sujet de notre entretien; ne cherchez pas à vous apitoyer sur une douleur que vous ignorez; cependant votre dévouement à toute épreuve, votre amitié sans bornes, exigent de moi que je ne conserve pas de secrets pour vous; que je vous ouvre mon âme tout entière.

— Monsieur le duc, vos paroles me touchent vivement; mais permettez-moi de vous faire observer que je suis bien jeune, peut-être bien ignorant, pour la confiance que vous daignez mettre en moi. N'en est-il pas d'autres, parmi vos si nombreux amis, auxquels vous puissiez, sans danger, confier ce lourd secret?

— Non, reprit le duc en souriant avec amertume, je ne connais personne plus digne que vous de recevoir cette confidence; d'ailleurs, je n'ai pas d'amis autres que vous et ceux de vos frères avec lesquels j'ai vécu, pendant mon séjour à Saint-Domingue; vous m'avez donné plusieurs preuves de dévouement, qui en quelques minutes vieillissent une amitié d'un siècle. D'ailleurs, pour lever tous vos scrupules, j'ajouterai un seul mot : j'ai besoin de votre appui. J'aurai certainement besoin de vos conseils; peut-être réclamerai-je votre concours, il est donc important que vous soyez instruit de ce secret qui, partagé entre vous et Vent-en-Panne, sera comme s'il était resté enfoui dans mon cœur.

— Vous dites vrai, monsieur le duc, il est en effet important que je sois instruit de certaines choses. Je n'insisterai donc pas davantage; je me mets, dès ce moment à vos ordres.

Le duc porta à ses lèvres un sifflet d'argent.

Un valet parut.

— Apportez des rafraîchissements, dit le duc. Priez ces dames de faire un choix parmi les marchandises qu'on leur montre, et de garder auprès d'elles le marchand, jusqu'à ce que j'aille régler la facture.

Le valet apporta les rafraîchissements sur un plateau, puis il sortit.

— A votre santé! dit le duc en se versant un verre de limonade, qu'il but d'un trait; je ferai ce qu'au commencement de cet entretien vous avez fait vous-même, mon cher l'Olonnais; je ne vous ennuierai point par ma prolixité, en me perdant dans d'oiseux détails; je ne vous dirai strictement, que ce qu'il est important que vous sachiez.

Le flibustier s'inclina respectueusement.

Le duc emplit une seconde fois son verre et après l'avoir vidé, il reprit :

— Un homme, dit-il d'une voix creuse et à peine distincte, avait osé, alors que Mme de la Torre était encore jeune fille, jeter les yeux sur elle; cet homme portait un grand nom; mais c'était un gentilhomme dissolu, perdu de dettes et dont la réputation était exécrable. Les assiduités de cet homme furent mal reçues; elles déplurent surtout au frère de cette jeune fille; celui-ci s'expliqua avec le prince, car ce gentilhomme était prince; puis à la suite d'événements qui n'ont jamais été bien expliqués, une rencontre eut lieu entre les deux hommes, tous deux disparurent. On les crut morts.

« Le silence se fit sur cette ténébreuse affaire, Mlle Sancia de Manfredi-Labaume, tel était le nom de celle qui plus tard devint ma femme, fut appelée à la cour près de la reine mère, dont elle était la filleule. La conduite irréprochable de cette jeune fille tranchait, au milieu de l'abandon peut-être un peu trop galant de la régence, et la faisait fort rechercher; je l'aimai passionnément, elle daigna me distinguer parmi mes rivaux et agréer mes respectueuses assiduités; elle me fut accordée par la reine mère, à qui je demandai sa main. Avant de m'épouser, Mlle de Manfredi-Labaume exigea qu'en présence de sa royale marraine et du médecin de la cour, le docteur Guénaud, elle aurait avec moi un entretien, dont, disait-elle, dépendait notre union; alors cette jeune fille si pure, si chaste, me confessa, la rougeur au front, les faits odieux accomplis quelques années auparavant, et dont elle avait été la victime innocente; cette déclaration loyale, cette noble franchise, augmentèrent encore, s'il est possible, mon amour pour elle. Je l'épousai. Depuis, Dieu m'est témoin que, chaque jour, j'ai béni cette union qui a fait le bonheur de ma vie. Je vous ai dit que le comte de Manfredi-Labaume, frère de la duchesse, et le prince dont je vous tais le nom, avaient disparu, qu'ils passaient pour morts; un de ces deux hommes du moins est encore vivant, c'est le prince; vous l'avez rencontré à Saint-Domingue, où il se faisait passer pour Frère de la Côte, en se cachant sous le nom de Chat-Tigre.

— Eh quoi! s'écria l'Olonnais, ce misérable espion, vendu à l'Espagne, ce traître indigne?

— Lui-même, mon ami. Les papiers que vous m'avez remis m'en donnent la certitude; cet homme, pour des motifs que j'ignore, nourrit contre moi une haine implacable, haine que ma mort et la ruine de ma famille pourront seules assouvir; la haute dignité à laquelle mon souverain m'a appelé, a réveillé contre moi la sourde envie des ennemis de ma famille. Le Chat-Tigre s'est ligué avec eux. Cet homme est un démon sous une apparence humaine; il dispose, à ce qu'il paraît, de moyens puissants; un complot odieux s'ourdit dans l'ombre, ici même, à la Vera-Cruz, contre moi, complot auquel le gouverneur général ne serait pas étranger. Que prétendent faire de moi mes ennemis? Voilà ce que j'ignore; mais grâce à Dieu et à vous, mon ami, je suis sur mes gardes; avec votre aide, je déjouerai ces machinations. Le Chat-Tigre doit être à la Vera-Cruz. Cet homme est un insaisissable Protée; il sait prendre toutes les formes, affecter toutes les allures; c'est de lui surtout dont je dois me méfier. Vent-en-Panne m'assure que, si j'y consens, il se charge, avec votre concours, de m'enlever d'ici avec ma famille, et de me conduire en sûreté, en quelque lieu que je lui désignerai.

— En effet, monsieur le duc, Vent-en-Panne m'a parlé de ce projet, sans entrer, à la vérité, dans aucun détail. Il a été convenu entre nous, que si vous trouviez le séjour de la Vera-Cruz trop dangereux, non pas pour vous, mais pour Mme la duchesse et sa fille, nous vous conduirions où vous le voudriez; cela, je vous l'affirme, nous sera très facile, malgré tous les soldats espagnols et tous les gouverneurs généraux qui essaieraient de s'y opposer.

— Je vous remercie, mon ami; mais je ne puis accepter cette proposition. Fuir serait une lâcheté, dont je ne veux pas me rendre coupable. Je ne dois, sous aucun prétexte, abandonner mon poste; quoi qu'il advienne, j'y resterai. D'ailleurs, j'ai écrit au vice-roi, pour lui demander l'autorisation de me retirer soit à Puebla, soit à Orizaba. J'attends sa réponse d'un instant à l'autre; si elle est favorable, je me retirerai dans les terres tempérées; là, je l'espère, il me sera facile de me défendre contre les attaques de mes ennemis.

L'Olonnais hocha la tête.

— Je ne suis pas de cet avis, monsieur le duc; je crois, au contraire, que vous devez, à tous risques, demeurer à la Vera-Cruz. Les seuls amis sur lesquels vous puissiez compter sont les Frères de la Côte ; vous êtes de toutes parts entourés d'ennemis. Dès que vous serez dans l'intérieur, le poignard d'un assassin vous atteindra facilement; qui sait même si, pendant votre voyage, en n'essaiera pas de se défaire de vous ?

— Oui, tout ce que vous me dites est juste, mais que faire ?

— Que faire ? rester à la Vera-Cruz; vous tenir bravement sur la brèche La mer est notre amie; les flibustiers sont nos frères; il peut surgir tel événement imprévu, où leur concours nous sera indispensable. Vive Dieu ! S'il le faut, nous prendrons la Vera-Cruz; nous nous sommes emparés de villes bien autrement fortes.

— Oh ! mon ami, vous allez trop loin.

— J'ai tort, fit l'Olonnais, je le reconnais, mais puisque vous ne voulez pas fuir, c'est ici qu'est votre poste; vous ne devez pas l'abandonner.

Il y eut un assez long silence.

— Cette affaire est excessivement sérieuse, reprit enfin le duc, je ne puis sans mûres réflexions prendre une décision, quelle qu'elle soit.

— C'est juste; dans deux jours, j'aurai l'honneur de vous revoir, monsieur le duc; mais d'ici là, je vous le jure, je fouillerai la ville, jusque dans ses repaires les plus immondes; si je découvre le misérable dont vous m'avez parlé, je vous délivrerai de lui pour toujours.

— Soyez prudent, mon ami; les espions espagnols sont bien fins; qui sait si déjà leurs regards ne se sont pas fixés sur vous ?

— Bah ! à la grâce de Dieu, monsieur le duc, fit l'Olonnais avec insouciance; si les espions espagnols sont fins, les flibustiers ne sont pas sots, et que le diable attrape celui qui se laissera prendre !

— Allons, mauvaise tête, fit le duc en souriant, pas d'imprudence, je vous le répète. Suivez-moi maintenant chez Mme la duchesse; ma femme et ma fille vous aiment, elles seront heureuses de vous voir; surtout pas un mot de ce qui s'est passé entre nous.

— Cette recommandation était inutile, dit un peu sèchement le flibustier.

— J'ai tort, fit le gentilhomme en lui tendant affectueusement la main; pardonnez-moi et venez.

Les deux hommes se levèrent et quittèrent le cabinet pour se rendre dans les appartements de la duchesse.

VI

CHAPITRE DANS LEQUEL LES CANCANS VONT UN TRAIN D'ENFER

Pitrians avait ouvert sa balle, déployé et étalé ses marchandises avec une dextérité et une adresse qui avaient fort amusé les dames, convaincues qu'elles avaient en réalité affaire à un colporteur de bon aloi.

Du reste, les expressions dont il se servait pour vanter ses marchandises étaient bien celles employées par ces honorables négociants. La duchesse et sa fille se pâmaient d'aise, à la phraséologie à la fois bouffonne et prétentieuse dont il se servait pour faire l'éloge de chaque objet nouveau, dont il faisait papilloter adroitement à leurs yeux les reflets chatoyants.

Lorsque M. le duc de la Torre se fit annoncer, le pseudo-colporteur en était arrivé au plus fort de son exposition ; il commençait presque, tant il était dans l'esprit de son rôle, à se prendre au sérieux et à se demander s'il n'était pas réellement un marchand ambulant.

L'arrivée du duc donna un autre tour à la conversation ; pour un instant, les marchandises furent, sinon méprisées, du moins momentanément délaissées. Puis, peu à peu, les choses reprirent leur cours ordinaire et les dames recommencèrent à admirer les étoffes magnifiques étalées devant elles.

Une chose seulement étonnait la duchesse : le duc s'était assis dans un coin de la pièce, et, contre toutes les règles de l'étiquette, il avait offert un siège au second colporteur ; tous deux s'entretenaient à voix basse, avec une certaine animation, sans paraître s'intéresser le moins du monde à ce qui se passait autour d'eux.

Cette conduite était au moins singulière, surtout de la part d'un homme comme M. de la Torre, et devait causer une certaine surprise ; cependant la duchesse, croyant ou feignant de croire que de hautes raisons politiques justifiaient ce conciliabule secret, ne parut pas y attacher d'importance.

Après avoir enfin arrêté leur choix sur certaines marchandises, grande affaire pour les dames, et en avoir débattu le prix avec le colporteur, la duchesse demanda sa bourse à une des caméristes, paya ses achats et se préparait à congédier son jeune marchand, lorsque le duc, après avoir ordonné aux caméristes d'enlever ces précieuses babioles, et de les transporter dans une autre pièce, quitta son siège, s'approcha du colporteur, et, lui posant légèrement la main sur l'épaule :

— Eh bien ! mon ami Pitrians, lui dit-il en français du ton le plus aimable, voilà une bonne affaire pour vous ? votre commerce ne va pas mal, à ce que je vois ?

— Mais non, grâce à Dieu ! je vous remercie, monsieur, répondit le jeune homme sans se déconcerter le moins du monde.

Les deux dames étaient en proie à une surprise extrême, leurs regards se fixaient tour à tour sur le duc et sur le marchand avec une expression singulière et presque comique.

— Que signifie cela ? demanda enfin la duchesse à son mari.

— Ah ! ah ! le tour est bien joué, n'est-ce pas ? et vous vous y êtes laissé prendre ! répondit-il en riant ; mais remettez-vous d'une alarme si chaude, mesdames, comme le dit si bien l'illustre Molière ; j'y ai été pris tout comme vous ; et le marchand auquel vous avez acheté tant de belle choses, est notre ancienne connaissance Pitrians. Je mettrai le comble à votre surprise, en vous présentant celui avec lequel je me suis longtemps entretenu, et qui est, lui, un de nos vieux amis.

— Qui donc? demanda curieusement la duchesse.

— L'Olonnais! s'écria presque malgré elle la jeune fille, en devenant rose comme une cerise.

— Vous avez deviné, reprit le duc, tandis que le jeune homme saluait respectueusement les deux dames.

— Certes, voilà qui me comble, dit la duchesse, mais en même temps me semble bien extraordinaire.

— Un danger nous menace, murmura doña Violenta, en baissant les yeux.

— Qui vous fait supposer cela, mon enfant? dit le duc.

— La présence même de ce cavalier ici, répondit la jeune fille d'une voix tremblante; quand nous avons quitté Saint-Domingue, les Frères de la Côte, et ce cavalier particulièrement, ne nous ont-ils pas assuré que leur protection nous suivrait partout?

— En effet, reprit le duc; et vous concluez de cela ?

— Je ne conclus pas; seulement il me semble que pour que ce cavalier, qui nous a donné tant de preuves de dévouement, ait traversé la mer, et au risque de sa vie, ait osé s'introduire dans cette ville, et se présenter dans cette maison, il faut qu'un danger terrible nous menace.

— Tout cela est vrai, ma fille; vous avez bien jugé le cœur de notre ami; s'il a fait tout cela, s'il s'est exposé à tous ces périls, c'est qu'en effet, cette fois encore, il tente de nous préserver d'un grand malheur.

Et, saisissant la main de l'Olonnais, il s'approcha des deux dames toujours assises, et d'une voix pénétrante, dont l'accent était à la fois triste et douloureux :

— Sancia, dit-il à la duchesse, ce jeune homme est une grande et belle nature, aimez-le comme une mère, et vous, Violenta, ayez pour lui l'affection d'une sœur; dès aujourd'hui, quoi qu'il arrive, je considère ce jeune homme comme un fils. Retenez bien mes paroles; qu'elles se gravent dans votre cœur; surtout, ajouta-t-il avec une intention mystérieuse, dont l'intonation porta, comme un pressentiment, le trouble dans l'âme des deux dames, comprenez ces paroles comme elles doivent l'être. Mon cher l'Olonnais, continua le duc après un silence, je n'ai pas besoin de vous dire, n'est-ce pas, que vos grandes et vos petites entrées vous sont acquises dans cette maison ? cependant, pour notre intérêt commun, il est, je crois, important, sinon que vos visites soient rares, du moins qu'elles ne soient pas remarquées; prenez cette clé : elle ouvre une porte percée dans le mur du jardin de l'hôtel; non loin de cette porte, à demi enfouie sous un massif de plantes grimpantes, il y a un kiosque dans lequel je me tiendrai toutes les nuits, de dix heures du soir à une heure du matin; lorsque vous aurez quelque communication importante à me faire, c'est là que vous me rencontrerez sans courir risque d'être vu par mes gens, ou découvert par des espions, dont la ville pullule.

— Merci de cette confiance, monsieur le duc. Je n'userai de votre autorisation que dans une circonstance grave, répondit l'Olonnais. Permettez-moi de vous faire observer, monseigneur, que voici longtemps déjà que, mon ami et moi, nous sommes ici; notre visite, en se prolongeant davantage, éveillerait des soupçons; permettez-moi d'avoir l'honneur de prendre congé de vous.

— J'espère, monsieur, dit la duchesse, que bien que la prudence vous l'ordonne, vous ne laisserez pas cependant de revenir quelquefois nous faire visite; nous sommes femmes, ajouta-t-elle avec un charmant sourire, c'est-à-dire curieuses et surtout coquettes, deux défauts presque suffisants pour justifier la visite de deux colporteurs.

La jeune fille ne dit rien ; mais le regard qu'elle fixa sur l'Olonnais parut à celui-ci confirmer de tous points les paroles de sa mère.

L'Olonnais et Pitrians replièrent leurs marchandises ; ils achevaient de boucler leurs balles, quand les caméristes rentrèrent.

— Surtout, messieurs, dit la duchesse avec intention, n'oubliez pas les lisières que je vous ai recommandé. Je tiens beaucoup à ces linons, dont on m'a fort vanté l'excellence.

— Madame la duchesse peut être convaincue que nous ferons l'impossible pour la satisfaire, répondit respectueusement l'Olonnais ; nous attendons encore quelques marchandises de Mexico; nous espérons que lorsqu'elles seront arrivées, ces dames pourront faire un choix satisfaisant.

Les deux hommes saluèrent, alors, chargèrent leurs ballots et se retirèrent.

Ils retournèrent tout droit à leur hôtellerie. L'hôte leur annonça à leur arrivée que quelqu'un les attendait dans leur chambre.

Malgré eux, cette annonce les fit tressaillir ; dans la position singulière où ils se trouvaient, ils redoutaient en effet tout, et bien d'autre choses encore ; mais, grâce à Dieu, ils furent fort agréablement surpris, en reconnaissant dans ce visiteur leur ancien ami de Médellin, don Pedro Garcias.

Le digne haciendero les aborda, selon sa coutume, de la façon la plus cordiale; cependant l'Olonnais remarqua, non sans inquiétude, que le visage, si gai et si placide d'ordinaire, de leur ami, n'avait pas son expression joyeuse habituelle. Ses manières même dénotaient un certain embarras ; on voyait qu'il s'efforçait, sans y réussir, de ne pas laisser deviner quelque chose qui lui tenait au cœur.

— Soyez le bienvenu, señor Pedro Garcias, dit l'Olonnais en se débarrassant de sa balle et la rangeant dans un coin; vos affaires vont-elles bien? avez-vous obtenu les résultats que vous désiriez?

— Oui... oui... mes maîtres, mes affaires vont bien, répondit-il en hochant la tête d'un air embarrassé, je n'ai pas à me plaindre, tout me réussit que c'est un charme ! et pourtant, vous le dirai-je, je ne suis pas content.

— Pas content ! s'écria l'Olonnais, en feignant de s'intéresser aux affaires de son hôte dont en réalité, avouons-le, il se souciait très médiocrement; pourquoi donc cela?

— Mon Dieu! c'est très difficile à dire ; il règne en ce moment dans la ville quelque chose qui n'est pas naturel, qui paralyse tout, sans qu'on sache à quoi l'attribuer; vous ne vous en êtes pas aperçus?

— Ma foi non. L'on ne précise rien?

— Non, pas positivement; on parle d'une voile suspecte qui a paru au large, il y a quelques jours ; on dit... remarquez bien que je ne suis qu'un écho?

— Oh! parfaitement; allez toujours; ainsi on dit?

Ce fut en hésitant, que l'homme à la mine chafouine avança son gracieux visage dans l'entre-bâillement de la porte.

— Eh bien! on dit donc que cette voile, ou plutôt ce navire, n'est pas autre chose qu'un bâtiment appartenant aux ladrones.
— Hum! savez-vous que c'est sérieux, ceci!
— Très sérieux; il faudrait s'assurer au plus vite de la réalité de ce bruit; ajouta Pitrians en hochant la tête.
— Oui, mais voilà le difficile; c'est que tout le monde répète : « On m'a dit », sans que personne ne dise : « J'ai vu ».

— Je comprends cela; de sorte que la question se complique ?
— Oui, extraordinairement.
— Et l'on n'ajoute rien ?
— Oh ! on ajoute beaucoup de choses au contraire ; les commentaires vont un train d'enfer.
— Tenez, señor don Pedro, asseyez-vous. Voici d'excellents puros, de vrais havanes ; des feuilles de maïs pour confectionner des *pajillos* ; là dans cette bouteille du *refino* de Catalruña, dont je vous garantis l'authenticité ; si vous n'avez rien de pressé à faire, causons ; je vous avoue, que tout ce que vous me dites m'intéresse beaucoup.
— Je ne demande pas mieux que de vous être agréable, caballero, répondit l'haciendero, qui en réalité avait un certain faible pour le *refino*.

Les trois hommes s'installèrent commodément autour de la table, emplirent leurs verres, allumèrent leurs cigarettes ou leurs cigares, et la conversation reprit :

— Voyons un peu ces histoires que l'on forge, à propos de cette voile prétendue des Ladrones ; dit l'Olonnais en avalant d'un trait le contenu de son verre.

— Voici ce que j'ai entendu, répondit l'haciendero ; les Ladrones, comme vous le savez, ou comme vous ne le savez pas, en votre qualité de *tierrasa-dentro* vous pouvez ignorer ces détails...

— En effet, señor, je vous avoue que, venant pour la première fois à la côte, je ne connais même pas de nom ces Ladrones, dont vous me parlez ; je ne serais pas fâché d'être renseigné tant soit peu sur leur compte.

— Très bien ; ces Ladrones sont des bandits hérétiques appartenant à toutes les nations ; ils n'ont pas le bonheur, comme nous, de connaître la vraie religion ; ce sont des démons, ayant à peine forme humaine ; ils ont de longs cheveux roux, de gros yeux ronds à fleur de tête, le nez épaté, la bouche fendue d'une oreille à l'autre avec des dents longues et pointues dont quelques-unes s'avancent au dehors, en se recourbant comme des défenses de sangliers.

— Caraï ! dit l'Olonnais en riant, voilà des gaillards d'une jolie laideur !

— Ajoutez à cela des cornes comme des chèvres, des griffes comme les ours et un pied de bouc, qu'ils essaient vainement de dissimuler par d'immenses bottes.

— Ce sont de véritables démons ! s'écria l'Olonnais.

— Est-ce que vous en avez vu ? demanda Pitrians, de son air le plus candide.

— Non, reprit sérieusement l'haciendero ; mais mon père a cru en apercevoir un de loin, à l'époque où il habitait Carthagène, et qu'il s'était égaré pendant une promenade hors de la ville.

— Brououou ! dit Pitrians, c'est à faire frémir !

— Oui, frémir en effet ; ces Ladrones ont apparu tout d'un coup sur une petite île de l'Atlantique, où ils se sont maintenus, malgré tous les efforts tentés pour les détruire ; ces démons n'ont qu'un but : nuire au genre humain ; ils ont la mission de persécuter et surtout de poursuivre à outrance les Espagnols, cette nation choisie par Dieu même, et préférée à toutes les autres. Aussi font-ils de continuelles tentatives contre les colonies espagnoles; et embusqués à l'entrée du golfe du Mexique, essaient-ils de détruire tous nos navires, venant d'Europe ou y allant. La barbarie de ces démons ne saurait s'exprimer; ils infligent à leurs prisonniers des tortures atroces, les rendent esclaves; on dit même, mais je n'oserais pas affirmer que cela soit vrai, que quelques-uns d'entre eux vont jusqu'à manger les malheureux Espagnols dont ils s'emparent.

— Vous avez tort, señor don Pedro, dit très sérieusement l'Olonnais, vous avez tort de ne pas croire cela; ces démons sont évidemment capables de tout; je trouve tout naturel qu'ils aillent jusqu'à manger leurs prisonniers; quand on est engagé dans une voie semblable, on ne s'arrête plus.

— Vous avez peut-être raison, señor; mais de tels faits répugnent tellement à la conscience humaine...

— C'est vrai, seulement je vous ferai observer que vous-même avez constaté que ce ne sont pas des hommes, mais des démons.

— Oui en effet; peut-être avez-vous raison; on doit s'attendre à tout de la part de ces Ladrones. Les richesses dont ils nous ont dépouillés sont incalculables; mais rien ne saurait satisfaire leur avarice. Il y a trois ans le Saint-Père, cédant aux sollicitations et aux remontrances de Sa Majesté Catholique, notre roi, daigna excommunier ces misérables.

— Ah! ah! voici une bonne chose! Qu'est-il arrivé de cela?

— Ce qu'il arriva? rien du tout: ne vous ai-je pas dit que ce sont des démons? les foudres de l'Église sont impuissantes contre eux; ils tournent en dérision les choses les plus saintes et les plus respectables; ainsi on rapporte qu'ils poussent l'audace, jusqu'à chanter des cantiques, lorsqu'ils s'élancent à l'abordage d'un navire espagnol!

— Tout cela est fort intéressant, señor, dit Pitrians, mais avec l'aide de Dieu, un jour viendra où ces Ladrones, comme vous les nommez, retourneront dans l'enfer d'où ils sont sortis; à présent que vous nous avez instruits de tous ces détails que nous ignorions, voulez-vous nous faire la gracieuseté de revenir à votre point de départ?

— Je ne demande pas mieux, señores. Je dois donc vous annoncer que l'on affirme que le navire aperçu il y a quelques jours s'est approché de la côte pendant la nuit, qu'il a jeté à terre une dizaine de ces misérables bandits; qu'ils se sont aussitôt répandus dans plusieurs villages, et que quatre ou cinq d'entre eux ont même poussé l'audace jusqu'à se glisser dans la Vera-Cruz.

— Oh! firent les deux jeunes gens; ceci est trop fort!

— Oui, mais malheureusement c'est comme cela.

— Permettez-moi, señor don Pedro, dit l'Olonnais, sans contester la justesse de vos renseignements, de vous faire observer que ces Ladrones, fussent-ils vingt, ne peuvent, dans aucun cas, nous causer un grand dommage.

— Vous êtes dans l'erreur, señor; ils sont doués d'une force réellement infernale et d'un courage effroyable; chacun d'eux, je ne crains pas de le dire ici, chacun d'eux vaut dix Espagnols.

— Oh! oh! vous exagérez, señor don Pedro.
— Non, je dis ce qui est, malheureusement.
— Eh bien! señor, même en admettant cela, ils ne seraient pas encore capables de s'emparer de la ville; d'ailleurs, d'après le portrait que vous nous avez fait de ces démons, ils sont faciles à reconnaître.
— Ah! fit l'haciendero, avec un sourire dédaigneux, comme on voit bien que vous ne les connaissez pas! Mais sachez donc que l'esprit du mal, leur protecteur, leur a donné la faculté de prendre toutes les formes, pour mieux tromper les chrétiens, c'est-à-dire les Espagnols; ils peuvent, si cela leur plait, affecter les apparences les plus belles, les plus douces, les plus aimables; ainsi, je ne vous connaîtrais pas, je ne saurais pas aussi positivement qui vous êtes, rien n'empêcherait qu'en vous voyant pour la première fois et ignorant à qui j'ai affaire, je ne vous prisse pour des Ladrones.
— Merci, dit l'Olonnais en riant; comment, c'est à ce point?
— Vous ne vous en faites pas une idée! s'écria don Pedro.
— Caraï! savez-vous que vous m'inquiétez vivement.
— Comment cela?
— Dame, ce que vous dites en riant, vous dont nous sommes connus, d'autres peuvent le dire sérieusement; alors voyez dans quelle position difficile nous serions, mon ami et moi.
L'haciendero éclata de rire.
— Eh bien! rassurez-vous, fit-il; cela a été dit déjà.
— Comment! cela a été dit!
— Oui, mais pas positivement; on n'a rien affirmé.
— Voto à Dios! le doute est déjà terrible, dans un cas comme celui-là!
— Non, parce que l'affaire est oubliée. C'était dans une réunion où je me trouvais, on causait; tout en causant, la conversation tomba naturellement sur les Ladrones; comme quelqu'un avançait que certains espions s'étaient glissés dans la ville, un de mes amis me dit en riant : « Ah çà! don Pedro, vous êtes arrivé, il y a dix jours à la Ciudad, en compagnie de deux arrieros, tierras a dentro, peut-être sont-ils des Ladrones? » Alors moi je ripostai aussitôt : « Il est bien facile de prouver le contraire; d'abord ils ont une *recua* de plusieurs mules; puis ils possèdent un assortiment de marchandises précieuses, qu'ils vendent très consciencieusement; en admettant que ces hommes fussent des Ladrones, comment leurs mules auraient-elles passé la mer? » Là-dessus un rire général éclata et on changea de conversation; mais chose singulière, la même question m'a été adressée plusieurs fois et par des personnes différentes.
— De sorte que vous commencez à le croire? fit l'Olonnais en riant.
— Moi! Dieu m'en garde, señor! je vois trop bien que vous ne vous occupez que de votre commerce; de plus, depuis que je vous connais, j'ai été à même de vous apprécier comme vous le méritez; mais vous savez le proverbe : Si l'on t'accuse d'avoir volé la Giralda de Séville, commence par te sauver, puis tu prouveras que la Giralda est toujours à sa place, et que par conséquent tu ne l'as pas emportée.
— Ainsi vous nous conseillez de nous sauver?

— Nullement. Ce serait une double maladresse : d'abord parce qu'il ne s'agit ici que de cancans sans importance, et qu'ensuite votre départ changerait ces cancans en soupçons, ce qui par la suite vous occasionnerait peut-être de graves désagréments ; le but de ma visite est tout simplement celui-ci : vous prouver mon estime pour vous, le cas que je fais de votre amitié, et vous engager à vous tenir sur vos gardes ; un homme prévenu en vaut deux ; vous êtes trop négociants ; vous vous occupez toujours de vos affaires, jamais de vos plaisirs ; je crois même que vous ne vous acquittez pas régulièrement, ceci soit dit sans intention de vous être désagréable, de vos devoirs de religion, que vous négligez plus que vous ne devriez le faire ; de plus, vous restez trop enfermés chez vous le soir ; vous ne fréquentez pas assez les lieux publics ; cette sauvagerie vous nuit beaucoup dans l'esprit de certaines gens.

— Oui, peut-être avez-vous raison ; comme dans l'intérêt de notre commerce, nous devons essayer de ne pas nous singulariser et d'être bien avec tout le monde, nous vous remercions de votre bienveillant conseil ; nous en profiterons, autant que possible.

— A la bonne heure ! dit gaîment l'haciendero, faites cela et vous verrez tomber immédiatement tous ces bruits, inventés par l'envie, et qui courent en ce moment. Dès que l'on reconnaîtra combien l'on a eu tort d'y ajouter créance, tout sera fini. Per Dios ! voilà qui me fait plaisir ; je suis heureux de n'avoir pas hésité à venir m'expliquer franchement avec vous, comme je devais le faire.

— Est-ce que l'on a essayé de vous dissuader de cette démarche amicale ?

— Mon Dieu ! peut-être pas positivement ; mais vous savez comme sont les gens ; on craint toujours de se compromettre, et l'on me disait : Prenez garde ! si vous alliez vous tromper ; si ces individus que vous croyez d'honnêtes gens, étaient réellement des espions ? voyez dans quelle position vous seriez, etc., etc. ; je n'ai rien voulu écouter, à présent, j'en suis content ; je vous avoue que j'avais l'esprit troublé, cela me chagrinait ; maintenant c'est fini, je n'y pense plus. Vos affaires comment vont-elles ? êtes-vous satisfaits ?

— Mais oui, les affaires marchent ; il n'y a pas à se plaindre, nos marchandises sont bien accueillies par les señoras, nous nous en défaisons très bien ; aujourd'hui, par exemple, nous sommes allés visiter le duc de la Torre. Vous connaissez le duc de la Torre ? vous en avez entendu parler, tout au moins ?

— Oui je le connais. Vous lui avez vendu quelque chose ?

— A lui, non, mais à Mme la duchesse et à sa fille.

— C'est bien ainsi que je le comprends. Vous êtes restés assez longtemps dans cette maison ?

— Je ne saurais trop vous dire : peut-être une heure, peut-être deux. Vous savez ce que c'est qu'un marchand qui veut se défaire de sa marchandise : il déploie tous les moyens de persuasion en son pouvoir ; mais je crois que nous sommes à peine restés une heure ou une heure un quart dans l'hôtel du duc.

— Vous vous trompez.

— Comment nous nous trompons ?

— Je dis vous vous trompez; vous êtes restés dans cette maison trois heures et demie.

— Comment le savez-vous ?

— Caraï! bien facilement: je vous attendais à la porte; il n'y a que lorsque je vous ai vus sortir, que je suis venu ici.

— Vous nous attendiez à la porte? dit l'Olonnais en fronçant le sourcil; pourquoi cela?

— Eh! mon Dieu! toujours à cause de ces bruits que l'on fait courir.

— Ceci, señor, demande une explication.

— L'explication est bien facile à donner, vous allez voir.

— Je l'attends, señor don Pedro; j'ajouterai même que je l'attends avec impatience.

— Vous vous fâchez?

— Caraï! comment voulez-vous qu'il en soit autrement! Comment, moi, étranger dans cette ville, où je viens, pour la première fois, dans un but honnête, avoué, muni de toutes les pièces pouvant au besoin établir et prouver mon identité et mon honorabilité, au lieu de cette hospitalité, à laquelle j'ai droit, je me trouve en butte aux soupçons, presque incriminé, et pourquoi? parce que je m'occupe tout simplement de mes affaires, sans m'embarrasser de ce que font les autres; on scrute ma pensée, on m'accuse presque d'être un bandit, un démon, que sais-je! *Dios me libre!* je veux dès aujourd'hui en avoir le cœur net; je vais me rendre à l'instant chez l'alcade, faire viser mes papiers; ce soir même j'aurai quitté la ville.

— Ne faites pas cela, cher señor; cette démarche vous serait plus nuisible que vous ne le supposez.

— Mais enfin, señor don Pedro, vous conviendrez avec moi qu'il est singulier qu'on aille jusqu'à me reprocher d'entrer dans une maison plutôt que dans une autre, pour vendre mes marchandises.

— Voilà précisément le malheur, señor, c'est que cette maison dans laquelle vous êtes entré, en toute sûreté de conscience, j'en suis convaincu, est presque mise à l'index dans la ville.

— Comment, la maison du duc de la Torre! le vice-roi du Pérou!

— Eh mon Dieu oui! le duc de la Torre, le vice-roi du Pérou! remarquez bien que je suis en dehors de toutes ces choses; je ne cherche qu'à vous instruire afin de vous éviter des ennuis regrettables; vous ne connaissez personne à la Vera-Cruz, puisque vous y venez pour la première fois. Eh bien! il importe que vous sachiez ceci : Le duc de la Torre est presque Français; son père, exilé pour haute trahison, est mort en France; le duc de la Torre actuel a épousé une Française; on ignore grâce à quelle influence Sa Majesté Catholique notre roi Charles II a daigné le nommer vice-roi du Pérou; le roi Louis XIV a prêté au duc, pour venir en Amérique, un bâtiment qui a fait une longue relâche à Saint-Domingue.

— Bon! que me fait tout cela? dit l'Olonnais avec une feinte surprise.

— Comme on voit bien que vous ignorez tout ce qui se passe! répondit l'haciendero en haussant les épaules. Saint-Domingue est en partie occupé par les Ladrones, ils y ont leur repaire. Le duc de la Torre est demeuré près d'un mois dans cette île, au milieu des Ladrones avec lesquels, dit-on, il s'entend fort bien.

— Ah! diable! fit l'Olonnais en hochant la tête.
— Ah! ah! vous commencez à comprendre.
— Mais je le crois. Cela peut être sérieux...
— Plus que vous ne le supposez; on dit tout bas que le projet caché du duc de la Torre, qu'un vaisseau de guerre français a conduit ici, à la Vera-Cruz; on dit tout bas qu'il a l'intention, avec l'aide des Ladrones, de s'emparer de la ville, de toutes celles du littoral, puis, lorsqu'il sera maître de la côte, de marcher sur Mexico, faire le vice-roi prisonnier, et se proclamer roi du Mexique.
— Ah! par exemple, la bourde est trop forte! s'écria l'Olonnais, en riant à se démettre la mâchoire.
— Je partage cet avis; mais souvenez-vous de ceci: il n'y a bourde, si forte qu'elle soit, qu'on ne fasse avaler aux gens, en sachant bien s'y prendre.
— C'est juste; mais celle-ci a une raison et un but; ses propagateurs doivent savoir pourquoi ils la prônent? ils ont sans doute un intérêt à agir ainsi?
— Eh mon Dieu oui! on a toujours un intérêt à faire le mal; le duc compte beaucoup d'ennemis; ces ennemis sont puissants; furieux de son élévation, pour miner plus facilement sa fortune, ils commencent par essayer de le perdre dans l'opinion publique.
— Sur ma foi, voilà un triste pays! Je vous avoue, cher don Pedro, que je regrette fort d'y être venu. Si c'était à recommencer, sachant ce que je sais aujourd'hui, caraï! je me garderais bien de le faire!
— Très bien! mais ces réflexions viennent trop tard; vous y êtes, il vous faut y rester; ainsi, croyez-moi: agissez avec la plus grande prudence; tournez, comme on dit vulgairement, sept fois votre langue dans la bouche avant de parler; surtout suivez les conseils que vous donne un ami.
— Certes je les suivrai! Je ne me soucie pas, moi honnête et paisible marchand, de me mettre dans l'embarras; seulement je vous certifie que, aussitôt que j'aurai réussi à me défaire de mes marchandises, je partirai sans regarder derrière moi.
— Et vous ferez bien, mon maître! quant à présent faites contre fortune bon cœur, ne laissez rien paraître de ce que vous éprouvez; évitez surtout de remettre les pieds chez le duc.
— Oh! quant à cela, soyez tranquille, señor don Pedro; je m'en tiendrai toujours au moins à cent varas. Cependant je vous avoue que ce sacrifice m'est fort pénible: c'est une maison où j'ai trouvé à vendre mes marchandises dans d'excellentes conditions; la duchesse et sa fille sont généreuses, elles ne chicanent pas sur les prix. Que le diable enlève tous les forgeurs d'histoires! ces gens-là n'ont donc rien à faire qu'ils passent leur temps à s'occuper ainsi des autres!

Don Pedro se mit à rire.
— Cela est ainsi pourtant, toujours, et partout, amigo.

— Pardonnez-moi; à Mexico, nous n'avons pas de ces brouillons.
— Parce que la ville est plus grande, et qu'on se connaît moins.
— C'est possible; ainsi vous me conseillez?
— Tout simplement de changer votre manière de vivre.
— Bon : et pour commencer?
— Tenez, si vous voulez, pour commencer, nous irons dîner de compagnie à *l'Ordinaire* de Guadalupe; c'est une maison fort achalandée; bien tenue; fréquentée par toutes espèces de gens; les prix ne sont pas trop élevés; il ne sera pas mal qu'on vous y voie.
— Soit; va pour l'Ordinaire de Guadalupe, mais ensuite, comment terminerons-nous la soirée?
— Vous n'avez plus rien à faire aujourd'hui?
— Mon ami et moi, nous avions certains projets, mais tout ce que vous nous avez dit a jeté un tel trouble dans nos idées, qu'il ne nous faudra pas moins de vingt-quatre heures, pour nous remettre dans notre assiette; nos affaires, pour aujourd'hui, sont donc complètement terminées.
— Très bien; alors voici ce que nous ferons: nous nous promènerons pendant une heure ou deux à l'Alameda; vous ne la connaissez sans doute pas encore?
— Non, pas du tout.
— L'heure venue, nous nous rendrons à l'Ordinaire, où nous dînerons; de là, si vous y consentez, nous terminerons la soirée au *Velorio de las Ventanas* qui se trouve dans le *Callejon de l'Ensenada*.
— Qu'est-ce qu'un Velorio?
— Comment vous l'ignorez? il n'y en a donc pas à Mexico?
— Peut-être y en a-t-il, mais je n'y ai jamais mis les pieds.
— Eh bien! si cela est, permettez-moi de ne rien vous dire; vous aurez ainsi le plaisir de la surprise; c'est vraiment curieux, un Velorio, vous verrez; là vous coudoierez bien des individus avec lesquels il est très important que vous soyez en bons termes; du reste, quand le moment sera venu, je me réserve de vous les faire connaître.
— Mon ami et moi, cher señor don Pedro, nous ne savons réellement pas comment vous remercier de tant d'obligeance; mais nous comptons sur l'avenir; peut-être viendra-t-il un jour où nous pourrons vous prouver notre reconnaissance.
— Oui! dit Pitrians; et vive Dios! ce jour-là, nous n'y faillirons pas!
— Allons, allons, señores, ne parlons pas de cela; je fais ce que ferait tout honnête homme en voyant ses amis dans l'embarras. *Per Dios!* on doit s'aider les uns les autres; nous ne sommes pas des *Gringos*, nous autres, nous sommes chrétiens; il est de notre devoir de le prouver à l'occasion. Maintenant que faisons-nous, señores?
— Nous partons.
— Eh bien! alors, en route!
Les trois hommes sortirent de la chambre et quittèrent l'hôtellerie, après avoir échangé quelques compliments avec l'hôtelier, devoir que don Pedro ne pouvait éviter de remplir, puisque le digne homme était son compère.

Prompt comme la foudre, l'Olonnais avait cloué cette main pleine d'or sur la table.

VII

CE QUE C'ÉTAIT QUE LE VELORIO DE LAS VENTANAS ET CE QUI S'Y PASSA

Le programme proposé par don Pedro Garcias et accepté par les deux Frères de la Côte avait été exécuté de point en point.

Après la promenade à l'Alameda, on s'était rendu à l'Ordinaire, où l'Olonnais eut l'occasion de s'assurer que les craintes manifestées par l'haciendero à son sujet et à celui de Pitrians, étaient loin d'être dénuées de fondement.

A leur entrée dans la salle commune, plus d'un regard soupçonneux fut dirigé vers eux; plus d'une parole fut prononcée à voix basse, qui sans doute avait trait à leur apparition inattendue.

Les Frères de la Côte, sachant qu'ils devaient passer une partie de la nuit au dehors, s'étaient munis chacun d'un *machete*, espèce de sabre droit à lame très large, attaché aux hanches par un ceinturon en cuir, et retenu par un anneau de fer en guise de fourreau; de plus ils avaient caché, dans leur ceinture de crêpe de Chine, un poignard et une paire d'excellents pistolets.

Nous ne parlerons que pour mémoire du *zarape*, cette couverture fendue au milieu qui sert de manteau aux Mexicains; que dans le jour ils portent sur l'épaule, mais dont, au besoin, ils se font un bouclier.

La façon dont on les avait accueillis, à leur entrée à l'Ordinire, avait légèrement inquiété l'Olonnais; on comprend qu'il ne se souciait pas d'avoir une querelle, dont le résultat ne pouvait qu'être désavantageux pour son compagnon et lui.

Aussi fut-il agréablement surpris, lorsqu'au bout d'un quart d'heure, la conversation devenant presque générale entre les convives, ceux-ci ne semblèrent plus s'occuper que de leurs affaires particulières, et parurent avoir totalement oublié les étrangers.

De plus, vers la fin du repas, certains des convives, après quelques mots échangés à voix basse avec l'haciendero, entamèrent une courte conversation avec les deux arrieros, sans leur témoigner aucune aigreur.

Enfin, le dîner terminé, les trois hommes payèrent leur écot et sortirent, avec la satisfaction de voir que les saluts qu'ils distribuaient leur étaient courtoisement rendus.

— A présent, dit don Pedro à ses amis, nous allons, si vous le voulez bien, nous rendre au *Velorio*.

— Nous sommes à vos ordres, señor, répondit l'Olonnais.

— A propos, êtes-vous armés?

— Armés? pourquoi faire? se récrièrent les deux jeunes gens.

— Pour rien, fit l'haciendero avec une nuance d'embarras; vous le savez, il est bon d'être prudent.

— Est-ce que, par hasard, dans l'endroit où vous nous conduisez, señor, nous avons quelque chose à redouter?

— Pas la moindre que je sache; mais les têtes sont chaudes après boire; une querelle s'élève sans qu'on sache pourquoi; à mon avis, il est toujours bon d'être en mesure de se défendre.

— Oh! quant à cela, soyez tranquille; sans compter nos machetes, que vous voyez, nous portons d'autres armes avec lesquelles nous saurions au besoin nous faire respecter.

— Alors en avant et à la garde de Dieu! surtout laissez-vous guider par moi!

— Vous serez satisfait; d'autant plus que nous ignorons complètement, où vous nous conduisez, et que, d'après ce que vous nous dites, nous croyons comprendre qu'il est surtout important pour nous de veiller sur nos gestes et sur nos paroles.

— C'est plaisir d'avoir affaire à des gens intelligents, comprenant à demi-mot, dit l'haciendero, en éclatant du gros rire dont il avait l'habitude.

Au temps de la domination espagnole, le Mexique était tout différent de ce qu'il est aujourd'hui; il serait même impossible d'établir une comparaison quelconque entre son état actuel, et celui où il se trouvait alors.

La population était courbée sous un joug de fer; les lois exécutées avec une rigidité implacable.

Cependant, comme il fallait laisser, dans les grandes villes et les ports de mer, une soupape aux passions exubérantes de ces natures méridionales, il existait, tolérées plutôt qu'autorisées par la police, dans les bas quartiers des villes et des ports, des maisons plus que suspectes, repaires de drôles de la pire espèce, rebut de la population, gens de sac et de corde, qui venaient là en toute sûreté dissiper le produit de leurs rapines et ourdir leurs trames criminelles.

Ces espèces de *tapis-francs*, pour nous servir d'une expression française qui rend parfaitement notre pensée, étaient, même à l'époque dont nous parlons, si redoutés de tous les honnêtes gens, que les *Celadores*, *Veladores*, *Serenos*, et autres agents de la sûreté publique, s'en écartaient avec le plus grand soin ; ce n'était qu'à leur corps défendant que parfois ils se risquaient à en approcher, et seulement lorsqu'ils se supposaient assez nombreux pour résister efficacement aux attaques des bandits, qui pullulaient aux alentours de ces bouges sinistres.

Si parfois, pendant la nuit, le bruit d'une rixe parvenait jusqu'aux Celadores postés aux angles des rues, ceux-ci se gardaient bien d'essayer une intervention, toujours mal reçue, et pouvant avoir pour eux des conséquences terribles.

Le lendemain, on ramassait un ou deux cadavres, gisant dans ces canaux fangeux qui foisonnaient alors, ou dans quelques égouts, et tout était dit.

Parmi ces établissements, les plus redoutables étaient ceux qu'on nommait les *Velorios*, parce qu'ils se cachaient sous une apparence honnête et affectaient des dehors respectables, qui trompaient nombre d'individus.

L'endroit où don Pedro Garcias conduisait ses deux amis était, ainsi qu'il l'avait dit lui-même, le *Velorio* le plus renommé de la Vera-Cruz; c'est-à-dire celui où se réunissait de préférence l'écume de cette population flottante, composée des gens sans aveu de toutes les provinces de la Nouvelle-Espagne, et de matelots déserteurs des navires arrivés d'Europe, et recrutés un peu au hasard, sur les quais du Ferrol, de Cadix ou de Malaga.

Ce Velorio était nommé le Velorio de las Ventanas et était situé dans le *Callejon de l'Ensenada*.

Le Callejon de l'Ensenada était une ruelle borgne, ou plutôt aveugle, s'ouvrant derrière la cathédrale et aboutissant à la rivière.

Cette ruelle, étroite, fangeuse, où le soleil ne pénétrait jamais, était bordée de masures presque en ruines, habitées par la lie de la population,

Dans le jour cette ruelle avait un aspect sinistre; la nuit c'était un coupe-gorge.

A l'endroit où aboutissait cette ruelle, la rivière détournée de son cours formait un angle obtus, d'où partait un bras qui, une centaine de pieds plus bas, revenait se réunir à son premier lit.

Le Velorio de las Ventenas s'élevait un peu au-dessus de l'endroit où ce bras factice avait été formé; il était bâti, partie en terre ferme, partie sur pilotis, sur le bord de la rivière et aboutissait à la rive même de ce bras, dont nous avons parlé.

C'était une maison assez grande, d'aspect sombre, percée au dehors de quelques rares fenêtres et sur les *azoteas* de laquelle, pendant la nuit, des molosses furieux ne cessaient de courir, en hurlant à la lune.

Don Pedro Garcias s'arrêta devant cette maison; pour la faire plus facilement reconnaître de ses habitués, on avait placé au-dessus de sa porte vermoulue, un transparent ou *retablo,* représentant les âmes du purgatoire peintes à la manière fantaisiste de Callot, et derrière lequel brûlait un candil fumeux.

— Nous sommes arrivés, señores, dit don Pedro, en se tournant vers ses amis.

— Hum! fit Pitrians, l'aspect de la maison ne prévient guère en sa faveur.

— Bon! fit en riant l'haciendero, qu'est-ce que ce sera donc, quand vous verrez l'intérieur!

— Alors, ajouta l'Olonnais, vous nous avez conduits dans un véritable coupe-gorge.

— Mon Dieu! je ne saurais trop vous dire, reprit le Mexicain, avec une candeur affectée; il y a du pour et du contre.

— Oui; mais je crois que le pour l'emporte; après tout, nous en jugerons.

— Dans tous les cas, ajouta Pitrians, pour plus de sûreté, j'aurai toujours une main sur mon machete et l'autre sur ma bourse.

— C'est une précaution qui ne saurait nuire, reprit don Pedro; entrons-nous?

— Comme il vous plaira!

Le Mexicain retira alors son couteau de sa botte, et avec le pommeau, il en frappa la porte à trois reprises, en laissant un certain intervalle entre chaque coup.

Les chiens de l'azotea hurlèrent avec fureur à l'appel de don Pedro; d'autres hurlements se firent entendre à l'intérieur de la maison, mêlés au bruit d'un pas lourd qui se rapprochait rapidement, et à la voix rauque d'un homme essayant d'apaiser les abois saccadés du chien, que probablement il avait pour compagnon.

Il y eut un certain grincement de ferraille; puis, par l'entre-bâillement de la porte apparut d'abord une tête au visage chafouin, aux yeux torves et aux cheveux ébouriffés, et ensuite, une main armée d'une lanterne.

Nous disons que la porte s'entr'ouvrit seulement, parce que dans toutes les colonies espagnoles, les portes des maisons sont munies à l'intérieur d'une chaîne qui ne leur permet de s'ouvrir que d'un pied, ou un pied et demi au plus ; précaution usitée pendant la nuit contre les voleurs, de tout temps fort nombreux dans ces régions si généreusement chauffées par le soleil.

Ce fut en hésitant que l'homme à la mine chafouine avança son gracieux visage dans l'entre-bâillement de la porte.

Après avoir, au moyen de sa lanterne, cherché à reconnaître les arrivants, il leur dit d'une voix enrouée dont les intonations rauques ressemblaient à l'ébrouement d'un chien enrhumé, et que nous ne saurions mieux comparer qu'à la voix devenue typique de l'un de nos principaux journalistes parisiens actuels :

— Que le diable vous emporte, vous autres! ne pouviez-vous pas rester tranquillement chez vous, au lieu de venir, à cette heure de nuit, troubler d'honnêtes gens dans leur demeure?

— Allons, allons, *tio matatrès*, ne me reconnaissez-vous pas? Je suis votre ami don Pedro Garcias, caraï! j'ai droit à une bonne réception ainsi que les amis que j'amène! Ne nous laissez pas plus longtemps dehors; faites-nous le plaisir d'enfermer votre chien : il souffle sous la porte comme s'il sentait la chair fraîche.

— Ah! ah! fit l'autre avec un hideux sourire, c'est vous, don Pedro ; soyez le bienvenu! Il y a longtemps qu'on ne vous a vu par ici ; vous n'étiez donc pas à la Vera-Cruz?

— C'est bon, amigo; pas de conversation au clair de la lune; la rue n'est pas sûre; ouvrez ou que le diable vous emporte!

— Un peu de patience; m'y voilà; ne craignez rien du chien, il aboie, mais il ne mord pas.

En parlant ainsi, le señor matatrès défit la chaîne, et ouvrit la porte tout juste assez pour laisser passer les trois hommes ; puis il la referma et la verrouilla consciencieusement derrière eux.

L'Olonnais et son compagnon, en voyant l'influence dont semblait jouir le Mexicain dans cette caverne, et l'importance qu'il se donnait, commencèrent à prendre de lui une certaine opinion; mais comme tous les Mexicains sont plus ou moins voleurs, contrebandiers ou prompts à la *navaja*, l'impression qu'ils éprouvaient fut plutôt bonne que mauvaise ; elle leur fit espérer que le digne haciendero serait un homme avec lequel ils pourraient facilement entrer en arrangements.

Les visiteurs se trouvaient alors dans un *zaguan* qu'un *candil* agonisant et ne lançant plus que de rares jets de lumière avait la prétention d'éclairer; heureusement leur introducteur était un habitué de la maison, il en connaissait les détours.

Don Pedro ne s'inquiéta nullement de cette obscurité crépusculaire qui ne faisait que rendre les ténèbres visibles, et faisant signe à ses compagnons de le suivre, il traversa le zaguan, appuya sur la gauche dans une petite cour venant à la suite, et s'arrêta devant une espèce d'échelle de meunier, décorée du nom pompeux d'escalier, et qui seule établissait une communication entre le sol et le premier étage.

Un second candil, non moins fumeux que les autres et placé au bas de l'escalier devant une statue informe de Nuestra Señora de Guadalupe, patronne du Mexique, était censé éclairer à la fois la cour et l'escalier.

L'entrée était torte et d'accès difficile, comme le dit Mathurin Regnier, dans son pittoresque langage ; tous autres que des marins eussent hésité à gravir ces degrés chancelants, où l'on risquait fort de se rompre le cou.

Pourtant les trois hommes atteignirent sans encombre le premier étage.

Là, ils s'arrêtèrent devant une porte soigneusement fermée, au-dessus de laquelle s'étalait un nouveau transparent, portant cette burlesque ou plutôt ironique inscription, en lettres de deux pouces : *Sociedad fraternal de los amigos de la Sabiduria*, c'est-à-dire Société fraternelle des Amis de la Sagesse.

Avant que d'entrer, le Mexicain s'arrêta un instant et dit à voix basse :

— Attention, señores ; surtout, quoi que vous voyez, quoi que vous entendiez, ne vous étonnez de rien.

— Soyez sans inquiétude, répondirent les deux hommes d'une seule voix.

Cependant les membres de la Société fraternelle des Amis de la Sagesse menaient grand bruit de l'autre côté de la porte. Les échos d'un effroyable vacarme parvenaient parfaitement à l'extérieur ; c'était un tohu-bohu de chants, de cris, de jurons, se heurtant continuellement dans l'air, mêlés aux sons discordants d'une musique criarde qui, malgré de consciencieux efforts, ne réussissait pas toujours à dominer le tapage.

Don Pedro leva le loquet ; la porte s'ouvrit.

Un spectacle étrange s'offrit alors aux regards des trois hommes.

Ils avaient devant eux une immense salle dont le fond était occupé par une large estrade, sur laquelle une quinzaine de musiciens, ou soi-disant tels, s'escrimaient à qui mieux mieux, en jouant de toutes leurs forces de divers instruments, sans paraître se soucier le moins du monde de l'air qu'ils étaient censés déchiffrer et que, du reste, il était impossible de reconnaître.

Une centaine d'individus drapés dans des guenilles sordides, devant lesquelles Callot se serait pâmé d'aise, étaient réunis là et jouaient, chantaient et buvaient ; le milieu de la salle était rempli par une grande table de forme ovale, recouverte d'un tapis vert, brûlé et taché de graisse en mains endroits, et sur laquelle dix grands chandeliers de fer-blanc, contenant de longs cierges de suif jaune, étaient solidement vissés ; cette table était entourée de joueurs debout ou assis ; les *albures* ou partie de *monte* se succédaient avec une rapidité inouïe ; cependant, quoique le jeu parût fort animé et beaucoup intéresser les joueurs, on ne voyait que de rares pièces d'argent sur le tapis, et pas une seule pièce d'or ; à droite ou à gauche, de distance en distance, des tables étaient scellées dans le mur et garnies de bancs, sur lesquels de faméliques buveurs dégustaient toutes espèces de boissons, depuis le *Tepache* et le *Pulque*, jusqu'aux vins d'Espagne fabriqués à Mexico, mais qui, grâce à leurs noms pompeux, étaient acceptés comme authentiques. Une vingtaine de candils fumeux posés sur les bras de fer scellés dans le mur, complétaient tant bien que mal l'illumination. Les poutres du plafond disparaissaient presque sous le nuage de fumée exhalé par les cigares et les cigarettes et qui ondulait incessamment comme les flots de la mer.

A droite et à gauche de cette salle, vers le milieu, s'ouvraient deux salles plus petites : la première était spécialement réservée aux joueurs de loto, gens assez paisibles d'ordinaire; la seconde à ceux des habitués de la maison qui, pour un motif quelconque, désireraient causer sans être interrompus.

On a souvent répété que les Espagnols ont le talent de se draper dans une ficelle ; ce mot ironique semblait presque une vérité, quand on considérait attentivement les gens réunis dans cette salle. Rien qu'à voir leurs mines farouches, leurs traits rébarbatifs et les armes qu'ils étalaient fièrement, il était impossible de ne pas les reconnaître, au premier coup d'œil, pour des coupe-jarrets émérites.

Il y avait là de tout : des muletiers, des marchands, des soldats et jusqu'à des moines; ceux-ci même étaient les plus bruyants et les plus querelleurs.

L'entrée des trois hommes produisit un certain effet; beaucoup des habitués de ce lieu de délices vinrent amicalement saluer don Pedro et lui serrer la main. Celui-ci, sans s'arrêter, traversa la pièce principale et introduisit ses deux compagnons dans une des plus petites, en ce moment complètement solitaire.

Les trois hommes s'assirent et se firent servir du Tepache par un garçon qui, depuis leur entrée, s'était constamment tenu derrière eux. Bien entendu que, selon la coutume invariable de ces sortes de maison, ce Tepache fut aussitôt soldé.

Lorsque les verres furent remplis et les cigarettes allumées, l'Olonnais prit la parole.

— Ah çà ! don Pedro, dit-il, vous nous avez conduits dans un *Velorio;* j'avoue que l'endroit est curieux et que je ne suis pas fâché de l'avoir vu, mais pourquoi, au lieu de rester dans la salle commune avec les autres buveurs, nous avez-vous confinés ici ?

— Ah, voilà! fit le Mexicain en souriant, c'est qu'avant de vous présenter à certaines personnes, que j'attends d'un moment à l'autre, je désire échanger quelques mots avec vous.

— Hum! vous prenez un air solennel en disant cela !

— Laissez-moi achever, vous verrez que mon intention n'est pas de vous être désagréable.

— Enfin! allez, nous vous écoutons.

— Vous n'êtes pas sans savoir, señores, avec quelle sévérité le fisc exerce ses droits, et les entraves de toutes sortes qu'il apporte au commerce ?

— Bon, je vous vois venir, cher don Pedro; il n'est pas besoin d'employer des circonlocutions; vous auriez mieux fait d'aller droit au but.

— Bah! vous m'avez déjà compris ?

— Parfaitement, vous allez voir : mon ami et moi, nous sommes nés à Queretaro, ville où la contrebande est pour ainsi dire érigée en principe, et où l'honneur n'en souffre aucune atteinte; c'est vous dire que, tout en exerçant notre commerce le plus honnêtement possible, nous ne nous faisons aucun scrupule de frauder le fisc, quand l'occasion s'en présente; que lorsque nous nous croyons lésés, nous savons défendre nos droits, par tous les moyens, même avec le machète et la navaja, si cela est nécessaire; maintenant continuez.

— Voilà ce que j'appelle parler d'or, cher señor; avec vous, au moins, il n'y a jamais de malentendu possible; eh bien! je vous ai amenés ici dans votre intérêt, pour vous faire participer à une affaire qui non seulement peut vous être profitable, mais encore établir votre réputation d'une manière inattaquable.

— Ah! ah! voyons cette affaire? dit curieusement l'Olonnais, en fixant un regard clair sur le Mexicain.

— Voici en deux mots ce dont il s'agit : S. Exc. le duc de la Torre, a fait demander au vice-roi de la Nouvelle-Espagne l'autorisation d'établir sa demeure dans les terres tempérées; cette autorisation, S. Exc. le vice-roi n'a pas cru devoir la refuser; demain le courrier, porteur de cette autorisation, arrivera à la Vera-Cruz. Il paraît que le duc de la Torre est puissamment riche; certains caballeros ont pensé, avec raison à mon sens, que Dieu n'avait pas départi la fortune convenablement entre tous les hommes; qu'il serait d'un bon exemple d'enlever à ce gentilhomme une partie de ces biens qu'il n'a eu aucune peine à gagner.

— Pour ma part, dit l'Olonnais, je partage entièrement cette opinion; il est donc question?...

— Oui; le vice-roi, ne pouvant en ce moment disposer d'aucunes troupes pour escorter ce noble gentilhomme, plusieurs caballeros d'aventure ont résolu d'aller faire une promenade dans les Cumbres, et quand le seigneur duc y arrivera, de lui demander un peu de son superflu.

— Admirablement raisonné.

— Ainsi vous approuvez ce projet?

— Moi, don Pedro, si je l'approuve? c'est-à-dire que je n'ai qu'un regret, c'est qu'il ne me soit pas venu à moi-même!

— Bon! alors voilà qui va bien, vous êtes des nôtres?

— Entièrement; vous pouvez compter sur mon ami et sur moi.

— Vous ne sauriez vous figurer, señor, combien cette assurance me rend heureux, je craignais que vous ayez certains scrupules.

— Des scrupules, nous! ah! señor, comme on voit bien que vous ne connaissez pas les gens de Queretaro! mais notre vie se passe en luttes continuelles contre le fisc. N'insistez donc pas davantage, je vous prie, cela me peinerait beaucoup. Quand devons-nous faire cette promenade, señor?

— Bientôt, je l'espère : c'est-à-dire lorsque le duc aura fixé le jour de son départ; vous comprenez qu'il est important que nous prenions l'avance sur lui.

— Évidemment, ainsi c'est une affaire de trois ou quatre jours?

— Tout au plus; du reste, voici les personnes qui ont bien voulu prendre la direction de l'entreprise, et auxquelles, avant même de vous en parler, je m'étais permis de vous recommander.

— Vous nous comblez, cher señor.

Au même instant, en effet, trois ou quatre individus, aux mines patibu-

Le jeune homme s'inclina respectueusement devant le duc et sortit.

laires, firent leur entrée dans la salle. Ces personnages étaient armés jusques aux dents, les vêtements qu'ils portaient ne prévenaient pas en faveur de leur fortune dont l'état paraissait assez misérable.

En les apercevant, l'Olonnais et Pitrians tressaillirent malgré eux; ils avaient cru reconnaître deux de ces hommes; mais leur émotion passa inaperçue au milieu des salutations interminables que les nouveaux venus échangèrent avec don Pedro, des liqueurs furent apportées, et l'on se mit à boire, sérieusement cette fois.

— Eh bien! querido don Pedro, demanda un des étrangers au Mexicain, avez-vous réussi dans votre négociation? les deux hommes dont vous nous avez parlé sont-ils dignes de faire notre partie, pouvons-nous compter sur eux?

— J'ai la joie de vous annoncer, señor Gato-Montès, répondit l'haciendero avec un salut, que nous avons affaire à de véritables caballeros de fortune; je n'ai même pas eu besoin de m'expliquer; ils m'ont compris à demi-mot; d'ailleurs, ils sont de Queretaro, c'est tout dire.

— Bravo! s'écria celui qu'on avait nommé le Gato-Montès, voilà qui me réjouit fort : je ne puis souffrir ces drôles, avec lesquels on ne sait jamais sur quel pied danser. J'avais conçu de forts soupçons contre ces étrangers, mais voilà qui me remet complètement avec eux. *Per Dios!* les temps sont durs! nous avons besoin de gaillards solides! touchez là, mes maîtres, et à votre santé!

— Je vous remercie, señor Gato-Montès, de la bonne opinion que vous voulez bien avoir de nous, répondit l'Olonnais; mon associé et moi, nous espérons justifier bientôt cette opinion, et vous prouver que nous la méritons.

— Je n'en doute pas, compagnon; dans deux ou trois jours nous vous verrons à l'œuvre.

L'autre individu suspect, et que les flibustiers avaient cru reconnaître, avait jusque-là gardé un profond silence, en fixant d'un air soupçonneux les deux hommes; il avait même échangé à voix basse quelques mots avec ses deux compagnons; l'Olonnais comprit que s'il y avait un danger pour eux, c'était de ce côté; cependant, il feignit de ne rien remarquer, et continua à s'entretenir avec El Gato-Montès et don Pedro Garcias.

— Ma foi, señores, dit-il, je ne sais si c'est la joie ou le Tepache qui m'anime ainsi, peut-être est-ce tous les deux; je me sens, ce soir, joyeux et guilleret, plus que je ne saurais dire. Caraï! être associé à une affaire où il y aura foison d'or à récolter et pas de risques à courir est chose grandement agréable! A présent que nous nous sommes entendus, si nous faisions quelques *albures de monte?* mon ami et moi nous avons dans notre ceinture quelques onces et quelques pièces de huit qui ne demandent qu'à prendre l'air.

— Parfaitement raisonné! s'écrièrent les bandits, se pourléchant déjà à l'idée de dévaliser les étrangers; oui, oui, un *albur!* un *albur!*

Les cartes furent apportées, l'Olonnais posa une vingtaine d'onces devant lui et tirant son poignard de sa ceinture, il le planta dans la table.

— Oh! oh! murmurèrent entre eux les assistants, c'est un homme!

— Señores, dit-il, nous autres gens de Queretaro, notre réputation est faite; on sait que nous sommes beaux joueurs, comme tous les tierras adentro; mais le bruit court parmi nous, ceci soit dit sans vous offenser, que vous autres *Costeños*, vous ne vous gênez pas pour corriger la fortune, quand elle ne vous est pas favorable. Je crois donc devoir vous avertir amicalement que si j'aime à perdre loyalement mon argent, je déteste qu'on me le prenne malgré moi.

— Ce qui veut dire? demanda d'une voix railleuse l'inconnu dont nous avons déjà parlé.

— Cela veut dire, caballero, reprit l'Olonnais en le regardant fixement, que la première main qui s'égare du côté de mon or, je la cloue sur la table.

— Je serais curieux de voir cela? répondit l'inconnu.

— Essayez, amigo, et vous en aurez immédiatement la preuve touchante.

Pitrians ne comprenait pas trop le but vers lequel tendait son ami; mais comme il le connaissait de longue date, qu'il savait qu'il n'était pas homme à soulever une querelle pour le plaisir de se disputer, tout en demeurant neutre en apparence, il se préparait à le soutenir au besoin; d'autant plus que lui aussi avait cru reconnaître les deux hommes, et que le soupçon d'une trahison avait traversé son esprit.

— Allons, la paix, Mastrillo! dit El Gato-Montès; ne cherche pas querelle à ce caballero, il a raison; ce qu'il dit ne saurait nous toucher, nous sommes tous d'honnêtes gens, que diable!

A ce brevet d'honnêteté si singulièrement octroyé, les bandits se redressèrent, en frisant fièrement leurs moustaches; personne n'est plus chatouilleux que les coquins, sur le point d'honneur.

La partie commença: tous les assistants étaient des joueurs expérimentés, passés maîtres au noble jeu du monté; aussi la bataille fut-elle chaude; contrairement à ce qu'on aurait pu supposer en jugeant ces gentilshommes sur la mine, tous avaient les poches pleines d'or.

La partie disputée avec acharnement, pendant près de deux heures, finit enfin par se déclarer en faveur de l'Olonnais, dont la *veine* devint bientôt stupéfiante. Tout l'or de ses adversaires venait s'accumuler devant lui, en un monceau aux reflets fauves, qui semblait avoir la propriété d'attirer invinciblement les regards ardents des joueurs.

Si l'on jouait fort, on buvait à proportion; si bien que, malgré la sobriété proverbiale des Espagnols, soit par suite de la surexcitation causée par le jeu, soit par suite de l'atmosphère chaude et fétide au milieu de laquelle ils se trouvaient, bientôt tous ces hommes dont les passions étaient exaltées, sentirent les premières atteintes de l'ivresse; cependant le jeu continuait toujours, les mises se doublaient, se triplaient sans interruption.

Tout en taillant, en fumant sa cigarette et en causant avec ses adversaires, l'Olonnais suivait du coin de l'œil les mouvements du señor Mastrillo; déjà plusieurs fois, sans paraître le remarquer, il avait vu la main de ce caballero s'avancer timidement vers son monceau d'or et se retirer précipitamment, comme si le digne gentilhomme eût éprouvé non pas un remords, mais la crainte que l'Olonnais ne mît sa menace à exécution.

L'Olonnais le guettait, comme un chat guette une souris; il arriva un moment où Mastrillo, complètement à sec, jeta ses six dernières onces sur le tapis; elles furent perdues en un clin d'œil.

Tout en battant les cartes, l'Olonnais se détourna une seconde, pour prier Pitrians de remplir son verre ; Mastrillo, saisissant l'occasion aux cheveux, avança la main ; mais tout à coup il poussa un effroyable hurlement de douleur.

Prompt comme la foudre, l'Olonnais avait cloué cette main pleine d'or sur la table.

— Je vous avais prévenu, señor, dit-il froidement.

— *Goddam ! hijo del diablo ! By God !* s'écria Mastrillo, auquel la douleur et la rage faisaient oublier son rôle, et qui essayait vainement de saisir le manche du poignard, afin de dégager sa main.

Ce poignard était solidement maintenu par l'Olonnais.

— Eh ! qu'est cela ? s'écria le flibustier avec une surprise parfaitement jouée, qu'avons-nous ici ? un *inglès !* un *gringo !* un hérétique ! *Dios me libre !* señores, cet homme est un espion des Ladrones ! Comment a-t-il pu se faufiler parmi nous ?

Les spectateurs de cette scène étrange étaient en proie à une vive agitation. Et Gato-Montès ne savait que dire. En effet, son compagnon s'était dénoncé lui-même ; un grand tumulte régnait dans la salle, maintenant remplie d'un grand nombre d'individus, attirés par le bruit de l'or et assistant à cette merveilleuse partie.

Pitrians, avec un sang-froid imperturbable, avait fait disparaître dans ses poches toutes ces onces amoncelées devant l'Olonnais ; ne sachant pas ce qui arriverait et jugeant prudent de mettre avant tout le gain de la soirée à l'abri des convoitises des spectateurs.

Cependant le sang coulait à flots de la blessure du misérable ; il se tordait dans des convulsions affreuses ; sa douleur était intolérable. De plus il voyait avec effroi que l'opinion était contre lui ; tous ces hommes de sac et de corde, qui n'auraient pas reculé devant un crime, éprouvaient une terreur superstitieuse de cet hérétique, instinctivement ils s'éloignaient de lui.

El Gato-Montès jugea prudent d'intervenir. La question se compliquait sérieusement, bientôt peut-être lui aussi serait en danger.

— Señor caballero, dit-il à l'Olonnais, je vous remercie doublement d'avoir dévoilé ce misérable ; d'abord parce qu'il commettait un vol indigne, ensuite parce que vous l'avez ainsi forcé à nous révéler qui il est, nous sommes tous des hommes honorables, nous ne souffrirons pas qu'un pareil *embustero* échappe au châtiment qu'il a si justement mérité. Retirez votre poignard, señor. Je vous jure, au nom des caballeros que voici, qu'en sortant d'ici, ce drôle sera immédiatement livré à la justice qui le réclame.

L'Olonnais sourit avec dédain ; il enleva son poignard, en essuya la lame sur la table et le repassa à sa ceinture ; quant à Mastrillo, son visage était livide, il avait perdu connaissance. Deux de ses compagnons lui enveloppèrent la main avec une *faja*, afin d'arrêter le sang, et sur un signe d'El Gato-Montès, il fut emporté. Peu à peu le tumulte excité par cette scène se calma ; chacun retourna à son jeu, ou à sa table ; il ne resta plus dans la salle que don Pedro qui admirait consciencieusement l'action de l'Olonnais, celui-ci, Pitrians et El Gato-Montès.

— Partons-nous, señores, dit don Pedro, je crois que nous n'avons plus rien à faire ici?

— Je le crois aussi, dit l'Olonnais; partons.

Ils se levèrent et traversèrent la salle, salués avec la plus grande obséquiosité par tous les bandits; lorsqu'ils se retrouvèrent dans la rue, El Gato-Montès s'approcha sans affectation de l'Olonnais qui marchait un peu en arrière de Pitrians et du Mexicain.

— Bien joué, camarade! lui dit-il, mais l'action de mon pauvre ami ne méritait pas un tel châtiment.

— Vous croyez? fit l'Olonnais avec ironie.

— Oui, et je soupçonne à cette *cuchillada* un autre motif.

— Cela peut être, que vous importe?

— Excusez-moi, ceci est une déclaration de guerre, j'en ai la conviction; je ne vous connais pas, mais je saurai qui vous êtes; je ferai tomber, je vous le jure, le masque qui vous couvre, comme vous avez forcé mon ami à laisser tomber le sien.

— Et comme il me serait facile de faire tomber le vôtre, si je le voulais, señor, dit l'Olonnais avec amertume.

— Ah! ah! êtes-vous donc si instruit que cela?

— Sachez seulement que je n'ignore ni le nom de votre camarade ni le vôtre. Bothwell a été puni; El Gato, bien qu'il ne soit plus Leopardo et soit devenu Montès, sera puni lui aussi, quand le moment en sera venu.

— Malédiction! s'écria El Gato-Montès, en saisissant le jeune homme à la gorge, tu ne vivras pas assez pour tenir ta promesse!

— Arrière! dit froidement l'Olonnais, en lui appuyant un pistolet sur la poitrine, je dédaigne de te tuer, misérable! ce serait voler le bourreau. Fuis! et ne te retrouve plus sur ma route; une seconde rencontre te serait mortelle!

— Oh! s'écria en grinçant des dents El Gato-Montès ou plutôt le Chat-Tigre, auquel il est temps de rendre son véritable surnom, tu as tort de ne pas me tuer maintenant, je te le jure, j'aurai ta vie!

L'Olonnais haussa les épaules sans répondre, il suivit d'un regard calme et impassible le traître s'enfuyant, en courant éperdu dans les ténèbres.

— Ah! ah! murmura-t-il à part lui en replaçant le pistolet à sa ceinture, je commence à croire que don Pedro Garcias, notre ami, a eu une excellente idée en nous conduisant à ce *Velorio*. Mes deux bandits à la Vera-Cruz; l'un est réduit à l'impuissance, quant à l'autre, je le surveillerai.

Tout en faisant cet aparté, le jeune homme avait rejoint ses compagnons; bientôt ils furent de retour à la *Posada* où lui et Pitrians prirent congé de don Pedro Garcias avec les témoignages de la plus vive amitié.

VIII

COMME QUOI L'OLONNAIS FUT A L'ÉGLISE DE LA MERCED, ENTRA DANS UN CONFESSIONNAL ET NE SE CONFESSA PAS.

Lorsque les deux jeunes gens furent rentrés dans leur chambre, ils ne purent s'empêcher de faire comme les augures de Rome, c'est-à-dire de se rire au nez.

— Pardieu ! fit Pitrians, il faut avouer que, depuis que nous sommes ici, tout nous réussit à souhait. La soirée d'aujourd'hui est tout bénéfices ; d'abord tu as gagné près de vingt mille livres ; de plus tu as démasqué ce drôle de Bothwell et tu l'as si rudement châtié que, d'ici à longtemps, grâce à Dieu, il lui sera impossible de nous nuire.

— Je l'avais deviné dès son entrée. Et notre hôte de Médellin, comment le trouves-tu ? Quel excellent type de Mexicain ! dire qu'ils sont tous comme cela dans ce charmant pays ! C'est à qui sera le plus coquin ! Remarque que celui-ci est encore le plus honnête que nous connaissions.

— Oui, et cela prouve en faveur des autres. Ah çà ! mais, que fais-tu donc, tu ne te couches pas ?

— Non, pas encore, il faut que je sorte.

— Comment tu veux sortir ? si tard ! tu ne remarques pas qu'il est près d'onze heures ?

— Si fait, je le remarque ; malheureusement quoi qu'il arrive, je ne puis demeurer ici.

— Pourquoi donc cela ?

— Pardieu ! par une raison toute simple : ne faut-il pas avertir le duc de ce qui se trame contre lui ?

— Ah ! diable, c'est juste ! comment faire ?

— Que cela ne t'inquiète pas ; il m'a fourni le moyen de m'introduire chez lui à quelque heure que ce soit.

— Alors ne perdons pas de temps ; partons tout de suite, dit Pitrians en remettant en toute hâte ceux de ses vêtements que déjà il avait quittés et jetés sur un *équipal*.

— Que fais-tu donc ? lui demanda l'Olonnais.

— Comment ce que je fais ?

— Oui.

— Eh bien ! mais tu le vois, je me prépare à t'accompager.

— Oh ! cela n'est pas nécessaire.

— Pardon ! je trouve au contraire que c'est indispensable, et surtout après l'affaire de ce soir ; en toutes circonstances, surtout au Mexique, deux hommes valent mieux qu'un seul ; d'ailleurs, il est inutile de discuter là-dessus : j'ai résolu de t'accompagner, je t'accompagnerai. Allons, partons !

— Eh mais ! s'écria tout à coup l'Olonnais, en apercevant une lettre posée sur une table, qu'est-ce que cela ?

— Ce n'est pas difficile à deviner, c'est une lettre : elle sera arrivée pendant notre absence et notre hôte nous aura fait la gracieuseté de la monter.

— En effet, ce doit être cela, dit l'Olonnais en ouvrant la lettre.

Cette lettre ne contenait que quelques lignes ; il la parcourut rapidement du regard, puis il la replia soigneusement et la serra dans sa poitrine.

— Diable ! fit Pitrians qui ne quittait pas son ami des yeux, voilà une missive intéressante.

— Qui te fait supposer cela ? demanda l'Olonnais avec un léger embarras.

— Ton émotion d'abord ; ensuite le soin avec lequel, après avoir lu, tu as replié cette lettre.

— Diable ! cher ami, sais-tu que tu ferais un excellent inquisiteur ! dit l'Olonnais en essayant de voiler son désappointement sous un sourire.

— Oui, oui ! plaisante ; ce que j'ai dit, n'en est pas moins vrai. Partons-nous ?

— Quand tu voudras.

Les deux hommes, soigneusement *embossés* dans leurs manteaux, traversèrent rapidement les rues de la ville ; bientôt ils atteignirent l'hôtel du duc de la Torre.

L'Olonnais, après avoir reconnu la porte que le duc lui avait indiquée, s'en approcha, introduisit doucement la clé dans la serrure, fit jouer le pêne ; la porte s'ouvrit et les deux hommes se trouvèrent dans la *huerta* de l'hôtel.

L'obscurité était profonde, mais non pas assez pour les empêcher de se diriger.

L'Olonnais laissa Pitrians près de la porte afin d'en surveiller les abords, puis il s'avança à pas de loups, à travers les allées.

Après quelques minutes, il vit briller une lueur assez faible à travers les volets mal fermés d'une espèce de *fabrique*, ressemblant assez aux kiosques de nos jardins actuels.

Le jeune homme s'approcha de la porte de ce kiosque et frappa légèrement

— Entrez ! répondit le duc.

En un instant la porte fut ouverte et refermée et les deux hommes se trouvèrent face en face.

— Je ne vous attendais pas aussi promptement, dit gravement le duc en tendant la main à l'Olonnais ; je vous ai vu il y a quelques heures à peine ; je vous avoue que je n'étais venu ici que par acquit de conscience.

— Dites plutôt, monsieur le duc, répondit l'Olonnais en prenant le siège que lui présentait M. de la Torre, dites plutôt que vos pressentiments vous ont engagé à y venir.

— Peut-être y a-t-il un peu de vrai là-dedans ; je ne sais pourquoi, pendant toute la soirée je me suis senti inquiet, agité, sans cause apparente, sans raison plausible.

— Vous le voyez bien, reprit le flibustier en souriant. Eh bien ! monsieur le duc, les causes que vous ignorez, ces raisons que vous avez cherchées vainement, si vous me le permettez, je vais vous les faire connaître, moi.

— Je ne demande pas mieux, mon cher ami ; voyons un peu cela.

— Pour vous mettre au courant de cette affaire, monsieur le duc, je suis contraint tout d'abord de vous faire un long récit dont vous serez sans doute fort ennuyé, mais indispensable pour que vous compreniez bien les motifs de ma présence.

— Quels que soient ces motifs, mon ami, laissez-moi vous dire tout de suite que je les tiens pour excellents, puisqu'ils me procurent le plaisir de vous voir ce soir.

— Oh! prenez garde, monsieur le duc, vous complimentez, je crois, et ma foi je suis forcé de vous dire que le moment n'est pas aux compliments; nous avons à nous occuper de choses sérieuses, excessivement sérieuses.

— Soit, mon ami, répondit le duc toujours souriant ; me voici sérieux et muet comme un fakir.

— Je ne sais trop, monsieur le duc, mais enfin, je suis forcé d'accepter l'humeur dans laquelle vous vous trouvez; maintenant veuillez me prêter toute votre attention.

L'Olonnais raconta alors, sans rien omettre, tout ce qui s'était passé depuis le moment où, dans l'après-dîner, il avait quitté l'hôtel.

Au fur et à mesure que le flibustier avançait dans son récit, le visage du duc se rembrunissait; le sourire s'effaçait de ses lèvres, l'expression de sa physionomie devenait de plus en plus soucieuse; il écouta le jeune homme sans l'interrompre une seule fois; puis, quand celui-ci eut terminé, il laissa tomber sa tête sur sa poitrine et demeura un instant pensif.

Il y eut un assez long silence entre les deux hommes.

Ce fut le duc qui, le premier, le rompit.

— Vous avez raison, mon ami, fit-il tristement; en effet, ce que vous m'avez rapporté est grave, très grave même. Ainsi mes ennemis en sont venus à ourdir un complot contre ma vie; ils veulent m'attaquer dans les cumbres? C'est vainement que je cherche les motifs d'une telle haine, d'un acharnement si odieux; mais tant pis pour eux, s'ils me contraignent à me défendre, la lutte entre nous sera terrible.

— Vous ne commettrez pas, je l'espère, monsieur le duc, l'imprudence de quitter la Vera-Cruz : ce serait marcher à la mort ; puis vous n'êtes pas seul : madame la duchesse, votre fille vous accompagnent; voulez-vous les exposer à être lâchement assassinées? Non, je vous le répète, vous ne quitterez pas cette ville, où vous êtes relativement en sûreté. Si audacieux que soient vos ennemis, ils ne pousseront pas la témérité jusqu'à tenter de vous attaquer dans votre palais.

— Qui sait, ami, s'ils ne le feront pas? Vous êtes jeune, vous êtes croyant, vous n'avez pas assez souffert encore pour comprendre tout ce que la nature humaine renferme d'infamies; vous ignorez le caractère espagnol; en général mes compatriotes sont bons, ils sont doux, même ; le seul défaut qu'on leur puisse justement reprocher est l'orgueil, et encore parfois ce défaut, ils réussissent à l'ennoblir et à en faire une qualité; mais lorsqu'un Espagnol se croit offensé, que la haine entre dans son cœur, elle n'en sort plus; comme sa nature méridionale le fait pousser toutes les passions à l'extrême, la mort

— J'ai faim ! répondit l'inconnu en fixant un regard ardent sur les vivres.

même de son ennemi souvent ne suffit pas à assouvir cette haine et cette soif de vengeance qui lui corrodent le cœur. J'ai donc tout à redouter de mes ennemis; cela d'autant plus, je vous le répète, que la haine qu'ils m'ont vouée ne m'est pas personnelle et remonte plus haut; c'est une haine de famille, dont les racines seraient aujourd'hui impossibles à retrouver, si profondément qu'on creusât dans le passé.

— Raison de plus, monsieur le duc, pour ne pas commettre d'imprudence et vous tenir sur vos gardes ; si vous faites peu de cas de votre vie, il est de votre devoir, cependant, de ne pas la risquer follement pour un point d'honneur mal entendu, et surtout de ne pas exposer madame la duchesse ni votre fille.

— Vous parlez, mon ami, avec l'inflexible logique de la raison ; tout ce que vous me dites est vrai et juste ; mais laissons, quant à présent, ce sujet ; j'ai besoin de réfléchir mûrement avant de prendre une résolution définitive.

— Un mot encore, monsieur le duc ?

— Dites, mon ami.

— Je vous ferai remarquer que dans cette ville, vous pouvez compter au moins deux hommes prêts à se faire tuer pour vous défendre ; mais que deux de vos plus implacables ennemis, le Chat-Tigre et Bothwell, sont à la Vera-Cruz ; que ces misérables sont l'âme du complot tramé contre vous ; que s'ils ont résolu de vous attaquer pendant votre voyage, c'est qu'ils ont reconnu l'impossibilité de le faire ici, où malgré le mauvais vouloir des autorités à votre égard, elles sont contraintes de vous défendre, et dans l'obligation de poursuivre et d'arrêter ceux qui essaieraient de vous nuire ; ainsi vous avez donc tout à gagner à ne pas quitter votre palais.

— Êtes-vous bien sûr de ne pas vous tromper, mon ami, les deux hommes dont vous parlez sont-ils vraiment à la Vera-Cruz ?

— Monsieur le duc, j'ai passé ma soirée avec eux : j'ai blessé l'un et dédaigné de tuer l'autre ; voilà tout ce que j'ai à vous dire à ce sujet.

— Je vous remercie ; soyez sans crainte : je prendrai en sérieuse considération ces précieux renseignements. Il se fait tard, les rues ne sont pas sûres pour vous, rentrez à votre auberge ; je crains qu'il ne vous arrive quelque accident en route ; surtout n'oubliez pas ceci : dans notre intérêt commun ne me faites plus une seule visite pendant le jour.

— Je comprends l'importance de cette recommandation. Monsieur le duc, j'y souscris, mais avant de vous quitter permettez-moi de vous faire un aveu.

— Parlez, mon ami.

— Je vous ai sollicité, je vous ai prié de ne pas quitter la ville ; jusqu'à présent vous avez refusé de vous rendre à ces prières et à ces sollicitations, je me vois donc dans l'obligation de vous dire catégoriquement, monsieur le duc, que si, malgré mes justes observations, vous persévérez à partir pour les terres tempérées, je saurai vous contraindre à demeurer ici, malgré vous-même et quoi que vous puissiez penser de moi sur le premier moment.

— Si je ne comprenais pas et si je n'appréciais pas les motifs qui vont font ainsi parler, je ne souffrirais pas de pareilles injonctions. Je suis le seul juge de ma conduite, de la situation dans laquelle je me trouve et des moyens à employer pour en sortir. Je vous ai dit que j'avais besoin de réfléchir ; je vous le répète ; n'insistons pas sur ce sujet, je vous prie ; ne me laissez pas supposer que vous, dont j'ai reçu tant de preuves d'amitié, je dirai même de dévouement, vous puissiez avoir des motifs que je ne veux pas rechercher pour vouloir malgré moi, et peut-être au détriment de mes intérêts, me retenir ici.

— Eh quoi! monsieur le duc, s'écria vivement le flibustier dont le visage devint pourpre.

— Voyons, voyons, qu'il ne soit plus question de tout cela, interrompit le duc en se levant; revenez demain, à la même heure qu'aujourd'hui, j'espère que nous nous entendrons.

— Je le désire vivement pour vous et pour votre famille, monsieur le duc; malgré le temps encore si court, que j'ai passé à la Vera-Cruz, j'ai, plus que vous, été à même de me renseigner. Croyez-moi: de tous les côtés on vous tend des pièges dans lesquels, si vous n'y prenez garde, vous finirez par tomber.

— Bah! bah! dit le duc avec un sourire affecté, vous voyez tout en noir! vous oubliez trop que je suis un homme d'expérience, et que, si isolé que je paraisse, j'ai cependant pour me protéger le nom que je porte d'abord, et ensuite le prestige qui entoure le poste élevé auquel m'a appelé S. M. C. Bonne nuit, mon cher Olonnais, à demain.

— A demain, monseigneur; Dieu veuille que, d'ici là, vous ayez réfléchi.

Le jeune homme s'inclina respectueusement devant le duc, et sortit.

Pitrians l'attendait, le dos appuyé contre la porte par laquelle ils étaient entrés.

Pendant la longue absence de son ami, il n'avait rien vu, ni rien entendu de suspect.

Les deux flibustiers quittèrent le jardin et se dirigèrent à grands pas vers leur auberge.

Les rues étaient complétement désertes, toute la population paraissait endormie; pourtant, deux ou trois fois, il sembla aux flibustiers voir glisser des ombres mystérieuses le long des murailles, tantôt d'un côté de la rue, tantôt de l'autre; mais comme personne ne s'approcha d'eux, ils n'attachèrent aucune importance à la marche plus ou moins suspecte de ces rôdeurs nocturnes.

— Eh bien! demanda Pitrians, es-tu satisfait de ta visite à M. de la Torre?

— Oui, fit l'autre d'un ton de mauvaise humeur, satisfait comme un chat qu'on trempe dans une chaudière d'eau bouillante.

— Pourquoi donc cela?

— Parce que le duc ne veut rien entendre, qu'il semble traiter de billevesées tout ce que je lui ai dit, et que, Dieu me pardonne, je crois qu'il se méfie de nous!

— Oh! cela n'est pas possible, ami?

— Ma foi, je ne sais trop qu'en penser; du reste, je dois avouer que j'ai été peut-être un peu trop vert avec lui; il me faisait des raisonnements tellement illogiques, que j'en étais agacé et que, malgré moi, j'ai été plus loin que je n'aurais dû le faire.

— Mais la conclusion de tout cela?

— La conclusion? il n'y en a pas quant à présent. Cet homme est la nature la plus singulière que je connaisse; il hésite constamment et ne peut se résoudre à prendre une détermination.

— Cependant il faut que tout cela finisse! nous ne pouvons pas rester continuellement exposés à être pendus au moindre soupçon. J'aime beaucoup M. le duc de la Torre, mais je n'éprouverais qu'un médiocre plaisir à être, à cause de lui, accroché à une potence. Vent-en-Panne ne peut pas non plus constamment louvoyer en vue de la ville; fais attention que voici près de seize jours que nous sommes ici; je suis d'avis de brusquer le dénouement.

— Brusquer le dénouement! mais de quelle façon?

— Il y a cent manières de terminer cette affaire.

— Passe les quatre-vingt-dix-neuf qui te semblent les moins bonnes, et dis-moi la centième.

— La centième, la voici : tandis que l'un de nous restera dans la ville, l'autre sortira, s'emparera d'un canot, ou ce qui est plus simple encore, se rendra sur la côte où nous avons débarqué, fera le signal convenu avec Vent-en-Panne, lui demandera des instructions, après s'être abouché avec lui ; et comme en résumé il est notre chef, que nous l'avons reconnu pour tel dans cette expédition, nous ferons ce qu'il nous ordonnera ; et nous sortirons ainsi de cette impasse dans laquelle nous sommes, sans avoir à assumer sur nous aucune responsabilité.

— Pardieu ! je n'avais pas songé à cela, dit l'Olonnais d'un air pensif, ton conseil est bon, je suis d'avis de le suivre.

— C'est la chose la plus facile du monde.

— Eh bien! écoute : en ce moment je ne puis quitter la ville ; demain j'ai un rendez-vous important qui me retiendra peut-être plusieurs heures!...

— Ah oui, je sais! la lettre de ce soir.

— Justement, mon ami ; tu monteras à cheval, et tu sortiras de la ville, comme si tu allais à Manantial ; nous sommes déjà sortis et rentrés plusieurs fois, sans attirer l'attention : il est évident que cette fois personne ne songera à t'inquiéter. Je laisse à ta prudence le soin de dépister les espions qui se mettraient à tes trousses; tu te rendras aussi directement que possible à l'endroit où nous avons débarqué, tu demanderas les instructions de Vent-en-Panne; cela fait, tu reviendras.

— C'est entendu, matelot.

Les deux jeunes gens échangèrent encore quelques mots entre eux, puis ils se couchèrent; cinq minutes plus tard, ils dormaient à poings fermés.

A six heures du matin, c'est-à-dire au lever du soleil, ils étaient debout. Pitrians prit un costume de cheval, plaça plusieurs marchandises de choix dans une espèce de balle-valise, alla trouver l'hôtelier avec lequel les jeunes gens avaient eu soin d'entretenir d'excellentes relations, lui dit qu'il désirait se rendre à Manantial porter des marchandises qu'on lui avait demandées, et lui proposa de lui louer un cheval.

L'hôtelier trouva tout naturel ce que lui disait le jeune homme ; il mit aussitôt son cheval favori à sa disposition. Pitrians, après avoir consciencieusement bu le coup de l'étrier, sauta en selle, alluma une cigarette et s'éloigna au grand trot, en fredonnant une *Jota* aragonaise.

L'Olonnais procédait plus longuement à sa toilette, il montrait même une certaine hésitation, tout en s'ajustant de la façon la plus coquette qu'il pût imaginer ; on aurait dit qu'il craignait et désirait à la fois de se rendre à l'endroit où il était appelé.

Il prit la lettre qu'il avait cachée dans sa poitrine et la relut, mais cette fois en s'arrêtant sur tous les mots, en pesant pour ainsi dire chaque phrase; évidemment il cherchait à comprendre, non pas le sens de ces phrases, mais la signification mystérieuse qu'elles pouvaient renfermer et que l'on avait essayé de noyer dans des nuages d'équivoques.

Après avoir lu et relu cette lettre à plusieurs reprises, en hochant la tête, il la replia soigneusement et la replaça de nouveau sur sa poitrine.

Il se leva alors, et pendant quelques minutes, se promena de long en large dans la chambre avec une agitation fébrile, dénotant une grave préoccupation d'esprit; enfin son hésitation sembla cesser, il prit brusquement son zarapé, le jeta sur son épaule, ouvrit la porte de sa chambre en murmurant à demi-voix ces quelques mots :

— A la grâce de Dieu !

Et il sortit.

Mais à peine fut-il dehors, il se redressa, son pas devint assuré, son visage impassible; toute trace de préoccupation sembla s'être subitement effacée de son esprit.

Il était sept heures du matin; les maisons commençaient à s'ouvrir; les esclaves échangeaient entre eux des lazzis et de gais propos en balayant et nettoyant le devant des portes; les *aguadores* commençaient leur promenade à travers la ville, les marchands de fruits et de légumes criaient leurs marchandises, en un mot la Vera-Cruz s'éveillait, la vie et le mouvement rentraient dans la ville.

L'Olonnais, tout en marchant d'un pas dégagé, sa cigarette à la bouche, était fort embarrassé, il ignorait complètement où était situé l'endroit où il se rendait.

Il s'approcha d'un esclave à mine réjouie, qui, les deux mains appuyées sur le manche de son balai, regardait d'un air goguenard les autres noirs se livrer avec ardeur à leurs travaux.

Il mit une piécette dans la main du pauvre diable, et lui demanda à voix basse un renseignement que celui-ci se hâta de lui donner; puis le jeune homme, certain, cette fois, de ne pas s'égarer, remercia le noir d'un signe de tête et s'éloigna à grands pas.

Dix minutes plus tard, l'Olonnais s'arrêta devant une église; après l'avoir pendant un instant examinée avec la plus sérieuse attention, saisi sans doute par une mauvaise honte, il jeta autour de lui un regard pour s'assurer que personne ne le surveillait, et se précipita plutôt qu'il n'entra dans l'église.

Cette église était la cathédrale; elle était dédiée à Nuestra Señora de la Merced, pour laquelle les Mexicains ont une grande dévotion.

C'était un monument dans le style mauresque, tout récemment bâti, et qui à l'extérieur avait quelque chose d'étrange et de singulier dans l'aspect; à l'intérieur, elle était sombre, froide, presque lugubre; comme le sont du reste toutes les églises espagnoles, où il ne se trouve ni bancs, ni chaises pour s'asseoir, et dans lesquelles de très rares lampadaires ne projettent qu'une clarté insuffisante; le maître-autel, d'une richesse extraordinaire, était soutenu par des pilastres en argent et garni de chandeliers d'or massif.

L'Olonnais trempa ses doigts dans un bénitier, fit machinalement le signe de la croix et, après un instant d'hésitation, il se dirigea vers un confessionnal placé dans un des coins les plus obscurs de l'église, s'assura que la nef était déserte, ouvrit la porte du confessionnal, entra et repoussa le verrou intérieur; cela fait, il croisa les bras sur sa poitrine et, selon toutes apparences, il commença mentalement à compter les secondes qui s'écoulaient trop lentement à son gré.

Depuis un quart d'heure environ, le flibustier s'était embusqué de cette façon singulière, lorsqu'il entendit la porte opposée du confessionnal s'ouvrir doucement et se refermer de même; il perçut le bruit du verrou que l'on poussait, puis, la tablette de séparation glissa dans sa rainure, et une voix douce et mélodieuse, dont le timbre enchanteur le fit tressaillir, murmura ces mots à son oreille:

— Êtes-vous là ? au nom du Ciel!

— Oui, señora, répondit-il.

Nos deux personnages étaient plongés dans des ténèbres complètes; bien que fort rapprochés l'un de l'autre, il leur était impossible de s'apercevoir, ce qui, pour des raisons que nous connaîtrons bientôt, chagrinait beaucoup l'Olonnais.

— Je vous remercie sincèrement d'être venu, monsieur, reprit la douce voix.

— Une prière de vous est un ordre, mademoiselle.

— Oh! oui! fit la voix d'un ton caressant, je connais votre dévouement! mais la démarche que je fais en ce moment est tellement étrange de la part d'une jeune fille, qu'il faut, croyez-le, que j'aie eu de bien graves raisons pour la tenter.

— Mademoiselle, vous êtes un ange, vous ne pouvez rien faire qui ne soit, je ne dirai pas honorable, mais digne de tous éloges.

— Hélas! monsieur! la situation dans laquelle je suis placée est terrible; elle m'effraie. Je ne suis qu'une enfant habituée à la vie tranquille de la famille. Mon père a des ennemis puissants acharnés à sa perte; ces luttes haineuses me font d'autant plus peur, que mon père s'obstine à vouloir faire tête à l'orage.

— Hélas! mademoiselle, ce que vous me dites en ce moment, cette nuit même, il y a quelques heures à peine, je l'ai dit à votre père.

— Il a repoussé vos conseils, n'est-ce pas, monsieur?

— Malheureusement oui, mademoiselle, d'une façon péremptoire.

— Cela devait être ainsi; hier, après votre départ, mon père a eu, avec madame la duchesse, un entretien excessivement sérieux; ni les pleurs de ma mère, ni mes larmes n'ont pu le faire revenir sur sa détermination; il n'a pas vu, ou il n'a pas voulu voir notre douleur; il s'obstine à résister en face, aux ennemis qui l'attaquent dans l'ombre. Qu'arrivera-t-il de tout cela ? je l'ignore, mais j'ai peur; un pressentiment cruel me serre le cœur comme dans un étau; un malheur affreux est, j'en ai la triste conviction, suspendu sur nos têtes.

— Ce pressentiment vous trompe, mademoiselle, il est impossible qu'il en soit ainsi. Vous êtes à la Vera-Cruz; les autorités de la ville vous doivent protection, elles ne l'oublieront pas.

— Eh! monsieur c'est surtout parmi les membres du gouvernement que se trouvent les ennemis les plus implacables de notre famille ; vous ne sauriez vous imaginer à combien de sourdes machinations, à combien de vexations, de basses insultes, nous sommes en butte.

— Du courage, mademoiselle, le vice-roi de la Nouvelle-Espagne est un noble gentilhomme ; il ne souffrira pas...

— Vous ignorez donc, monsieur que le vice-roi de la Nouvelle-Espagne est notre plus grand ennemi, que tout ce qui se fait contre nous, est fait par son ordre ?

Il y eut un court silence.

— En proie à une crainte inexprimable, reprit la jeune femme, rendue presque folle par la terreur qui s'était emparée de moi ; pardonnez-moi, monsieur, cet aveu que je ne devrais pas faire ; j'ai songé à vous, toujours si bon, si grand, si généreux, et sans calculer les conséquences d'une telle démarche, je me suis décidée à venir vers vous, à implorer cette protection qui jamais ne m'a manqué, et à vous dire, l'âme nevrée de douleur : « Vous qui jamais ne m'avez failli, vous qui jusqu'ici avez été pour moi le protecteur le plus dévoué et le plus désintéressé, venez à mon aide ; sauvez-moi : je meurs ! »

— O mademoiselle ! s'écria le jeune homme avec âme, je vous bénis pour cette confiance que vous avez mise en moi, elle ne sera pas trompée ; dussé-je y laisser ma tête, je vous sauverai !

— Mon Dieu ! je savais que vous me répondriez ainsi, voilà pourquoi je suis venue à vous avec une confiance et une foi entières ; vous m'aimez, je le sais, vous me l'avez dit ; cet aveu m'a trouvée sans colère ; hélas ! j'éprouve pour vous, moi aussi, au fond de mon cœur un sentiment que je ne veux, ni ne puis répudier, sentiment inexplicable et qui me pousse à mettre en vous ma confiance.

— Oh ! mademoiselle, ces paroles décuplent mes forces, elles me feront accomplir des miracles.

— Hélas ! reprit la jeune fille, je n'ose espérer que même aidée de votre dévouement, dont je connais toute l'étendue, je réussisse à échapper aux malheurs dont je suis menacée ; il me reste un aveu à vous faire, aveu terrible, que peut-être je devrais laisser enfoui dans mon cœur ; je vous l'ai dit et cela est vrai, il n'est plus de bonheur pour moi en ce monde.

— Eh quoi ! mademoiselle, jeune, riche, vous désespérez de l'avenir.

— L'avenir n'existe plus pour moi, mon sort est fixé ; je vous parle du fond de l'âme, avec la franchise d'une sœur...

— Mademoiselle !

— Écoutez-moi, reprit-elle d'une voix tremblante ; vous vous souvenez de ce jour où M. d'Ogeron voulut nous faire visiter les boucans des Frères de la Côte ?

— Oui, mademoiselle, je m'en souviens.

— Vous vous souvenez comment notre petite troupe fut à l'improviste attaquée par les Espagnols ; vous vous rappelez la lutte terrible que vous eûtes à soutenir contre les bandits qui nous assaillaient de toutes parts.

— Je me le rappelle, oui, mademoiselle.

— Tous nos amis tombaient l'un après l'autre autour de nous, la mort nous enveloppait, nous nous sentions perdus. Alors une terreur folle, semblable à celle que j'éprouve aujourd'hui, s'empara de moi, et au plus fort de la mêlée, au moment où tout semblait perdu, je tombai à genoux et d'une voix brisée par l'épouvante, je fis vœu à ma sainte patronne, si elle me sauvait de ce danger terrible, de consacrer ma vie au service de Dieu ! Ce vœu monta jusqu'au trône de l'Éternel, porté sur les ailes des anges. Alors il se fit un miracle : vous et vos amis, que nous ne pouvions attendre, vous accourûtes à notre secours. Je fus sauvée, sauvée par vous de la mort d'abord, mais surtout du déshonneur. Voilà l'aveu que j'hésitais à vous faire ; plaignez-moi, mon ami, mon frère ; plaignez-moi, il ne me reste plus qu'un avenir de larmes et de douleurs.

— Oh ! mademoiselle, s'écria-t-il avec élan, ne regrettez pas de m'avoir révélé ce secret douloureux : je suis fier et heureux de cette confiance, je saurai m'en montrer digne, quoi qu'il arrive. Je vous sauverai, je vous le jure sur ma foi d'honnête homme, je vous sauverai ; car vous l'avez dit, vous êtes ma sœur, ma sœur chérie !

— Merci, monsieur ; peut-être ne nous reverrons-nous pas, mais en quelque lieu que je me trouve, votre souvenir me suivra et ma voix s'élèvera toujours vers le Ciel pour prier pour vous.

— Ne plus vous revoir, mademoiselle ! s'écria le jeune homme avec exaltation ; mais se maîtrisant aussitôt : Quoi qu'il arrive, mademoiselle, souvenez-vous du nom que vous m'avez donné : je suis votre frère ; un mot, un signe, à défaut de paroles, je vous obéirai comme un esclave quoi que vous exigiez de moi ; vous avez mon serment, et jamais je n'ai failli à ma parole. Mais nous nous reverrons plusieurs fois peut-être ; ne dois-je pas veiller sur vous ? Calmez votre frayeur, essuyez vos larmes, espérez, mademoiselle ; je ne suis venu dans cette ville que pour vous protéger ; ne le savez-vous pas ? et vous soustraire à tous les dangers qui vous menacent, et maintenant, au revoir, mademoiselle. Retournez près de madame la duchesse ; ne lui faites pas mystère de notre entretien si pur, si fraternel, ajouta-t-il avec un sourire de résignation, nos anges gardiens ont souri en l'écoutant.

— Oui, car nous parlions avec notre cœur.

— Il est important que madame la duchesse sache bien que, malgré monsieur le duc, et quelle que soit la résolution qu'il prenne, vous avez près de vous des hommes qui veillent jalousement à votre salut et vous sauveront, fallût-il, pour cela, faire de cette orgueilleuse cité un monceau de cendres !

— Oh ! monsieur, que dites-vous ? au nom du Ciel ne parlez pas ainsi !

— Rassurez-vous, mademoiselle, votre père, j'en suis convaincu, cédera à vos prières, répondit-il évasivement.

— Je suivrai votre conseil, monsieur, je ne veux pas avoir de secrets pour ma mère ; jusqu'à présent elle a connu toutes mes pensées, je veux que toujours elle les connaisse toutes ; permettez-moi de prendre congé de vous.

— Déjà ? murmura-t-il avec tristesse.

— Il le faut ; je ne suis demeurée que trop longtemps, la *dueña* qui

Tout à coup une vive lumière surgit au-dessus des flots.

m'accompagne doit être étonnée d'une si longue confession; mes gens s'impatientent sans doute sous le porche de cette église ; la prudence exige que je rentre au palais.

— Que votre volonté soit faite, mademoiselle.

— Adieu, monsieur ; adieu, mon frère, dit-elle avec une émotion contenue.

— Au revoir, ma sœur chérie, répondit le jeune homme d'une voix brisée.

— Adieu !

Ce dernier mot arriva comme un écho douloureux à l'oreille attentive du jeune homme.

Le verrou glissa dans sa gâche, la porte s'ouvrit, un froufrou soyeux se fit entendre, et ce fut tout. L'ange s'était envolé.

L'Olonnais demeura longtemps plongé dans d'amères réflexions, une tristesse navrante s'était emparée de lui, le découragement pénétrait dans son cœur ; il se sentait seul ! mais bientôt la réaction se fit dans cette énergique nature.

— Suis-je un homme ou un enfant qui se laisse abattre au premier choc ? murmura-t-il ; j'ai juré de la sauver, je la sauverai. Je l'aime, oh ! oui, je l'aime à mourir pour elle s'il le faut ! Qu'importe que je meure puisque nous sommes séparés pour toujours ! Au moins je veux mourir avec la certitude qu'elle sera heureuse.

Alors il se leva, quitta le confessionnal et sortit de l'église ; depuis longtemps déjà doña Violenta était rentrée au palais du duc.

Au lieu de retourner chez lui, où il savait ne trouver personne, puisque Pitrians avait quitté la Vera-Cruz, l'Olonnais, décidé à combattre et à vaincre sa tristesse, résolut de se promener à travers la ville jusqu'à ce que la fatigue le contraignît à s'arrêter.

Il prit une rue au hasard, et marcha à l'aventure. Le hasard le favorisa : cette rue, après plusieurs détours, aboutissait aux remparts ; l'instinct du boucanier se réveille dans l'esprit du jeune homme. Depuis qu'il habitait la Vera-Cruz, il n'avait jamais songé à examiner ses fortifications ; il résolut de saisir l'occasion qui lui était offerte et mit immédiatement son projet à exécution, cette inspection, faite avec le plus grand soin, lui prit la journée tout entière.

Vers six heures du soir, il rentra dans l'intérieur de la ville. Il avait faim : depuis la veille, il était à jeun ; il entra à l'ordinaire de Guadalupe, où déjà il avait dîné auparavant.

La première personne qu'il rencontra en pénétrant dans la salle fut don Pedro Garcias qui s'approcha de lui le visage souriant et la main tendue.

IX

COMMENT PITRIANS FIT LA RENCONTRE D'UN ANCIEN AMI QU'IL NE CONNAISSAIT PAS
ET CE QUI S'EN SUIVIT

Ainsi que nous l'avons dit dans notre précédent chapitre, Pitrians avait quitté l'hôtellerie en annonçant qu'il allait porter des marchandises à Manantial.

Il avait choisi le nom de ce village pour deux raisons : la première, parce que Manantial est situé du côté diamétralement opposé à celui où se trouve

Médellin ; la deuxième parce que, ayant passé deux jours dans ce dernier village et y étant par conséquent connu, rien n'aurait été plus facile, le cas échéant, que de constater que depuis qu'il l'avait quitté en compagnie de don Pedro Garcias, il n'y était pas revenu.

En partant de l'hôtellerie, le jeune homme avait traversé la ville dans toute sa longueur et il avait pris une poterne placée du côté de l'intérieur des terres, non loin de la forteresse.

Les ingénieurs chargés de reconstruire la ville avaient commis cette grande faute, tout en l'entourant de murailles, de placer la maison du gouverneur tout près du môle, entre la douane et la grande église, c'est-à-dire la cathédrale. Au contraire la forteresse s'élève à l'extrémité opposée de la ville, du côté de l'intérieur des terres, les canons battant sur la campagne ; de sorte que, en cas d'attaque par mer, la ville n'avait pour se défendre que les canons de la citadelle de l'île de San-Juan-de-Luz, dont les boulets mal dirigés, et à cette époque les Espagnols étaient loin d'être bons artilleurs, pouvaient détruire la douane et le palais du gouverneur, construit juste en face de cette forteresse.

Les sentinelles postées à la poterne par laquelle sortit Pitrians ne firent aucune difficulté de lui livrer passage, elles échangèrent même avec lui quelques gros lazzis; le jeune homme s'éloigna donc gaiement et sans préoccupation apparente, mais dès qu'il se trouva en rase campagne et qu'il se jugea assez éloigné pour ne pas être aperçu de la ville, il obliqua sur la droite, contourna la Vera-Cruz, reprit ainsi le chemin de Mexico qu'il traversa, puis il se jeta à travers terres, gagna la plage et suivit les sables.

Le jeune homme laissait aller son cheval à sa guise, et avec cette insouciance de la jeunesse que rien ne peut attrister, il s'en allait gaiement, comme un touriste admirant le paysage, et fumant cigarette sur cigarette.

Il atteignit ainsi une *ensenada* assez peu profonde, mais fort boisée et de l'aspect le plus pittoresque ; les rayons incandescents du soleil commençaient à peser lourdement sur la tête du voyageur, la vue de cette verdure le regaillardit, il poussa gaiement son cheval dans cette direction, s'enfonça sous le couvert et chercha un endroit propice, pour y prendre un repos de plusieurs heures.

Cet endroit, il l'eut bientôt découvert sous la forme d'une charmante clairière traversée par un clair ruisseau et dont le sol était couvert d'un tapis moelleux d'une herbe fine et drue.

Pitrians mit pied à terre, enleva le mors à son cheval, étala une couverture à terre, puis sur cette couverture il vida deux mesures de blé Indien ou maïs, ce blé qui plus tard, on n'a jamais su pourquoi, fut appelé blé de Turquie, nom sous lequel il est généralement connu.

Tranquillisé sur le compte de son cheval, le jeune homme s'occupa de son propre déjeuner.

En voyageur prudent il avait eu soin de se munir des provisions nécessaires ; rien ne lui manquait, pas même la *bota* de *refino* de *Cataluña* ; il cueillit son dessert aux arbres, sous forme de *bananes*, de *chyrimoyas*, de *limons*, etc. ; puis il disposa symétriquement son déjeuner sur l'herbe, s'assit sur son zarapé proprement plié, et retirant son couteau de la botte *vaquera* il se prépara à livrer une vigoureuse attaque aux vivres appétissants étalés devant lui; il était temps du reste qu'il déjeunât, le soleil marquait près de midi.

Au moment où Pitrians enfonçait le couteau dans une succulente longe de veau cuite de la veille, il entendit un certain bruit dans les broussailles; elles s'écartèrent brusquement et un homme parut.

Cet individu était à peine couvert de quelques guenilles sordides, dont il était aussi impossible de reconnaître la forme que la couleur primitive; il était maigre, hâve, sa barbe était longue, ses cheveux en désordre tombaient presque sur ses épaules; ses yeux profondément enfoncés sous l'orbite brillaient d'un feu sombre et lançaient autour de lui des regards égarés; il s'appuyait sur un bâton noueux et semblait ne marcher qu'avec difficulté.

Pitrians releva la tête et examina ce singulier visiteur.

— *Ave Maria purissima!* dit le flibustier.

— *Sin pecado concebida!* reprit l'autre d'une voix rauque.

— Eh, l'ami! que diable faites-vous par ici? dit le jeune homme.

— J'ai faim! répondit l'inconnu en fixant un regard ardent sur les vivres étalés sur l'herbe à quelques pas de lui.

— Vous avez faim, compagnon? reprit gaiement Pitrians, eh bien! puisque vous avez faim, rien n'est plus facile que de vous rassasier; jetez votre bâton de côté, placez-vous là en face de moi et mangez sans crainte.

L'inconnu sembla hésiter.

— Allons, allons, pas de fausse honte, camarade, reprit le jeune homme; que diable! il y en aura bien assez pour nous deux.

L'inconnu ne se fit pas prier davantage, il laissa tomber son bâton, s'assit en face du flibustier, et commença, nous ne dirons pas à manger, mais à engloutir avec une voracité telle que, dans son intérêt même, Pitrians fut contraint à plusieurs reprises de la modérer.

Lorsque enfin le repas fut terminé pas suite de la disparition totale des comestibles et que l'inconnu eut avalé une large rasade d'eau-de-vie, ses traits se détendirent, une expression joyeuse sembla épanouir son visage flétri par les privations.

— Ah! s'écria-t-il avec une expression impossible à rendre, c'est bon de manger; il y avait longtemps que je n'avais fait un aussi bon repas.

— Je suis heureux, répondit le jeune homme en riant, je suis heureux, mon camarade, d'avoir pu vous aider à satisfaire un appétit qui, si j'en juge par les exploits que vous venez d'accomplir, a dû être aiguisé par un long jeûne.

— Oui, reprit cet homme avec un sourire triste, il y a bien longtemps en effet; voici trois mois que je ne me nourris que des racines et des fruits que je trouve sur mon chemin.

— Trois mois! s'écria Pitrians avec surprise; et vous avez pu résister à un tel régime?

— Oui, reprit-il, Dieu m'a soutenu, il m'a donné des forces! mais si je ne vous avais pas rencontré aujourd'hui, dans quelques heures je serais mort de désespoir, de fatigue et de besoin.

Le jeune homme ouvrit son porte-cigares, choisit un excellent puro et l'alluma.

— Oh! s'écria l'inconnu avec convoitise, du tabac!

— Est-ce que vous fumez? lui demanda Pitrians.

— J'ai fumé, lui répondit l'inconnu secouant la tête avec tristesse.

— Pardieu! il ne tiendra pas à moi que vous ne fumiez encore! tenez, compagnon, acceptez ce cigare, je vous le garantis pour un véritable *puro* de la *costa de abajo;* ainsi, n'ayez crainte.

L'inconnu s'empara du cigare par un mouvement fébrile et l'alluma.

Quelques minutes s'écoulèrent pendant lesquelles les deux hommes savourèrent avec délices les senteurs enivrantes qui s'exhalaient de leurs cigares.

— Ah çà! camarade, reprit Pitrians, voilà déjà plus de deux heures que nous sommes ensemble, je me suis, je crois, montré assez bon compagnon; vous n'avez pas à vous plaindre de moi?

— Je vous dois la vie, dit l'autre, mon seul désir est de pouvoir un jour vous payer ma dette.

— Ne parlons pas de cela; ce que j'ai fait pour vous, peut-être, un jour, un autre le fera-t-il pour moi, partant quittes; le monde est ainsi organisé qu'un service rendu ne saurait jamais être en résumé de compte qu'un devoir accompli. Je vous ai rendu service, dites-vous? eh bien! c'est fait, n'en parlons plus; maintenant vous pouvez m'en rendre un, vous,

— Moi! s'écria l'inconnu, parlez, que faut-il faire pour cela?

— Une chose bien simple, en admettant toutefois que cela ne soit pas une indiscrétion de ma part et ne vous nuise en aucune façon, me raconter comment il se fait que vous, qui me paraissez être un homme jeune, vigoureux, énergique, vous en soyez réduit à cet état de misère, je dirais presque d'avachissement; cela doit cacher, j'en suis sûr, un drame que je ne serais pas fâché de connaître, en supposant toujours que de sérieux motifs ne vous empêchent pas de parler. Il est une heure de l'après-midi, rien ne me presse, je suis maître de mon temps, libre comme l'air, si vous me jugez digne de cette confidence, parlez, je vous écouterai avec le plus grand intérêt; et qui sait? peut-être même pourrai-je vous être utile?

— Vous m'avez rendu un trop grand service, señor, pour qu'il me soit permis de vous refuser la seule chose que vous me demandez; d'autant plus que j'ai la conviction que c'est plutôt l'intérêt que vous me portez que la curiosité, qui vous pousse à connaître mon histoire.

— Il y a beaucoup de vrai dans ce que vous dites là, mon ami; ainsi, parlez sans crainte. Il nous reste encore des cigares, nous avons de l'eau-de-vie dans notre bota, donc commencez.

— Oui, señor, je parlerai, et cela d'autant plus, que vous n'êtes pas Espagnol.

— Hein? s'écria Pitrians; que voulez-vous dire? à quoi le voyez-vous?

— Oh! rassurez-vous, señor, rien ni dans vos manières, ni dans votre langage, ne le fait reconnaître; vous avez, au contraire, tous les dehors et toutes les apparences d'un véritable Eastillan.

— Eh bien! puisqu'il en est ainsi, pourquoi cette supposition gratuite?
— Pourquoi, señor? parce que vous avez été bon pour moi, que vous ne m'avez ni méprisé ni injurié, vous avez, au contraire, eu pitié de ma misère; j'ai vu une larme tomber de vos yeux, quand vous m'avez offert de partager votre repas; alors je me suis dit : cet homme n'est pas un Espagnol! un Espagnol me maltraiterait, me menacerait, et certainement, il refuserait de me jeter cette bouchée, que l'on ne refuse pas, même à un chien.
— Diable d'homme, fit Pitrians, il a une façon de tourner les choses!... Eh bien! allez, allez, contez-moi votre histoire, nous verrons tout à l'heure si vous vous êtes trompé oui ou non sur ma nationalité.
— Dieu veuille que je n'aie pas commis d'erreur; dans tous les cas, et quelles que doivent en être pour moi les conséquences, je vous ferai de la façon la plus franche et la plus loyale ce récit que vous désirez; il sera court, je n'abuserai pas de votre patience.
— Bon! bon! allez toujours; je vous ai dit que nous avions le temps; si vous n'étiez pas venu, j'aurais dormi, je trouve beaucoup plus intéressant de vous écouter, tout en fumant mon cigare.
— Je vous dirai tout d'abord, caballero, que je ne suis pas Espagnol. Je suis Français, né à Paris, dans le faubourg Saint-Antoine, c'est-à-dire Français pur sang.
— Pardieu! voilà une singulière rencontre, s'écria Pitrians; bien vrai, vous êtes Français?
— Oui, señor, et je vous le répète; je me nomme Pierre David : vous voyez que je mets les points sur les *i*?
— Allez, allez toujours.
— Je suis fils d'un brave fabricant de meubles qui essaya vainement de m'apprendre son métier; je ne pensais qu'à jouer et gaminer dans les rues et sous les ponts. Un jour, j'avais alors dix-huit ou dix-neuf ans, je fis la rencontre de certains individus qui m'emmenèrent avec eux et me grisèrent si bel et bien, que lorsque je m'éveillai, j'appris avec terreur que j'avais contracté un engagement avec la Compagnie des Indes, et que je me trouvais avec une centaine d'autres misérables comme moi prisonnier dans un de ces *fours* affreux dans lesquels les agents de cette compagnie entassent pêle-mêle leurs victimes; je vous avouerai que je pris mon mal en patience, je suis assez insouciant de ma nature, j'avais toujours rêvé voyage; quatre jours après mon enlèvement je partis pour Dieppe, en compagnie d'autres infortunés comme moi, et nous fûmes embarqués sur un bâtiment qui le lendemain mit à la voile pour les îles. La traversée dura trois mois, ce fut mon meilleur temps; j'avais réussi à me faire aimer de l'équipage, je travaillais avec les matelots, qui prenaient plaisir à m'apprendre leur métier; si bien qu'en débarquant à Port-de-Paix, j'étais parfaitement capable de me tirer d'affaire à bord d'un bâtiment quelconque; là, je fus vendu pour trois ans, à l'un des plus célèbres Frères de la Côte, de l'île de la Tortue.
— Son nom? demanda vivement le flibustier.
— Vent-en-Panne.
— Vous êtes un ancien engagé de Vent-en-Panne?

— Vous le connaissez?

— Peut-être; mais... continuez... continuez.

— Vent-en-Panne est un homme dans toute l'acception du mot; sévère, mais bon et juste pour ses engagés, il fit de moi un marin; mon temps terminé, je fus reçu Frère de la Côte; alors je commençai à courir les mers à la recherche des Espagnols. Bientôt je fus en mesure d'équiper un navire, et j'espère qu'à l'île de la Tortue, on se souvient encore du capitaine David.

— Eh quoi! vous êtes le célèbre capitaine David, celui qui s'est emparé de Porto-Bello et de Carthagène?

— C'est moi, oui, señor, répondit l'autre avec simplicité.

— Mais comment se fait-il?

— Patience, señor.

— C'est juste, dit gaiement le jeune homme; buvons un coup et allumons un second cigare.

Les deux choses furent faites immédiatement.

— Il y a sept mois, reprit David, j'équipai une pirogue, sur laquelle je montai avec une dizaine de hardis compagnons, et j'allai m'embusquer dans les débouquements pour m'emparer au passage de l'un de ces galions espagnols qui retournent en Europe bondés d'or; malheureusement, quinze jours s'écoulèrent sans qu'une seule voile parût à l'horizon. Nos vivres s'épuisèrent; nous fûmes contraints d'abandonner la caye sur laquelle nous nous étions embarqués. Jusque-là, le temps avait été beau, il se mit à l'orage; un grain blanc nous assaillit; notre embarcation chavira, et après avoir pendant plusieurs heures nagé à l'aventure, à bout de forces et de courage, j'allais me laisser couler, quand je fus recueilli par le canot d'un navire espagnol, se rendant à la Vera-Cruz. Par un hasard qui ne se rencontre pas deux fois dans la vie d'un flibustier, le capitaine de ce bâtiment eut pitié de moi; au lieu de me faire pendre, comme je m'y attendais, il me donna comme esclave à un de ses passagers, riche haciendero des environs de Guadalajara, avec lequel, je crois, il était un peu parent. Heureusement pour moi, le capitaine ignorait qui j'étais; il me prenait pour un pauvre diable sans importance; sans cela, malgré toute la pitié que je lui inspirais, il m'aurait pendu haut et court à sa vergue de misaine. Je restai près de deux mois à la Vera-Cruz, avec mon nouveau maître; je dois lui rendre cette justice, que pour un Espagnol, ce n'était pas un méchant homme. Lorsque les affaires de don Antonio Cibola, tel était son nom, furent terminées, il acheta des mules, des chevaux, fit charger ses bagages, et un beau matin, il se mit en route pour Guadalajara. Nous ne voyagions qu'à petites journées; parfois mon maître s'arrêtait un jour, deux ou même trois, dans les villes que nous rencontrions sur notre route. Le voyage dura six semaines. Arrivé à son hacienda, mon maître, qui jusque-là m'avait trouvé fort docile, me recommanda à son mayordomo; celui-ci m'envoya dans les champs avec les autres peones. J'étais complètement dépaysé; très loin dans l'intérieur des terres; mon maître ne devait pas supposer un instant qu'il me vînt à la pensée de m'échapper, sans argent, sans armes, presque sans vêtements; ne connaissant pas du tout la route, et par conséquent contraint d'accepter le sort qui m'était fait.

Il ignorait l'énergie de ma volonté, il ne me connaissait pas, il ne pouvait deviner l'entêtement de mon caractère. Comme vous avez pu vous en apercevoir, je parle très purement l'espagnol ; la connaissance approfondie que j'ai de cette langue devait m'être utile. Je mis quinze jours à préparer mon évasion. Je réunis quelques piastres que j'étais parvenu à gagner, des vivres, une petite provision de tabac et des vêtements ; je cachai le tout dans un taillis d'aloès. Le jour ou plutôt la nuit que j'avais choisie, je me mis bravement en route, vers la côte, me dirigeant, selon l'habitude des marins, sur les étoiles ; il m'a fallu trois mois pour atteindre la côte, je ne marchais que la nuit, me cachant le jour, évitant la présence des habitants, n'entrant dans aucun village ; la petite somme que j'avais mise de côté me fut inutile ; ainsi que je vous l'ai dit, depuis ma fuite je n'ai vécu que de racines et de fruits. La privation la plus cruelle que j'eus à supporter fut celle du tabac ; j'eus beau ménager ma provision, elle s'épuisa ; depuis huit jours, j'ai atteint cette côte déserte, la mer m'attirait irrésistiblement, mon instinct me guidait vers elle. J'ai découvert à l'extrémité de ce cap, que vous apercevez d'ici, une caverne assez profonde, dont heureusement pour moi, l'abord est difficile et l'entrée tournée du côté du large. C'est là que je me suis réfugié. Mes journées se passent à regarder les voiles blanchir à l'horizon, espérant toujours que l'une d'elles s'approchera du rivage et que je pourrai fuir cette côte inhospitalière. La nuit, j'erre dans les bois, à la recherche de fruits et de racines pour soutenir ma misérable existence. Ce matin je vous ai vu, suivant nonchalamment la plage, je m'approchai de vous ; vos traits me frappèrent ; je me dis : ou la physionomie humaine est bien trompeuse ou cet homme n'est pas un méchant. Ma position était intolérable ; je vous épiai ; lorsque je crus le moment propice, je me présentai à vous. Voilà mon histoire ; à présent vous savez tout ; mon sort est entre vos mains.

— Eh bien ! mon brave camarade, pour parler votre langage, il est en bonnes mains, mais puisque maintenant nous nous connaissons, ou à peu près, nous quitterons, si vous le voulez bien, ce maudit jargon espagnol, qui nous tord la bouche à nous autres Français, et nous fait faire des grimaces atroces, et nous reprendrons notre vieille langue gauloise.

— Vous êtes donc réellement Français ! s'écria David avec une émotion indicible.

— Pardieu ! puisque vous l'avez deviné pourquoi le cacherais-je ? non seulement je suis Français, compagnon, mais encore, comme vous, je suis Frère de la Côte.

— Vous ! oh ! ce serait trop de bonheur !

— Pardieu ! mon cher capitaine, vous pouvez vous vanter d'avoir de la chanche !

— Moi ? fit-il avec un sourire triste : après tout c'est possible ; notre rencontre me disposerait assez à le croire.

— Je n'ai pas l'habitude de parler par énigme ; voici le fait en deux mots : le projet incroyable, insensé, tranchons le mot, que vous avez conçu en vous échappant de l'hacienda où vous étiez esclave, est par une de ces combinai-

Pour atteindre la caverne le flibustier avait marché dans l'eau jusqu'à mi-jambe.

sons incompréhensibles du hasard, sur le point de réussir de la façon la plus complète.

— Mon Dieu ! ne vous jouez pas de moi !

— Je m'en garderais bien, ce serait une cruauté gratuite dont je suis incapable. Écoutez-moi : Vent-en-Panne, votre ancien maître, croise depuis quinze ou seize jours devant cette côte ; c'est lui qui m'a jeté à terre à un quart de lieue d'ici, avec mon matelot l'Olonnais. Si vous ne me connaissez pas, vous n'ignorez sans doute point mon nom, je suis le frère puîné d'un homme avec lequel vous avez dû avoir certaines relations.

— Son nom ? demanda vivement le capitaine David.

— Pitrians.

— Eh quoi! vous êtes le frère de ce brave Pitrians avec lequel j'ai été deux ans matelot!

— Oui, capitaine, pour vous servir, dit le jeune homme en lui tendant la main.

— Allons! allons! fit David, en lui rendant cordialement son étreinte, bon sang ne saurait mentir; vos actes vous avaient dénoncé, avant que vous m'ayez dit votre nom; mais continuez, je vous prie ce que vous m'apprenez : m'intéresse au plus haut point.

— Je le crois bien ! dit le jeune homme en riant; donc, depuis quinze jours, l'Olonnais et moi, nous avons endossé des peaux d'Espagnols, et en cette qualité nous habitons la Vera-Cruz, où jusqu'à présent, je l'espère du moins, nous avons réussi à n'éveiller aucun soupçon; nous passons pour des arrieros de l'intérieur. Je ne suis pas bien au courant des intentions de notre ami Vent-en-Panne, mais il se pourrait bien qu'il ruminât quelque hardi projet, tel que celui, par exemple, de s'emparer de la Vera-Cruz.

— Oh! oh! ce ne serait pas chose facile!

— Si c'était facile, où serait le plaisir? dit le jeune homme en riant.

— C'est vrai, répondit David sur le même ton; mais vous, que faites-vous par ici?

— Je suis chargé par l'Olonnais de m'aboucher avec Vent-en-Panne et de prendre ses instructions définitives; or, comme je ne veux pas risquer d'être découvert, ce qui ruinerait nos projets, je voyage doucement, à mon aise, en attendant la nuit. Dès que le soleil sera couché, je ferai le signal convenu, et vous ne tarderez pas à voir paraître le navire.

— Oh! mais je suis sauvé alors! s'écria David au comble de la joie.

— Ça me fait assez cet effet-là; à moins que vous ne préféreriez rester à terre, je ne vois pas trop qui pourrait vous empêcher de partir.

— Vive Dieu! je ne demeurerai pas une seconde dans ce maudit pays dès qu'il me sera possible d'en sortir.

— A la bonne heure au moins, voilà ce que j'appelle du patriotisme! Ah çà ! à présent que vous savez tout ce que vous désirez savoir, donnez-moi donc quelques renseignements.

— Lesquels?

— Dame ! des renseignements topographiques; vous n'êtes pas demeuré deux mois à la Vera-Cruz sans regarder un peu autour de vous, je suppose.

— En effet, répondit en riant le capitaine; je vous dirai même que je me suis servi de mes yeux autant que cela m'a été possible.

— C'est-à-dire?

— C'est-à-dire que j'ai acquis une connaissance approfondie de la ville, de ses environs, et que je connais la côte à dix lieues à la ronde, par ma foi! presque aussi bien que si j'avais habité dix ans cette terre maudite.

— Eh! eh! compagnon, voilà qui peut nous servir!

— Vous croyez?

— Dame! si Vent-en-Panne est toujours dans l'intention de tenter quelque chose contre la Vera-Cruz, il me semble que, ne serait-ce que comme guide, vous pourriez nous rendre de très grands services.

— En effet; ces services, croyez-le bien, je vous les rendrai de grand cœur.

— Oh! je n'en doute pas, vous devez nourrir une haine assez corsée contre les Gavachos.

— Oui, car ils m'ont traité d'une façon indigne; tout le mal que je pourrai leur faire, je le leur ferai.

— A la bonne heure! voilà qui est parler.

— Ah çà! nous bavardons, nous bavardons, et le temps passe rapidement, le soleil est bas déjà, il me semble?

— Oh! nous avons le temps encore; il est à peine cinq heures.

— Hum! il ne reste qu'une heure de jour, il nous faut nous rendre à l'endroit convenu.

— Vous sentez-vous assez fort pour m'accompagner, capitaine?

— Moi? fit-il, je suis si bien reposé que je ferais dix lieues, s'il le fallait.

— Eh bien! puisqu'il en est ainsi, en route!

— En route donc, et que Dieu nous aide!

Pitrians remit la bride à son cheval, rattacha la valise et sauta en selle.

Quant au capitaine David, ses préparatifs se bornèrent à ramasser son bâton.

Tous deux s'éloignèrent alors, de compagnie.

Pitrians, avant de se mettre en marche, donna à son nouvel ami les détails les plus circonstanciés sur le lieu où ils se rendaient.

— C'est bien là, dit le capitaine, je connais la place; je vous y conduirais les yeux fermés; suivez-moi sans crainte, je ne vous égarerai pas; entrons sous bois, cela peut-être nous évitera de fâcheuses rencontres; la route est un peu plus longue, mais, vous l'avez dit, nous avons le temps.

— Très bien, compagnon, je m'abandonne à vous; marchez, je vous suis.

David prit alors les devants, se frayant avec son bâton un passage à travers les halliers, suivi à quelques pas par Pitrians, qui avait mis pied à terre et conduisait son cheval par la bride.

La route suivie par les deux hommes n'existait pas, ils la faisaient à mesure, aussi leur fallut-il un temps assez long pour atteindre la plage.

Le soleil était couché déjà depuis une demi-heure, lorsqu'ils atteignirent l'endroit où, quinze jours auparavant, les pirogues flibustières avaient accosté.

— Nous y voici, dit le capitaine à Pitrians.

— Fichtre! votre calcul a été d'une exactitude mathématique; c'est ici même que l'Olonnais et moi avons débarqué. Il s'agit à présent de réunir le plus que nous pourrons de bois sec.

— Oh! ce ne sera pas difficile, dit David.

— D'abord, laissez-moi desseller mon cheval et lui donner sa provende; nous resterons peut-être ici une partie de la nuit, je ne veux pas que le pauvre animal souffre de ce retard.

— Faites ; pendant ce temps-là, je m'occuperai à ramasser du bois mort.
— C'est cela.

Pitriaus commença à enlever les harnais à son cheval, puis il le bouchonna vigoureusement, l'attacha par une longe assez longue et enfin lui donna sa provende.

Quand ce devoir fut accompli, le jeune homme s'aperçut que de son côté David n'était pas resté oisif ; celui-ci avait réuni un énorme monceau de bois sec, suffisant amplement pour entretenir le feu pendant la nuit tout entière.

— Que faisons-nous ? demanda David.

— Nous allons nous charger de ce bois et le transporter aussi vite que possible au sommet du cap que vous voyez à votre droite ; c'est là que doit être placé le feu.

— Eh mais ! dit en riant David, c'est au pied même de cette pointe que s'ouvre la caverne dont j'ai fait mon habitation.

— Bah ! il serait possible ? voilà qui est singulier.

— Dame ! c'est facile à comprendre, orientez-vous ; vous reconnaîtrez que pendant notre marche sous bois, nous avons doublé l'ensenada et que nous sommes à présent de l'autre côté du cap, que nous avions auparavant à gauche.

— C'est parfaitement juste. Eh bien ! alors, compagnon, vous le voyez, tout nous favorise ; la nuit est claire, et cependant sans lune ; nous voyons assez pour nous diriger, bien qu'à une certaine distance il soit impossible de nous apercevoir.

Tout en parlant ainsi, les deux hommes se chargèrent de bois sec. Ce n'était pas un mince travail, de transporter ce bois au sommet de la pointe ; le chemin était long, difficile et rude, plus rude encore à cause de l'obscurité ; mais aucune difficulté ne rebuta les hardis aventuriers ; en moins d'une heure, tout le bois fut amoncelé sur le sommet du cap.

Les deux hommes s'occupèrent alors activement à confectionner un bûcher.

Lorsque le feu fut allumé, Pitrians jeta dessus le contenu d'une bouteille, dont il s'était muni à cet effet ; bientôt une flamme brillante se dégagea de la fumée et s'éleva vers le ciel, en illuminant la plage de lueurs fantastiques.

Les deux aventuriers, après avoir disposé le bûcher de façon à ce qu'il brûlât pendant plus d'une heure sans qu'il fût besoin de lui fournir d'autre aliment, quittèrent la pointe et s'embusquèrent sur la plage.

Pitrians s'arma alors d'une de ces longues-vues de nuit, très peu connues à cette époque et qui, avec la lunette de Galilée, n'avaient été inventées que depuis quelques années, et il inspecta la mer avec la plus sérieuse attention.

Près d'une heure s'écoula sans que rien indiquât que le signal avait été vu ; David, en proie à une anxiété extrême, se désespérait ; il faisait les suppositions les plus tristes. Vent-en-Panne s'était lassé d'attendre le signal ; il avait rompu la croisière et gagné le large ; peut-être des voiles ennemies l'avaient contraint à s'éloigner.

C'était en vain que Pitrians essayait de lui rendre le courage et lui prouvait l'impossibilité de ses suppositions ; le flibustier hochait la tête d'un air de doute et au bout de cinq minutes il recommençait ses lugubres commentaires ; si bien que le jeune homme, en désespoir de cause, avait pris le parti de ne plus s'occuper de son compagnon, et de le laisser se désoler tout à son aise.

Tout à coup une vive lumière surgit au-dessus des flots, monta et descendit trois fois, puis disparut.

— Eh bien! que vous disais-je? fit Pitrians en se tournant vers David : Vent-en-Panne est-il parti ?

— Pardon, frère, répondit David, mais je suis si malheureux, que le doute doit m'être permis, surtout quand il s'agit de ma dernière espérance.

— Je ne vous adresse pas de reproches, dit le jeune homme ; si vous connaissiez bien Vent-en-Panne, vous sauriez qu'avec lui le doute n'est pas possible.

— J'ai tort, vous dis-je, pardonnez-moi.

— Allons, qu'il ne soit plus question de cela ; dans un instant, je l'espère, vous éprouverez une grande joie en vous retrouvant au milieu de vos vieux compagnons ; eh ! tenez, voici la lumière qui reparaît ; elle est bien visible à présent, elle s'est rapidement rapprochée de nous.

Quelques minutes s'écoulèrent, pendant lesquelles les deux hommes demeurèrent debout et attentifs.

Soudain David tressaillit, et s'élança vers la mer en criant :

— Les voilà ! Je les entends !

En effet un bruit de rames assourdi par des portages en laine se distinguait facilement et prouvait que l'embarcation était sur le point d'atterrir.

Pitrians suivit David, après lui avoir recommandé de se tenir un peu à l'écart, ce que l'autre fit ; il se pencha en avant et bientôt il aperçut une ombre glissant sur l'eau.

Cinq minutes plus tard, l'avant d'une pirogue s'enfonçait dans le sable et plusieurs hommes armés sautaient sur la plage.

— Qui vive? cria la voix forte de Vent-en-Panne.

— Pitrians ! répondit aussitôt le jeune homme en s'élançant vers lui.

Vent-en-Panne lui serra la main.

— Sois le bienvenu, frère, lui dit-il, mon matelot t'accompagne ? c'est lui qui sans doute est en train d'éteindre le feu ?

En effet David, chez lequel tous les instincts du boucanier s'étaient réveillés, était monté sur le sommet du cap et avait éteint le feu, afin que sa lueur, durant trop longtemps, ne fût pas aperçue dans l'intérieur du pays, précaution à laquelle le jeune homme n'avait pas songé, mais que Vent-en-Panne et ses compagnons approuvèrent fort.

— Non, répondit Pitrians avec un sourire, ce n'est pas l'Olonnais qui éteint le feu ; c'est un des nôtres, que vous croyiez mort sans doute et que vous serez heureux de revoir.

— Un des nôtres ! s'écria vivement Vent-en-Panne, dis-moi son nom, enfant ?

— C'est Pierre David.

— Pierre David ! l'un de nos meilleurs ! l'ami dont nous avons tant déploré la perte ! ah ! vive Dieu ! je veux le serrer dans mes bras !

— Me voici, frère ! me voici ! s'écria le flibustier en accourant vers lui.
— C'est lui ! c'est sa voix ! ah ! par le Dieu Tout-Puissant, je suis heureux de te revoir, frère !

Les deux Frères de la Côte tombèrent dans les bras l'un de l'autre et demeurèrent longtemps embrassés.

David pleurait de joie ; il était presque fou de bonheur.

Les flibustiers s'empressaient autour de lui ; ils l'accablaient de témoignages d'amitié. Le brave capitaine semblait transfiguré ; c'était un autre homme ; toutes ses douleurs passées étaient oubliées, il ne songeait plus qu'au présent par lequel tous ses vœux les plus chers étaient comblés, en le faisant libre et le rendant à ses amis.

X

COMMENT VENT-EN-PANNE ORGANISA UNE NOUVELLE EXPÉDITION

Lorsque la première émotion fut calmée, que les flibustiers eurent à peu près repris leur sang-froid, ils prièrent le capitaine David de leur raconter son histoire, c'est-à-dire les événements qui s'étaient passés depuis qu'il était parti pour sa dernière croisière.

Cette proposition fut vivement appuyée par Vent-en-Panne, aussi curieux que ses compagnons de connaître les aventures de son ami.

— Je ne demande pas mieux que de vous satisfaire, répondit le capitaine David, mais je crois l'endroit assez mal choisi pour se faire des confidences. Si vous voulez me suivre, j'ai découvert près d'ici une caverne qui me sert de refuge, et dans laquelle nous pourrons nous entretenir en toute sûreté.

— Bon, répondit Vent-en-Panne, cette caverne fait parfaitement notre affaire ; sur cette plage découverte, nous risquons à chaque instant d'être surpris.

— Eh bien ! remontez dans votre embarcation, emmenez avec vous Pitrians, longez la baie jusqu'à la pointe et, arrivés là, vous découvrirez l'entrée de la caverne ; elle regarde la mer.

— Pourquoi ne viens-tu pas avec nous ? demanda Vent-en-Panne.

— Parce que Pitrians a laissé son cheval sous le couvert ; que c'est un animal de prix ; que pendant notre absence, quelque rôdeur pourrait s'en emparer, et soupçonner en même temps qu'il se passe aux environs quelque chose d'insolite.

— Parfaitement raisonné, mais, toi, comment nous rejoindras-tu ?

— Que cela ne vous inquiète pas ; je serai presque aussi tôt que vous à la caverne.

Les flibustiers s'embarquèrent et poussèrent au large.

Quant à David, il se dirigea vers l'intérieur et disparut sous le couvert.

Vent-en-Panne découvrit facilement l'entrée de la caverne ; pourtant il fallait avoir la certitude de son existence pour la reconnaître. Trois ou quatre blocs de granit tombés du haut du cap qui en cet endroit formait falaise à pic, élevée de plus de quatre-vingts pieds, s'étaient groupés pêle-mêle devant la caverne, dont ils masquaient complètement l'entrée.

Vent-en-Panne débarqua ainsi que ses matelots, le canot fut solidement amarré et les flibustiers pénétrèrent dans la caverne.

David avait dit vrai : cette grotte naturelle était fort vaste, ses parois étaient élevées, le sol formé de sable fin ; elle était divisée en plusieurs compartiments et aurait pu, au besoin, servir d'abri à plusieurs centaines d'hommes.

Presque aussitôt David arriva, conduisant le cheval, auquel il avait remis les harnais, et qu'il avait chargé d'un énorme monceau de bois sec.

Pour atteindre la caverne, le flibustier avait été obligé de marcher dans l'eau jusqu'à mi-jambe. Le cheval fut installé dans un compartiment séparé ; on le déchargea, on lui enleva les harnais et on plaça devant lui une botte de pois grimpants, dont David avait eu la précaution de se munir et que l'animal attaqua vigoureusement à pleine bouche.

Au Mexique, dans les régions nommées les terres chaudes, c'est-à-dire, en général, celles qui bordent les côtes de la mer, la chaleur pendant le jour est étouffante, mais les nuits sont glaciales.

Les flibustiers remercièrent David d'avoir songé à apporter du bois, et ils se hâtèrent d'allumer un grand feu ; puis plusieurs paniers de provisions, amenés du navire, furent ouverts, leur contenu étalé sur la table, et sur l'invitation de Vent-en-Panne, chacun prit sa part des comestibles, des vins et des liqueurs.

Ce repas improvisé fut le bienvenu, surtout pour Pitrians et David, qui n'avaient rien pris, faute de vivres, depuis le déjeuner, dont le capitaine avait à lui seul dévoré presque toutes les provisions.

Le souper terminé, les pipes allumées, les flibustiers réclamèrent de David la promesse qu'il leur avait faite ; celui-ci ne se fit pas prier, il entama immédiatement le récit de ses aventures, récit que nous ne reproduirons pas ici.

Lorsque le capitaine se tut, les Frères de la Côte lui prodiguèrent, à l'envi l'un de l'autre, le tribut de félicitations auxquelles il avait droit, pour le courage et la résolution dont il avait fait preuve pendant sa longue et périlleuse odyssée.

— Maintenant, dit Vent-en-Panne, arrivons au sujet qui nous amène ici ; que se passe-t-il à la Vera-Cruz, Pitrians ?

Ce fut alors au tour du jeune homme à prendre la parole, et à rapporter dans les plus minutieux détails les événements qui s'étaient passés, depuis que l'Olonnais et lui avaient quitté le navire.

Ce récit, que nous passerons également sous silence, dura assez longtemps et fut écouté avec la plus sérieuse attention par les flibustiers.

— Ainsi, dit Vent-en-Panne lorsque Pitrians se tut, ainsi cette vipère de Chat-Tigre et cette chenille de Bothwell sont à la Vera-Cruz ? Tout cela est fort grave, mon gars ; ces drôles manigancent évidemment quelque infamie.

— Cela ne fait pas de doute, dit Pitrians.

— Oh! je m'entends; les infamies de scélérats de cette espèce sont en général quelque chose d'horrible et d'atroce. Ce qui me chagrine dans tout cela, c'est l'indifférence affectée du duc de la Torre; je lui croyais plus de résolution et d'initiative; je vois avec regret combien je me suis trompé sur son compte.

— Oui, et du tout au tout, dit Pitrians; c'est un caractère mou, irrésolu, qui ne sait ce qu'il veut.

— Vive Dieu! s'écria le vieux flibustier, s'il ne s'agissait que de lui, je jure que je le laisserais se tirer de là comme il pourrait! mais il y a deux femmes que je veux sauver à tout prix; et puis, ajouta-t-il avec un sourire amer, en jetant un regard de côté sur les flibustiers, la Vera-Cruz est une ville riche de nom et de fait, on peut y faire un magnifique butin.

— Qui nous empêche de nous en emparer? dit David.

— Tu t'en emparerais, toi? dit Vent-en-Panne en riant.

— Certes, je m'en emparerais; pas tout seul, bien entendu; mais si j'avais seulement avec moi quatre ou cinq cents bons compagnons, cela ne pèserait pas une once.

— Après tout, on peut voir, dit Vent-en-Panne d'un air pensif.

— Vous n'abandonneriez pas les deux dames, dit Pitrians.

— Pour rien au monde! mon gars; mais encore faut-il que cette affaire soit menée avec intelligence; je ne veux pas m'exposer à une défaite.

— Vous savez, reprit Pitrians, que je suis chargé par votre matelot l'Olonnais de lui rapporter des instructions précises et une réponse formelle.

— Que cela ne t'inquiète pas, mon gars; ma réponse, la voici : nous prendrons la Vera-Cruz; comment? je ne le sais pas encore, mais ce que j'affirme, c'est que je m'emparerai de la ville, malgré tous les Gavachos de la terre, fussent-ils un million. David connaît la ville et le pays sur le bout du doigt, d'après ce qu'il nous a dit; nous nous entendrons ensemble; et sacredieu! il faudra que nous soyons bien malheureux, si à nous deux, nous n'inventons pas quelque bonne diablerie contre ces maudits Gavachos.

— Bon! fit Pitrians en riant, vous prendrez la Vera-Cruz, c'est convenu, mais quand?

— Diable! tu tiens à être fixé, à ce qu'il paraît?

— Je vous l'ai dit; ce sont mes instructions.

— Oui, oui, l'Olonnais n'est pas un garçon à se laisser leurrer. Eh bien! répète-lui ceci : Dans vingt jours, jour pour jour, heure pour heure, à compter de celui-ci, l'expédition débarquera et campera dans la caverne où nous sommes. Le lendemain, si l'Olonnais et toi vous êtes en mesure, nous attaquerons la ville. Es-tu content, à présent? est-ce net? est-ce précis, ce que je te promets là?

— Ce ne saurait en effet l'être davantage, capitaine, et comme je sais que l'on peut compter sur vous, me voilà tranquille.

— C'est bien heureux!

— Oui, mais ce n'est pas tout.

— Bon! qu'y a-t-il encore?

L'alguazil fit un grand salut à son supérieur et se retira.

— Et nos instructions que vous oubliez? Que devons-nous faire pendant ces vingt jours?
— Vous tenir cois, autant que possible, ne rien risquer à la légère, agir avec la plus grande prudence et surtout, souviens-toi de ceci, Pitrians..
— Allez, allez, capitaine, je suis tout oreilles.
— Et surtout, reprit Vent-en-Panne, en appuyant avec intention sur cha-

que mot, ne révéler, sous aucun prétexte, nos projets au duc de la Torre ; d'abord parce qu'il est Espagnol, qu'il aime son pays et que, malgré les machinations que l'on trame dans l'ombre contre lui, il est capable de se laisser entraîner par patriotisme, non pas à nous trahir, mais au moment décisif de se mettre contre nous.

— Bien, capitaine, je ne l'oublierai pas ; mais les dames ?

— Ah ! les dames ! c'est autre chose ; je laisse cela à la prudence de l'Olonnais ; il doit savoir, lui, quel degré de confiance il peut accorder à la duchesse et à sa fille ; seulement, avant que de rien dire, qu'il tâte bien le terrain ; qu'il ne s'avance qu'à coup sûr ; la plus légère imprudence nous perdrait ; tu m'as bien compris, Pitrians ?

— Parfaitement, capitaine ; je vous promets que je n'oublierai pas un mot de ce que vous m'avez dit. Tout est là, dit-il en touchant son front avec l'index de la main droite ; mais je voulais encore vous adresser une question ?

— Laquelle, mon garçon ? dépêche-toi, les heures s'écoulent rapidement, bientôt il nous faudra partir.

— Oh ! je n'en ai pas pour longtemps.

— Alors, fais vite, que veux-tu ?

— Je voudrais savoir, capitaine, si nous devons, comme aujourd'hui, allumer un feu sur la pointe ?

— Pitrians, mon ami, tu es un imbécile.

— Merci, capitaine ; pourquoi cela, s'il vous plaît ?

— Ne t'ai-je pas dit que je serais ici dans vingt jours, jour pour jour, heure pour heure, à compter de celui-ci ?

— Oui, c'est vrai, capitaine, vous me l'avez dit.

— Eh bien, double brute, tu ne comprends pas ?

— Ma foi non ; je l'avoue à ma honte.

— Mais, animal, tu n'auras pas de signal à me faire, puisque je serai ici, ce sera à toi à me venir trouver si tu veux me voir.

— Ah ! par exemple, capitaine, vous avez joliment raison ; il faut que je sois un fier imbécile, pour ne pas avoir deviné cela du premier coup.

— Là, tu vois bien. Tu n'as pas autre chose à me demander, pendant que tu y es ?

— Non, capitaine, vous êtes bien honnête, je vous remercie.

— Il n'y a pas de quoi, dit en riant Vent-en-Panne ; maintenant, garçons, fit-il en s'adressant à ses compagnons, nous allons pousser au large, il n'est que temps ; tu viens avec nous, David ?

— Je le crois bien ! que veux-tu que je fasse ici ?

— Et toi, Pitrians, est-ce que tu vas partir ?

— Non, pas encore, capitaine ; il reste trois heures de nuit, je vais m'envelopper dans mon zarapé, me coucher près du feu, et dormir jusqu'au lever du soleil.

— Ah coquin ! fit en riant le Frère de la Côte, tu sais prendre tes aises, toi ! mais va, mon enfant, je ne t'en veux pas, tu es un bon cœur ; crois que je suis reconnaissant de ce que tu fais en ce moment pour nous ; en réalité, ta position dans ce maudit pays est des plus précaires.

— Bah ! laissez donc, capitaine, le souci tuerait un chat ! si l'on pensait au danger on passerait sa vie à mourir de peur !

Tous les flibustiers éclatèrent de rire, à cette singulière boutade.

Vent-en-Panne et David embrassèrent le jeune homme, les autres Frères de la Côte lui serrèrent affectueusement la main, puis ils quittèrent la grotte, démarrèrent le canot, poussèrent au large, et quelques minutes plus tard, ils avaient disparu dans les ténèbres.

Lorsque le bruit des avirons eut cessé de se faire entendre, Pitrians rentra dans la grotte, et ainsi qu'il l'avait dit, il s'étendit près du feu et dormit à poings fermés jusqu'au lever du soleil.

Vers une heure de l'après-midi, il était de retour à la Vera-Cruz.

L'Olonnais attendait son retour avec anxiété ; le jeune homme lui rendit compte de ce qu'il avait fait. Ce récit causa un vif plaisir à l'Olonnais en lui prouvant que son matelot ne l'abandonnait pas, et qu'il était toujours prêt à tenir la promesse faite à Port-Margot.

Après un copieux déjeuner, les jeunes gens chargèrent leurs balles et sortirent pour se livrer à leurs apparentes occupations.

Nous les abandonnerons pour suivre Vent-en-Panne qui devient à présent le personnage important de notre récit.

Quand la pirogue eut accosté le navire et que les matelots eurent sauté à bord, cette pirogue fut hissée en porte-manteau, le bâtiment orienta ses voiles et mit le cap sur le Port-Margot. La brise était maniable, la mer calme, tout enfin présageait une bonne traversée.

Le premier soin de Vent-en-Panne en montant à bord fut de partager sa cabine avec David et de lui ouvrir ses coffres dans lesquels celui-ci choisit les vêtements dont il avait si grand besoin ; lorsqu'au lever du soleil David, rasé et convenablement habillé, parut sur le pont, il n'était plus reconnaissable ; chacun le complimenta sur sa bonne mine.

— Sacredieu ! dit Vent-en-Panne, je regrette de ne pas avoir deux navires, je t'en aurais donné un à commander.

— Eh ! répondit l'autre, qui sait si avant que nous arrivions à Saint-Domingue tu ne seras pas à même de réaliser ton offre.

Plusieurs jours s'écoulèrent ainsi ; un matin, un peu avant le lever du soleil, les flibustiers furent tout étonnés de se trouver presque beaupré sur poupe avec un navire espagnol qui, semblable au voltigeur hollandais, le célèbre vaisseau fantôme de la légende, se balançait nonchalamment sur les lames, laissant tomber ses voiles et faisant d'énormes embardées de tribord à bâbord.

Il était évident, qu'avec leur insouciance habituelle, les Espagnols dormaient à poings fermés, s'en rapportant à la Providence du soin de veiller sur leur navire.

— Eh ! dit David en ricanant, je crois que voilà mon affaire ; qu'en penses-tu, Vent-en-Panne ?

— Dame ! matelot, je pense que tu pourrais bien avoir raison.

— Alors nous l'abordons ?

— Pardieu !

Les boucaniers firent leur prière, ainsi qu'ils en avaient l'habitude chaque fois qu'ils se préparaient au combat; puis ils saisirent leurs armes, et se tinrent immobiles et silencieux, les regards fixés sur leur chef, prêts à lui obéir.

Ainsi qu'il le faisait dans toutes les circonstances sérieuses, Vent-en-Panne avait pris la barre; le léger navire disparaissait presque sous la masse énorme du vaisseau espagnol; il volait comme une plume sur le sommet des vagues; bientôt il longea le navire, au vent.

Vent-en-Panne leva son chapeau.

A ce signal bien connu des boucaniers, les grappins furent lancés et les deux navires solidement amarrés l'un à l'autre.

Vent-en-Panne confia alors la barre à un mousse, saisit une hache, et se plaçant auprès de David qui, lui aussi, s'était armé d'une énorme hache, il dit à voix basse aux Frères de la Côte :

— Attention, matelots! nous sommes quatre-vingts; si je ne me trompe, nous avons affaire à près de cinq cents individus, il faut enlever ce navire en double; y êtes-vous?

— Oui! répondirent les flibustiers.

— Eh bien, à l'abordage!

La moitié de l'équipage flibustier bondit comme une meute de tigres sur le pont, ayant Vent-en-Panne à sa tête; l'autre moitié brisa les sabords d'arcasse et sauta dans les cabines; pendant dix minutes, il y eut un bruit horrible de cris de rage, de gémissements, de coups retentissants; les Espagnols, surpris dans leur sommeil, étaient impitoyablement massacrés par les Frères de la Côte, qui hurlaient à pleins poumons :

— Flibuste! Flibuste!

Les matelots espagnols ne savaient d'où sortait cette légion de démons qui les assaillaient à l'improviste; ils furent vaincus plus par la terreur qu'ils éprouvaient, que par la force réelle de leurs ennemis; Vent-en-Panne avait dit vrai, ce navire était un galion armé de cinquante-quatre canons et portait un équipage de cinq cents hommes; il est donc évident que, bien que surpris, si les Espagnols s'étaient doutés du petit nombre des assaillants, ils auraient opposé une vigoureuse résistance et seraient parvenus probablement à jeter leurs ennemis à la mer; mais ils avaient été attaqués pendant leur sommeil, de deux côtés à la fois; les flibustiers leur semblaient se multiplier; ils crurent avoir devant eux des forces supérieures, ils lâchèrent pied et se rendirent.

Le combat n'avait pas duré vingt minutes, cependant plus de cent cinquante Espagnols avaient succombé; une grande partie des autres étaient blessés, soit par les flibustiers, soit en se frappant les uns les autres, au milieu des ténèbres.

On fit monter les prisonniers un par un sur le pont; au fur et à mesure, on les attachait solidement; ces prisonniers étaient au nombre de trois cent soixante-quinze. Le capitaine et les officiers avaient été massacrés dans leurs chambres, par David et les Frères de la Côte qu'il conduisait lors de l'abordage; cette catastrophe avait encore augmenté le désarroi des Espagnols et accéléré leur défaite; n'ayant plus de chefs pour les guider, la défense leur devenait impossible.

Les deux navires se trouvaient en ce moment au milieu des débouquements; Vent-en-Panne, embarrassé par un aussi grand nombre de prisonniers, ne voulut conserver à bord que les quarante matelots les plus valides, pour aider à la manœuvre du vaisseau; il entassa tous les autres, blessés ou non, dans trois embarcations, les fit mettre à terre sur une *caye* déserte qui se profilait à une courte distance à l'horizon, et là les malheureux furent abandonnés à leur sort.

Vent-en-Panne prit alors le commandement du vaisseau sur lequel il plaça cinquante boucaniers, ce qui, avec les matelots espagnols qu'il avait conservés, lui formait un équipage suffisant pour la manœuvre; du consentement de tous les flibustiers, il confia le commandement de son navire au capitaine David.

Le vaisseau espagnol se nommait la *Trinidad*, venant du Callaa, et se rendant à Cadio, avec un chargement de cochenille, de lingots d'or, d'argent et de *plata pixo*. Le hasard avait étrangement favorisé les boucaniers en leur donnant ce vaisseau; la prise valait plus de deux millions de piastres.

Aussi lorsque, quatre jours plus tard, Vent-en-Panne mouilla au Port-Margot, fut-il accueilli par les acclamations joyeuses de tous les Frères de la Côte et de tous les habitants de la ville.

Avant de descendre à terre, Vent-en-Panne fit le partage du butin entre ses compagnons; sur sa part de prise, il acheta le vaisseau dont il garda le commandement, en conservant à David celui du brick.

Vent-en-Panne n'était pas homme à perdre son temps; le lendemain de son arrivée à Saint-Domingue, les musiques criardes de la ville, les tambours, les fifres et les tambourins commençaient à courir les rues, annonçant, à grand renfort de grosse caisse et de vivats, que le capitaine Vent-en-Panne ayant résolu de tenter une nouvelle expédition très avantageuse pour tous ceux qui y prendraient part, ouvrait des engagements à l'*Ancre dérapée*, où tous les Frères de la Côte désireux de servir sous ses ordres n'avaient qu'à se rendre le lendemain à midi précis.

La même proclamation fut faite à Port-de-Paix, à l'île de la Tortue et à Léogane.

Le lendemain, à l'heure dite, la grande salle de la taverne de l'*Ancre dérapée* regorgeait de monde; mais comme tous ceux qui voulaient faire partie de l'expédition ne pouvaient pénétrer dans l'auberge, ses alentours étaient obstrués par une foule considérable; tous ces gens étaient couverts de guenilles sordides, leurs traits étaient farouches, leur air décidé; chacun d'eux tenait en main un long fusil de Gelin.

L'affluence des Frères de la Côte était d'autant plus grande, que le bruit s'était répandu que, en sus de ses deux navires, le capitaine Vent-en-Panne en avait frété quatre autres, ce qui signifiait que l'expédition serait importante et les bénéfices considérables.

Sur une estrade élevée, placée au fond de la grande salle, se tenaient assis derrière une longue table : M. d'Ogeron, Vent-en-Panne, le beau Laurent et quelques-uns des autres chefs les plus renommés de la flibuste.

A une table plus petite était assis un employé de Vent-en-Panne, nommé Olivier Oexmelin, le même qui plus tard composa de si curieux mémoires sur la flibuste ; il faisait office de greffier.

Au premier coup de midi, Vent-en-Panne se leva.

Un silence profond se fit aussitôt dans cette foule auparavant si turbulente.

— Frères de la Côte, dit Vent-en-Panne d'une voix claire et bien accentuée, mes compagnons et mes amis, j'ouvre, comme vous en avez été informés, des engagements pour une nouvelle expédition. Cette expédition, dont vous connaîtrez le but lorsque nous serons sous voiles et à dix lieues au large de la Côte, sera pour ceux qui viendront avec moi grandement profitable ; je n'ai besoin que de peu de monde : douze cents hommes me suffiront ; mais je vous avertis que je les choisirai avec le plus grand soin, parce que chacun de ces hommes doit en valoir dix. Les chefs qui dirigeront avec moi l'expédition sont : le beau Laurent, le capitaine Montauban, David et Michel le Basque ; les noms des quatre chefs que je vous ai nommés vous font comprendre quelle sera l'importance de cette expédition. Chacun de vous doit être muni d'un gelin, de six livres de poudre, six livres de balles et des vivres pour vingt-cinq jours. Je vais maintenant, avant de procéder aux engagements, vous faire donner lecture de la charte-partie que chaque matelot devra jurer en signant son engagement.

Vent-en-Panne se tourna alors vers Olivier Oexmelin, auquel il dit :

— Lisez.

L'engagé se leva et fit, ainsi qu'il suit, la lecture d'un acte qu'il achevait de rédiger :

« Au nom du Roi, avec l'autorisation de M. d'Ogeron, gouverneur des établissements français de l'île de Saint-Domingue, nous, capitaines flibustiers dont les noms suivent : Vent-en-Panne, David, le beau Laurent, Michel le Basque, Montauban, ayant résolu d'exécuter une nouvelle expédition, nous sommes réunis en conseil et avons discuté et arrêté la charte-partie suivante, que chaque Frère de la Côte, voulant faire partie de la susdite expédition, sera tenu de jurer et de signer avant de s'enrôler :

« Celui qui ôtera le pavillon ennemi d'une forteresse pour y arborer le pavillon français, et le pavillon bleu, blanc et rouge de la flibuste, aura, outre sa part, cinquante piastres.

« Celui qui fera un prisonnier, lorsque l'on désirera avoir des nouvelles de l'ennemi, aura, outre sa part, cent piastres.

« Les grenadiers auront, par chaque grenade qu'ils lanceront dans un fort, cinq piastres outre leur part ;

« Celui qui s'emparera d'un officier supérieur, dans un combat, au péril de sa vie, aura, outre sa part : cent piastres.

« Celui qui aura perdu les deux jambes recevra quinze cents écus, ou quinze esclaves, au cas où il y aurait assez d'esclaves, à son choix, outre sa part.

« Celui qui aura perdu les deux bras, aura dix-huit cents écus ou dix-huit esclaves à son choix comme ci-dessus.

« Celui qui aura perdu une jambe sans distinction de la droite ou de la gauche, aura six cents piastres ou six esclaves, outre sa part.

« Celui qui perdra un bras, sans distinction du droit ou du gauche, aura cinq cents piastres ou cinq esclaves outre sa part.

« Pour la perte d'une main, cent piastres ou un esclave, outre sa part.

« Pour la perte des deux yeux, deux mille piastres ou vingt esclaves, outre sa part.

« Pour la perte d'un doigt, cent piastres ou un esclave outre sa part.

« En cas qu'un membre fût estropié de façon à demeurer paralysé, on aura droit à la même somme que si ce membre avait été amputé.

« En cas que quelqu'un fût blessé au corps et obligé de porter la canule, (sic), il aura, outre sa part, cinq cents piastres ou cinq esclaves, à son choix.

« Toutes ces récompenses seront données outre la part ordinaire, et prises sur le total du butin avant le partage.

« Le charpentier et le chirurgien de chacun des navires de l'expédition, toucheront, en sus de leur lot, le chirurgien deux cents piastres pour ses remèdes et le charpentier cent piastres pour son travail.

« Ont signé la dite charte-partie, les capitaines susnommés :

« Vent-en-Panne, David, Montauban, le beau Laurent, Michel le Basque. »

Lorsque cette lecture fut terminée, des cris et des hourras assourdissants furent poussés par la foule qui applaudit à tout rompre.

— Les engagements sont ouverts, dit Vent-en-Panne.

Alors les Frères de la Côte se détachèrent de la foule les uns après les autres et montèrent sur l'estrade, où ils se tinrent prêts à répondre aux questions de Vent-en-Panne et à celles des autres capitaines de l'expédition.

L'examen fut très sérieux, beaucoup d'individus furent repoussés ; Vent-en-Panne se montra d'autant plus sévère dans son choix, qu'il savait que les hommes ne lui manqueraient pas; il ne voulait prendre avec lui que des flibustiers déterminés et bien connus surtout.

Rien n'était curieux comme les efforts que faisaient ces braves gens pour se faire accepter de lui au nombre de ceux qui allaient risquer de se faire casser la tête dans une expédition dont ils ignoraient le but, le dépit qu'ils éprouvaient en se voyant refusés, contraints qu'ils étaient de traverser la foule de leurs camarades plus heureux, qui les accueillaient avec des sifflets, des moqueries et des quolibets.

Les enrôlements durèrent deux jours; le deuxième jour, à cinq heures du soir, douze cents hommes, les plus déterminés de la colonie, avaient juré et signé la charte-partie.

Vent-en-Panne fit alors remettre par M. d'Ogeron des commissions aux capitaines placés sous ses ordres, puis il annonça que le lendemain, à dix heures du matin, tous les enrôlés devraient être rendus à bord de leurs navires respectifs, pour passer la revue et l'inspection de partance.

En effet, le lendemain, à l'heure dite, Vent-en-Panne, accompagné de M. d'Ogeron, passa une revue générale de tous les équipages ; puis il ordonna que l'*amatelotage* fût fait pour midi, parce que, à midi et demie, la flotte mettrait sous voiles.

Nous avons déjà, dans de précédents ouvrages, parlé de l'amatelotage ; nous n'en dirons donc ici qu'un seul mot.

Lorsqu'un Frère de la Côte s'engageait sur un navire pour une expédition, il faisait choix d'un compagnon avec lequel il s'amatelotait pour tout le temps de cette expédition. Tout devenait alors commun entre les deux hommes ; ils étaient tenus de s'entr'aider et de se défendre mutuellement ; si l'un était blessé, l'autre était forcé de le porter sur ses épaules, soit à l'ambulance, soit dans un endroit où il fût à l'abri des atteintes de l'ennemi.

A midi et demi, Vent-en-Panne hissa à la tête du mât de misaine le signal de départ. Les navires virèrent aussitôt leurs ancres, larguèrent les voiles et gagnèrent le large.

Ces cinq bâtiments étaient : le vaisseau la *Trinidad*, de cinquante-quatre canons, commandé par Vent-en-Panne, amiral de la flotte ; le brick l'*Alerte*, de douze canons, capitaine David ; le brick le *Bourru*, de douze canons, capitaine le beau Laurent ; la corvette la *Psyché*, prise espagnole de vingt-six canons, capitaine Montauban, et la goélette *Panama*, autre prise de dix canons, capitaine Michel le Basque.

Cette flotte portait, ainsi que nous l'avons dit, douze cents hommes résolus et bien armés ; c'était en réalité une expédition formidable et qui, si elle réussissait à surprendre les Espagnols, pourrait leur causer beaucoup de mal.

Vers quatre heures du soir, lorsqu'on eut complètement perdu la terre de vue, sur un signal du vaisseau amiral, les bâtiments de la flotte mirent sur le mât, et chaque capitaine annonça à son équipage que le but de l'expédition projetée était la ville de la Vera-Cruz, dont on avait résolu de s'emparer.

Cette nouvelle fut accueillie avec des trépignements de joie par les Frères de la Côte ; puis on remit le cap en route.

Depuis le départ, Vent-en-Panne n'avait pas eu un instant à lui et n'avait pas quitté le pont une seconde ; il remit le quart à Pierre Franc, un des officiers de son navire, et se retira dans sa cabine, pour se reposer et prendre un peu de nourriture, dont il avait grand besoin.

Vive fut la surprise du capitaine, lorsqu'en entrant, il aperçut Fleur-de-Mai assise et cousant aussi tranquillement que si elle eût été dans sa maisonnette du bois de Lamantin.

Au bruit des pas du capitaine, la charmante enfant releva la tête et le regarda en souriant :

— Que diable fais-tu là, fillette ? ne put s'empêcher de dire Vent-en-Panne.

— Ne m'en veuille pas, capitaine, répondit-elle en fixant sur lui ses grands yeux bleus, si clairs et si purs ; je me suis embarquée en cachette, parce que si j'avais demandé la permission de monter à bord, on me l'aurait refusée.

Et déchargeant ses pistolets au milieu des bandits pressés autour de lui...

— C'est plus que probable, répondit-il d'un ton bourru.
— Tu te fâches, capitaine, tu as tort.
— Mais que diable ferai-je de toi, ici ?
— Je prierai pour toi et pour nos frères et j'aiderai à panser nos blessés.
— Mais, chère enfant, reprit-il avec embarras, ta position au milieu de nous n'est pas convenable.

— Pourquoi donc cela? tout le monde m'aime, personne ne cherche à me faire du mal, je n'en ai jamais fait à personne.

— Mais enfin, voyons, pourquoi t'es-tu embarquée en cachette, et as-tu voulu suivre l'expédition?

— Ce que tu dis là, capitaine, est mal; tu me demandes mon secret; si tu l'exiges, il faudra bien que je te le dise, et cela me fera beaucoup de peine, ajouta-t-elle les larmes aux yeux.

— Allons, méchante enfant, ne pleure pas; je ne te demanderai rien; au diable les femmes! ajouta-t-il à part lui, en grommelant. Reste à bord, puisque tu y es et que je ne puis faire autrement que de te garder; tu habiteras cette cabine, je te la cède.

— Mais toi, capitaine, où te logeras-tu? je ne veux pas te priver de ce qui t'appartient; puisque tu me permets de rester, n'importe quel coin me suffira.

— Non, non, morbleu! il n'en sera pas ainsi, mademoiselle; mais se reprenant aussitôt, il ajouta : Tu resteras ici, mignonne; il n'est pas convenable que tu sois mêlée à l'équipage; c'est convenu; quant à moi, chère petite, tu comprends bien que je ne suis pas embarrassé pour trouver une autre cabine.

— Puisque tu le veux, je t'obéis, capitaine, je te remercie, tu es bon.

Vent-en-Panne sortit, donna l'ordre aux officiers et aux maîtres d'équipage de veiller sur la jeune fille, de ne la laisser manquer de rien, et de prendre garde qu'il ne lui fût fait la moindre insulte; ordre du reste bien inutile, la pauvre chère enfant était adorée par tous ces rudes boucaniers; ils avaient pour elle un respect qui allait presque jusqu'à la vénération.

Il ne se passa, pendant la traversée, aucun incident digne d'être noté.

A huit heures du soir, au jour marqué par Vent-en-Panne, la flotte pénétrait dans l'*ensenada*, pilotée par le capitaine David, et mouillait à une encâblure de la pointe, précisément en face de la caverne.

XI

OU LE CHAT-TIGRE PREND SA REVANCHE

Pendant que les Frères de la Côte préparaient activement à Port-Margot une formidable expédition contre la Vera-Cruz, il se passait dans cette ville certains événements dont il est important d'instruire le lecteur.

La situation de l'Olonnais et de Pitrians se faisait de jour en jour plus difficile à la Vera-Cruz.

La querelle sanglante que l'Olonnais avait eue au *Velorio de las Ventanas* était cause en partie des difficultés, chaque jour plus nombreuses, que les jeunes gens voyaient à chaque pas surgir devant eux.

Cette querelle avait été plus qu'une imprudence : c'avait été une faute irréparable.

En effet, bien que leur incognito ne fût pas encore percé à jour, cependant, à cause de cette violence que rien de sérieux ne justifiait suffisamment, ils s'étaient mis à dos tout ce que la Vera-Cruz renfermait à cette époque de bandits de la pire espèce, et s'étaient ainsi créé un nombre considérable d'ennemis d'autant plus redoutables qu'ils n'avaient rien à perdre, mais au contraire tout à gagner, dans la vengeance qu'ils méditaient contre les deux hommes.

Le Chat-Tigre n'avait pas manqué d'exciter autant qu'il l'avait pu la haine de tous ces coupe-jarrets contre les deux arrieros, qu'il redoutait instinctivement, et que, dès la première rencontre, il avait reconnus pour ennemis.

Une fois, malgré le conseil de don Pedro Garcias, l'Olonnais avait voulu retourner au *Velorio*; connaissant le mauvais vouloir dont étaient animés les hideux habitués de ce bouge contre lui, il avait cru leur imposer, en allant carrément les défier jusque dans leur repaire.

L'affaire avait été rude; tous les bandits s'étaient réunis contre les deux jeunes gens, ceux-ci n'avaient réussi qu'à grand'peine à s'échapper de leurs mains, non sans leur laisser quelques-unes de leurs plus belles plumes; et ne conservant que des loques informes de leurs vêtements.

La leçon était dure, d'autant plus dure qu'ils ne s'étaient sortis des griffes de ces bêtes féroces, qu'en les intimidant avec les pistolets qu'ils portaient toujours sur eux.

Nouvelle imprudence plus grande que toutes les autres : les Hispano-Américains, les Mexicains surtout, particulièrement ceux de la basse classe, tels que les *Leperos* et autres gens de la même sorte, professent une crainte superstitieuse pour les armes à feu; en laisser voir dans une querelle, c'est presque se dénoncer comme étranger; eux, dans leurs rixes, n'emploient jamais que le couteau, dont ils se servent du reste très adroitement, et dont ils ont une telle habitude qu'ils ne le redoutent plus.

Le Chat-Tigre, malgré, ou peut-être à cause du rôle qu'il jouait en ce moment, jouissait d'une influence occulte; il n'hésita pas à dénoncer les deux hommes comme étrangers; de là à les faire passer pour espions, et à réveiller les soupçons à peine assoupis, conçus d'abord contre eux, il n'y avait qu'un pas; ce pas fut aussitôt franchi.

Un matin, les deux jeunes gens se préparaient à sortir, lorsqu'un alguazil se présenta à leur domicile, leur exhiba un mandat, et leur enjoignit de le suivre chez le *juez de letras*, qui avait, disait-il, certains renseignements à leur demander.

L'invitation était un ordre; les deux jeunes gens le comprirent ainsi; la force n'était pas de leur côté, ils se virent, à leur grand regret, dans la dure nécessité d'obéir.

Le juez de letras était un petit homme rondelet, à la physionomie simiesque, d'une expression joviale, dont les yeux ronds et gris brillaient comme des escarboucles,

— Ah! ah! dit-il, No Cardillo, voilà les deux hommes en question?

— Oui, señor don Prudencio Bribon, j'ai l'honneur de vous les amener.

— Très bien, reprit le juge en se frottant les mains, laissez-moi causer avec eux; pendant ce temps, tenez-vous dans la pièce à côté : si j'ai besoin de vous, je vous avertirai.

L'alguazil fit un grand salut à son supérieur et se retira.

— Eh ! eh ! jeunes gens, que se passe-t-il donc ? reprit le jovial magistrat, quand la porte fut refermée sur son acolyte; nous nous amusons donc? nous faisons donc des farces?

— Nous, señor juez de letras ? répondit l'Olonnais, on vous a trompé, certainement; nous sommes des marchands paisibles, entièrement absorbés par le soin de notre commerce.

— Oui, oui, fit-il en se grattant le front, et en fixant sur le jeune homme un regard pétillant de finesse; votre commerce, je le sais bien; il doit même vous occuper beaucoup, si ce qu'on m'a rapporté est vrai; eh! eh! qu'en pensez-vous?

— Je ne sais que vous dire, señor juez de letras; ce matin, mon associé et moi, nous dormions encore, lorsqu'on est venu nous chercher pour nous conduire ici. Ainsi que vous l'a dit votre agent, nous sommes venus de notre plein gré; nous n'avons même pas questionné l'homme qui nous conduisait, de sorte que nous ne savons absolument rien des raisons qui ont pu motiver cette visite ; nous attendons que vous daigniez nous instruire.

— Ainsi vous ne savez rien? Eh! eh!

— Rien absolument, señor.

— Ni vous non plus, sans doute? reprit le juge en se tournant vers Pitrians qui, jusque-là, était demeuré immobile et silencieux auprès de son ami.

— Moi, señor, je ne sais qu'une chose...

— Ah! ah! dit-il en se frottant joyeusement les mains, voyons un peu laquelle?

— C'est que je suis marchand ambulant, que je m'occupe activement de la vente de mes marchandises, et qu'en dehors de cela, je mange, je bois, je fume et je chante.

— Ah! ah ! et vous ne savez rien de plus... eh ?

— Ma foi non.

— Eh bien! mes chers amis, vous êtes accusés d'un crime horrible qui, s'il est prouvé, vous coûtera tout simplement la tête. Voilà : qu'en pensez-vous?

— Damé! señor, répondit l'Olonnais, n'ayant jamais, que je sache, commis un crime quelconque, je ne puis guère avoir d'opinion là-dessus.

— Et puis, ajouta Pitrians en haussant les épaules, il ne suffit pas d'accuser les gens, il faut prouver qu'ils sont coupables; jusqu'à ce moment, señor juez, il me semble que cette preuve vous fait complètement défaut.

— Vous croyez cela, eh? Eh bien! vous pourriez vous tromper.

— Alors, si vous avez la preuve de notre culpabilité, dit l'Olonnais, pourquoi causez-vous avec nous, comme vous le faites, señor juez, au lieu de nous faire tout de suite arrêter et conduire à la *carcel*? car enfin, ce n'est pas un interrogatoire que nous subissons.

Cette réponse gêna visiblement le juge ; il fut saisi d'une petite toux sèche, qui l'aida visiblement à dissimuler tant bien que mal son embarras.

— Eh mon Dieu! dit-il enfin, si je cause avec vous comme je le fais, c'est que vous m'intéressez ; vous êtes jeunes, vous avez des physionomies ouvertes, l'air franc, ce qui fait que, malgré moi, je ne puis croire tout ce qu'on rapporte sur votre compte.

— Nous vous rendons grâce, señor juez, de la bienveillance que vous daignez nous témoigner ; nous sommes prêts à tout faire pour nous en montrer dignes ; nous sommes des *cristianos viejos* sans mélange de sang indien dans les veines ; mes parents et ceux de mon associé sont natifs d'Oviedo, dans les Asturies, la province la plus fidèle de l'Espagne, et de laquelle n'est jamais sorti un traître ; il y a vingt-deux ans, nous étions encore à la mamelle, lorsque nos parents passèrent la mer et vinrent se fixer à Queretaro ; sans rien préjuger sur les calomnies infâmes répandues sur notre compte, si vous me le permettez, señor juez, je placerai sous vos yeux certains papiers qui vous fourniront la preuve péremptoire de notre honorabilité, et combien doit être grande notre indignation, à la seule pensée qu'un soupçon puisse nous atteindre.

Ces paroles furent prononcées avec un accent si noble et en même temps si ferme, que le juge en fut frappé.

— Où sont ces papiers? demanda-t-il.

— Les voici, señor, répondit le jeune homme, en retirant un portefeuille de la poche de côté de son dolman, et en sortant quelques papiers qu'il présenta au juge.

Ainsi que le sait le lecteur, Vent-en-Panne avait réussi, ce qui ne lui avait pas été bien difficile, à se procurer des papiers d'une authenticité incontestable, et en assez grand nombre ; il les avait donnés aux deux jeunes gens avant de les mettre à terre, afin qu'ils pussent prouver leur identité, au cas où se présenterait une circonstance embarrassante, comme celle dans laquelle ils se trouvaient en ce moment.

L'Olonnais s'était chargé de garder ces papiers ainsi que ceux de son ami.

Jusque-là, les deux jeunes gens n'avaient pas eu besoin d'en faire usage, mais le moment était venu enfin de s'en servir, aussi l'Olonnais n'hésita-t-il pas à les montrer.

Le juez de letras ouvrit les papiers les uns après les autres et les parcourut avec une sérieuse attention ; cet examen se prolongea pendant près de trois quarts d'heure, durant lesquels le magistrat ne laissa pas que de jeter des regards sournois sur les deux jeunes gens, chaque fois qu'il pensa ne pas être observé par eux ; mais ceux-ci étant sur leurs gardes, il ne surprit rien sur leur visage qui pût l'éclairer d'une façon ou d'une autre ; enfin, lorsqu'il eut lu et relu ces papiers, le magistrat les replia méthodiquement, et les rendit à l'Olonnais, en lui disant, tout en faisant clignoter ses petits yeux gris :

— Eh! eh! jeune homme, vous avez là, sur ma foi, de bons certificats, des papiers fort utiles, qui pourront au besoin vous rendre probablement de grands services ; pour cette fois, ils vous sont inutiles ; il est évident pour moi que la malignité seule a pu inventer le crime que l'on vous impute.

Tout en parlant ainsi, le digne juge examinait sournoisement les deux jeunes gens, afin de lire sur leurs visages l'impression produite par ses amicales paroles.

Mais cette fois encore, il en fut pour ses frais de rouerie, ou plutôt, soyons polis, de diplomatie; il ne lut autre chose sur les traits des jeunes gens que la satisfaction de voir qu'une impartiale justice leur était rendue, et que leur loyauté n'était plus mise en doute.

— Je suis heureux, señores, reprit le juge, de voir que je ne m'étais pas trompé dans la bonne opinion que j'avais conçue de vous; vous êtes libres; seulement, je vous demande votre parole de ne pas retourner dans l'intérieur sans m'avoir prévenu.

— De grand cœur, señor juez, cette condition n'a rien d'offensant pour nous, répondit l'Olonnais; nous nous tiendrons à vos ordres; du reste, nous n'avions pas l'intention, croyez-le, de retourner à Queretaro sans vous en prévenir d'abord, et ensuite sans nous munir des papiers exigés par la loi, et indispensables à tout voyageur se rendant dans les terres tempérées.

— A la bonne heure, jeunes gens, voilà qui me plaît; je suis heureux de vous voir à si bon marché hors des griffes crochues de dame justice; eh! eh! la justice espagnole est comme celle de tous les pays : quand elle tient, elle serre fort et ne relâche pas facilement; qu'en pensez-vous?

Cette flèche du Parthe, lancée un peu à l'aventure, par le juez de letras, retomba inoffensive et sans produire l'effet que peut-être en attendait le digne magistrat.

— Señor, répondit l'Olonnais, comme je n'ai jamais quitté le Mexique, j'ignore de quelle façon la justice procède dans les autres pays; quant à la justice espagnole, comme cette fois est la première que j'ai affaire à elle, je ne puis que constater la manière à la fois noble, courtoise et impartiale dont elle agit envers les malheureux appelés à comparaître devant elle.

Ce dernier éloge acheva de gagner le cœur du digne magistrat; il appela son alguazil, et lui dit, tout en souriant aux deux jeunes gens :

— Ces caballeros sont libres; ils peuvent se retirer où bon leur semblera; quant à vous et à vos pareils, ajouta-t-il en fronçant le sourcil, ce qui fit trembler le misérable agent, quand vous aurez des dénonciations à me faire, tâchez de ne pas commettre d'erreurs semblables à celle d'aujourd'hui : cette fois, il vous en coûterait cher; allez.

Le pauvre diable courba l'échine, rentra ses cornes, lança à la dérobée un regard sournois sur les deux jeunes gens, et se retira tout penaud de cette rude mercuriale.

L'Olonnais et Pitrians prirent alors congé du juge; celui-ci leur sourit gracieusement et les accompagna jusqu'à la porte de son cabinet.

Dans l'antichambre, l'Olonnais rencontra l'alguazil, auquel, avec une bonne parole, il mit une once dans la main : baume tout-puissant pour la blessure d'amour-propre que celui-ci avait reçue, et qui fit immédiatement s'épanouir un sourire de satisfaction béate sur la face ignoble de ce drôle! l'Olonnais n'avait pas voulu laisser à la haine de ce misérable policier le temps de prendre racine. Il fit bien; car grâce à cette pièce d'or généreusement donnée, il se fit un allié de ce coquin, qui, sans cela, serait peut-être parvenu à lui créer de graves embarras.

En quittant le juge, les deux jeunes gens rentrèrent tout droit à leur auberge. L'hôtelier, que la visite qu'ils avaient reçue le matin, et la façon dont ils étaient sortis avaient fort inquiété, car il portait un intérêt véritable à ses locataires, témoigna la joie la plus vive en les voyant revenir.

— Eh bien ! tout s'est arrangé, dit-il gaiement, vous voilà libres !

— C'était un malentendu, bien vite éclairci, répondit l'Olonnais; nous n'avons pas un seul instant été considérés comme prisonniers ; du reste, nous devons reconnaître qu'on s'est conduit envers nous de la façon la plus courtoise.

Après avoir ainsi satisfait la curiosité bien légitime de leur hôte, les deux jeunes gens gagnèrent leur chambre, se munirent de quelques marchandises et quittèrent immédiatement l'hôtellerie, après avoir revêtu un costume de cheval.

Pas un mot n'avait été échangé entre eux.

Ils se rendirent chez un loueur de chevaux, firent prix pour deux bêtes qu'ils devaient conserver pendant huit jours, à raison de quatre piastres par jour ; après avoir annoncé leur intention d'aller vendre leurs marchandises dans les villages environnants, ils donnèrent l'ordre qu'on leur amenât leurs chevaux à deux heures précises de l'après-midi, à l'*ordinaire* où il avaient l'habitude de prendre leurs repas, et ils se retirèrent.

A l'heure dite, ils montèrent à cheval et quittèrent la ville. On était depuis longtemps déjà accoutumé à les voir aller et venir avec leurs marchandises, aussi les laissa-t-on, sans difficulté, franchir les portes.

Depuis leur sortie du bureau de police, aucune explication n'avait eu lieu entre les deux jeunes gens ; c'est à peine, même, s'ils avaient échangé quelques mots.

Pitrians, depuis longtemps accoutumé au caractère peu communicatif de son ami, ne s'inquiétait que très médiocrement de ce mutisme ; convaincu que celui-ci avait de fortes raisons, que plus tard il lui communiquerait, d'agir ainsi, il suivit donc avec une obéissance automatique les mouvements qu'il lui faisait faire sans essayer d'en découvrir les motifs.

Ils trottèrent côte à côte pendant près d'une heure, sans qu'un mot fût prononcé entre eux ; Pitrians remarqua seulement qu'ils se dirigeaient vers Médellin.

Enfin ils atteignirent un bois taillis, peu éloigné du village, et s'y engagèrent ; arrivés à une espèce de carrefour, où plusieurs sentiers aboutissaient, l'Olonnais arrêta son cheval et mit pied à terre.

— Ah ! fit Pitrians, avec un sourire de satisfaction, il paraît que c'est ici que nous nous arrêtons ?

— Oui, provisoirement, répondit l'Olonnais avec un fin sourire.

— Bah ! est-ce que nous commençons un voyage ?

— Qui sait ? reprit le jeune homme.

Les deux hommes s'étendirent sur l'herbe, se reposant avec délices, sous l'ombre touffue des liquidembars, de la chaleur qu'ils avaient supportée pendant leur longue course en plein soleil.

— Tu n'as pas été intrigué de mon long silence? demanda l'Olonnais.

— Moi? pas le moins du monde; pourquoi voudrais-tu que je fusse intrigué? J'ai supposé que si tu ne disais rien, c'est que tu n'avais rien à dire, ou que peut-être l'endroit ne te semblait pas bien choisi pour une conversation intime.

— Tu as parfaitement deviné, l'endroit ne me semblait pas favorable, en effet, j'ai préféré te conduire en rase campagne; ici, du moins, nous pouvons causer tout à notre aise sans craindre les espions.

— Et Dieu sait s'il y en a dans ce pays béni du Ciel! s'écria Pitrians en riant.

— Oui, il n'en manque pas, reprit l'Olonnais; tu ne saurais t'imaginer, cher ami, la terreur que j'éprouve à présent pour les chambres d'auberge; je crois toujours sentir quelque espion grouiller derrière ma porte et apercevoir son œil sinistre me regardant par le trou de la serrure.

— Oh! dame! que veux-tu, nous sommes dans le pays de l'Inquisition.

— Oui, c'est vrai; mais c'est égal, c'est dur. Nous avons reçu ce matin une leçon qui ne doit pas être perdue; surtout il faut éviter avec soin de nouveaux démêlés avec la police; nous ne sortirons pas toujours aussi facilement de ses griffes que nous l'avons fait aujourd'hui.

— Oui, mais comment nous en garder?

— Ah! voilà! c'est précisément pour cela que je t'ai conduit ici, afin de m'entendre avec toi.

— Hum! je te confesse que, quant à moi, je suis fort embarrassé pour te répondre; je ne sais pas du tout quel moyen employer. Ce qui est certain, c'est que nous sommes surveillés, espionnés, et cela si bel et si bien, que nous ne pouvons pas faire un pas sans avoir derrière nous un mouchard.

— Ceci est d'une exactitude mathématique, je n'essaie même pas de le discuter; le cas est d'autant plus difficile pour nous, qu'il nous faut à la fois veiller sur nous et sur le duc de la Torre.

— Oh! le duc de la Torre n'a rien à craindre, tant qu'il restera à la Vera-Cruz.

— Détrompe-toi, cher ami. J'ai appris hier, par l'entremise de don Pedro Garcias, qui est définitivement notre providence, une nouvelle à laquelle j'étais loin de m'attendre, et qui me montre à quel point en est arrivée la haine des ennemis du duc. Sais-tu ce qui se passe?

— J'attends que tu me renseignes.

— C'est vrai; eh bien! écoute. Aujourd'hui, entre quatre et cinq heures du soir, arrivera à la Vera-Cruz un courrier expédié par le vice-roi de la Nouvelle-Espagne : tu as entendu dire, n'est-ce pas, par le duc, qu'il avait demandé au vice-roi l'autorisation de se retirer, jusqu'à son départ pour le Pérou, dans une ville de la région des terres tempérées, afin de ne pas laisser sa famille exposée au vomito negro?

— Oui, et si j'ai bonne mémoire, le duc nous a affirmé que cette autorisation lui avait gracieusement été accordée par le vice-roi.

LES ROIS DE L'OCÉAN

— Au nom du Ciel ! monseigneur qu'elle n'entre pas.

— Eh bien ! cher ami, cette autorisation si gracieusement accordée, comme tu le dis si bien, n'était qu'un leurre, afin d'endormir ses soupçons et l'engager à quitter la ville comme tout portait à croire qu'il le ferait. Le duc a-t-il reconnu la justesse de mes observations ? d'autres considérations l'ont-elles retenu ? je l'ignore ; seulement ses ennemis, voyant qu'il s'obstinait à ne pas sortir de la ville, et désespérant de l'y contraindre, ont résolu de jeter le masque. Le courrier qui ce soir arrivera à la Vera-Cruz porte l'ordre d'arrêter le duc de la Torre et de le renvoyer en Espagne, comme convaincu de haute trahison, pour être demeuré à Saint-Domingue avec les boucaniers, etc., etc., je te passe le reste.

— Mais c'est une infamie ! s'écria Pitrians avec indignation.

— Tout simplement, mon ami ; voilà les nouvelles que j'avais à te communiquer ; tu comprends, n'est-ce pas, leur gravité, et combien il était important que notre conversation ne fût pas entendue ?

— Certes ; ainsi c'est pour cela que tu m'as amené ici ?

— Oui ; et pour autre chose encore.

— Voyons ton second motif ?

— J'ai pensé à une chose : nous n'avons plus que deux jours à attendre ce que tu sais...

— C'est vrai, après ?

— La route de la Vera-Cruz à Mexico est fort mauvaise ; règle générale, il faut sept jours à un Indien, bon marcheur, pour la parcourir.

— C'est possible, mais où veux-tu en venir ?

— Tu vas voir. Je t'ai dit que le courrier doit passer près d'ici.

— Ah ! bon, je crois que je commence à comprendre ?

— Parbleu ! il ne faut pas être sorcier pour cela.

— Nous nous embusquons, le courrier passe, nous lui enlevons ses dépêches, nous le tuons et nous l'enterrons quelque part, dans ces fourrés près d'ici. N'est-ce pas cela ?

— A peu près, tu brûles, cher ami.

— Alors nous ne le tuons pas ?

— A quoi bon verser le sang de ce pauvre diable ?

— Bah ! un Gavacho !

— C'est un homme, après tout.

— Tu crois ? cela m'est égal, comme tu voudras ; que faisons-nous ?

— Nous nous embusquons, nous lui prenons ses dépêches, puis après l'avoir bâillonné et lui avoir bandé les yeux, nous le cachons jusqu'à la nuit dans un fourré. Aussitôt le soleil couché, nous transportons notre gaillard dans la caverne ; là, nous l'attachons solidement après l'avoir bien fait manger, et nous l'abandonnons à ses réflexions ; il jeûnera pendant quarante-huit heures, mais dame ! que veux-tu, il faudra qu'il en prenne son parti : il n'en mourra pas.

— Après tout, s'il en meurt, dit philosophiquement Pitrians, ce sera tant pis pour lui ; il y aura mis de la mauvaise volonté.

A cette boutade, les deux amis se mirent à rire.

— Tu es sûr que ce courrier doit passer par ici ? dit Pitrians.

— Très sûr ; sans même nous déranger, nous le verrons déboucher de l'un des chemins qui se croisent à ce carrefour ; voilà pourquoi du reste je t'ai directement amené ici.

— Et le duc, que comptes-tu faire avec lui ?

— Ma foi, je ne sais pas trop. J'ai eu l'honneur d'être reçu deux fois par madame la duchesse ; j'ai réussi à m'introduire dans le palais et à en sortir de même ; l'avis de la duchesse est que son mari doit être laissé dans l'ignorance la plus complète des événements qui se préparent; lorsque ces événements se seront accomplis, alors, contraint par les circonstances, il suivra sans doute l'impulsion qui lui sera donnée.

— C'est aussi l'avis de Vent-en-Panne; il paraît que la duchesse connaît bien son mari.

En ce moment, le bruit d'un pas pressé se fit entendre dans les halliers Presque aussitôt les buissons s'écartèrent violemment et un homme couvert de poussière et dont le visage ruisselait de sueur apparut dans le carrefour.

Les jeunes gens avaient posé la main sur leurs armes; ils firent un geste de surprise en reconnaissant dans cet homme l'alguazil qui le matin même les avait conduits chez le *juez de letras*.

— Señores! s'écria-t-il d'une voix haletante, sans attendre d'être interpellé, vos démarches ont été espionnées, vos pas suivis, on sait où vous vous êtes arrêtés.

— C'est impossible! s'écria l'Olonnais.

— Vous voyez bien que non, repartit l'alguazil en haussant les épaules, puisque me voilà! Ne m'interrompez pas, le temps presse; on se doute que vous voulez intercepter le courrier de Mexico; une dizaine d'hommes se sont lancés à votre poursuite; ces dix hommes sont commandés par el Gato-Montès, votre ennemi personnel; avant un quart d'heure, ils seront ici; maintenant c'est à vous à voir ce que vous voulez faire.

— Qui vous a poussé, dit l'Olonnais, à agir comme vous le faites et à nous donner ces renseignements?

— J'ai voulu vous prouver que je ne suis pas un ingrat; ce matin vous m'avez donné une once, ce soir je vous sauve la vie, nous sommes quittes.

— Non pas! dit vivement l'Olonnais, et la preuve la voici; prenez ces vingt-cinq onces et persévérez dans votre honnêteté, cela vous portera bonheur.

— Mais qui donc êtes-vous, s'écria-t-il avec stupéfaction, pour que l'or ruisselle ainsi entre vos doigts? de grands seigneurs déguisés, sans doute.

— Peu importe ce que nous sommes. Vous nous avez rendu un service que nous n'oublierons pas. Partez, hâtez-vous : si l'on vous trouvait ici vous seriez perdu.

— C'est vrai, señores, s'écria l'alguazil. Adieu! que Dieu vous protège!

Sans plus de cérémonies, il s'éloigna en courant et bientôt il disparut dans les halliers.

— Que faire? dit alors Pitrians.

— Tout simplement remonter à cheval, continuer notre route paisiblement, comme si nous allions à Médellin, et nous y rendre en effet si nous le pouvons. Quant à l'affaire pour laquelle nous sommes venus, elle est manquée, il n'y faut plus penser.

Tout en parlant ainsi, les deux jeunes gens étaient remontés à cheval et s'éloignaient au grand trot du carrefour.

— Ils n'auront pas de prétextes, puisque nous ne serons pas sur le passage du courrier; que nous voyageons tranquillement pour nos affaires, dans un but avoué, comme tout le monde.

— Heu! heu! tout cela est très bien; mais je t'avoue que je ne me fie guère au Chat-Tigre, et que je ne serais pas fâché de savoir à quoi m'en tenir sur cette affaire.

— De deux choses l'une: ou ne nous trouvant pas à l'endroit où ils comptaient nous rencontrer, ils rebrousseront chemin, ou, aveuglé par sa haine, le Chat-Tigre voudra nous arrêter quand même, et alors, comme il ne sera pas dans la légalité, il y aura bataille; je ne me soucie pas de me laisser prendre comme cela par ce drôle!

— Ni moi non plus, dit Pitrians.

— Nous avons chacun deux paires de pistolets, des munitions en quantité, nos machetes et nos poignards; s'ils veulent risquer la bataille, ce sera tant pis pour eux, nous résisterons bel et bien.

— Parfaitement, et si nous sommes accablés par le nombre?

— Tout en combattant, notre but devra tendre continuellement à nous échapper, chacun d'un côté différent.

— Le rendez-vous sera?

— A la caverne. Si l'un de nous est pris, dame! tu comprends, cher ami, l'autre agira selon les circonstances.

— Sacrebleu! sais-tu que ce n'est pas gai du tout, cette conversation-là?

— Le fait est qu'elle manque complètement de charme.

Ils avaient traversé le bois dans toute sa longueur; ils ne se trouvaient plus qu'à une dizaine de pas d'un autre bois distant d'un quart de lieue tout au plus de Médellin, quand tout à coup, ils entendirent derrière eux le bruit toujours croissant de la course rapide de plusieurs chevaux lancés à fond de train.

— Attention! dit l'Olonnais, voici l'ennemi.

— Piquons-nous? demanda Pitrians.

— Pourquoi faire? cela ne nous sauverait pas et augmenterait les soupçons; continuons à trotter comme si de rien n'était, mais ayons la main sur nos armes.

A peine cinq minutes s'étaient-elles écoulées, lorsque dix ou douze cavaliers apparurent, arrivant avec la rapidité de la foudre, sur les deux hommes.

Ceux-ci firent volte-face et s'arrêtèrent juste au milieu du chemin.

— Qu'est-ce à dire, et à qui en avez-vous, señores? demanda l'Olonnais d'une voix haute et ferme; quel est cet appareil de forces que vous déployez sur le grand chemin du roi?

— C'est à vous-mêmes que nous en avons, répondit le Chat-Tigre avec ironie; je suis porteur d'un mandat en règle du corrégidor, mandat qui m'enjoint de vous arrêter et de vous appréhender au corps, vous et votre compagnon, partout où je vous rencontrerai.

— Voilà un mandat plus facile à donner qu'à exécuter, mon maître, reprit l'Olonnais; d'ailleurs, il n'est justifié par aucun motif plausible: nous voyageons pour nos affaires; laissez-nous paisiblement continuer notre route et retirez-vous.

— Allons, allons, assez de paroles; vous n'avez pas à discuter avec moi la validité du mandat dont je suis porteur; c'est avec le corrégidor seul que vous aurez à vous expliquer; si vos raisons sont bonnes, il les accueillera. Voulez-vous vous rendre, oui ou non ?

— Non, et de plus, je vous avertis que si vous nous y contraignez, nous repousserons la force par la force.

— A votre aise! répondit le Chat-Tigre en ricanant. Pour la dernière fois, au nom du roi, voulez-vous vous rendre ?

— Non ! répondirent les deux jeunes gens en armant leurs pistolets.

— Feu sur eux, mes braves ! et en avant ! cria le Chat-Tigre.

Les bandits s'élancèrent en tirant quelques coups de feu au hasard ; les balles des flibustiers furent mieux dirigées, elles abattirent quatre hommes.

Cela donna à réfléchir aux autres ; ils ralentirent leur course, et malgré les cris et les menaces du Chat-Tigre ils se tinrent à distance.

Les flibustiers avait repassé les pistolets déchargés à leurs ceintures, et en avaient repris d'autres.

— Ah ! male mort ! hurla le Chat-Tigre, je vou aurai, démons, ou vous me tuerez !

Il y eut alors une mêlée terrible de quelques minutes. Tout à coup le cheval de l'Olonnais, dont un des bandits avait traîtreusement coupé les jarrets, s'abattit en poussant un hennissement de douleur ; l'animal tomba si malheureusement que son cavalier eut la jambe droite prise sous lui.

— Au large! au large! ne t'occupe plus de moi! cria l'Olonnais à son compagnon, sans oublier dans ce moment critique de parler espagnol. Je n'ai rien à redouter ; ces drôles seront punis.

Pitrians fit cabrer son cheval, l'enleva et le poussa si rudement en avant qu'il renversa tout sur son passage, et se trouva près de son ami.

— Puis-je te sauver? lui cria-t-il.

— Non! tu le vois! pousse au large, te dis-je! il faut que l'un de nous reste libre!

— Au revoir, frère, je t'obéis ! mais tu seras vengé!

Et déchargeant ses pistolets au milieu des bandits pressés autour de lui, il enfonça les éperons aux flancs de son cheval qui se mit à détaler avec une vélocité telle qu'il disparut presque aussitôt aux regards des bandits effarés, auxquels la pensée ne vint même pas de se lancer à sa poursuite.

Du reste, la prise de l'Olonnais leur coûtait cher, et leur donnait à réfléchir ; sur douze qu'ils étaient en commençant l'attaque, sept avaient été tués raides, deux autres assez grièvement blessés : cela par deux hommes surpris à l'improviste.

— Vous êtes mon prisonnier, dit le Chat-Tigre en ricanant à l'Olonnais.

— Et vous, vous êtes un lâche et un misérable bandit ! répondit le jeune homme avec dégoût.

Deux heures plus tard, l'Olonnais était écroué dans la forteresse de la Vera-Cruz.

XII

DE LA VISITE QUE REÇUT LE DUC DE LA TORRE ET CE QUI S'EN SUIVIT

C'était le lendemain du jour où l'Olonnais avait été si traîtreusement arrêté par le Chat-Tigre, presque en vue de Médellin. Il était huit heures du matin. Le duc de la Torre causait dans son cabinet avec un homme qui se tenait respectueusement debout devant lui.

Le duc était pâle, défait, il froissait d'un air de dépit entre ses doigts crispés une lettre que cet homme, qui n'était autre que notre ancienne connaissance Pedro Garcias, venait de lui remettre.

Depuis quelques minutes la conversation était interrompue. Le duc releva la tête et fixant un regard interrogatif sur son respectueux interlocuteur :

— Ainsi, lui dit-il, señor don Pedro Garcias, les choses se sont bien passées comme vous me le rapportez ?

— Oui, monseigneur, le récit que j'ai eu l'honneur de faire à Votre Excellence est de la plus rigoureuse exactitude, répondit l'haciendero en s'inclinant.

— Mais si cela est ainsi, cet homme a commis un acte de la plus haute illégalité ! c'est presque un guet-apens !

— Telle est, en effet, l'opinion générale, monseigneur ; mais je ferai respectueusement observer à Votre Excellence que nous sommes ici non pas en Espagne, mais dans la Nouvelle-Espagne, où chacun s'arroge le droit d'interpréter les lois selon son bon plaisir et son intérêt, et où la raison du plus fort est toujours la meilleure.

— Ce n'est malheureusement que trop vrai, murmura le duc ; ainsi vous connaissez ce jeune homme ?

— J'avais l'honneur d'être lié avec lui, monseigneur, j'avais été son hôte à Médellin, depuis lors je ne l'ai pour ainsi dire pas perdu de vue ; si je l'ai bien jugé, c'est un caractère loyal et un homme de cœur.

— Vous ne vous êtes pas trompé, señor ; il est tout cela.

— C'est seulement hier au soir, très tard, que j'ai appris ce qui s'est passé ; supposant que dans la triste situation où il se trouve, il pouvait avoir besoin de voir un ami, ce matin au point du jour, je me suis rendu à la forteresse ; grâce à un de mes compères, qui occupe un emploi assez important, j'ai réussi à le voir et à lui parler ; c'est alors qu'il m'a chargé de remettre à Votre Excellence cette clé et cette lettre que Votre Excellence tient encore entre ses mains ; mon compère, en homme prudent, prétendait que je ne devais pas accepter cette mission, que cela me compromettrait, et ceci et cela ; enfin, il me donnait une foule de raisons, toutes meilleures les unes que les autres, mais que je n'ai pas voulu écouter.

— Vous vous êtes conduit en honnête homme et en ami sincère, don Pedro.

— Eh! monseigneur, ce que j'ai fait est tout naturel : si l'on a des amis, c'est pour s'en servir quand on est dans l'embarras.

— Mais ce jeune homme n'était pas seul? reprit le duc avec intérêt; il avait un compagnon, dont vous ne m'avez pas parlé; lui serait-il arrivé malheur?

— Non, grâce à Dieu! Il paraît qu'après s'être défendu comme un lion, sans avoir reçu une égratignure, il a réussi à s'échapper, sans que, malgré toutes les recherches, il ait été possible de retrouver ses traces.

— Pauvre jeune homme! que deviendra-t-il dans ce pays, où maintenant tout le monde lui sera hostile?

— Tout le monde, c'est trop dire, monseigneur; je compte, aussitôt après avoir quitté Votre Excellence, me rendre à Médellin; je connais le pays mieux que personne; dès mon arrivée là-bas, je me mettrai à la recherche du fugitif; je me doute à peu près de l'endroit où il s'est réfugié; si je le trouve, je vous jure que je le mettrai dans une cachette où il sera en sûreté jusqu'à ce que j'aie trouvé un moyen de lui faire quitter le pays.

— Allons, définitivement, don Pedro, vous êtes un brave et digne homme; encore une fois je vous remercie, non pas de m'avoir apporté cette clé et cette lettre, qui pour moi sont sans importance, mais à cause du dévouement que vous montrez à vos amis. J'ai bien peu de pouvoir en ce moment, mais un jour viendra, et bientôt, je l'espère, où ma situation changera, et alors je me souviendrai de vous, señor.

En parlant ainsi le duc de la Torre s'était levé; don Pedro Garcias comprit qu'il était temps de prendre congé, il salua le duc et se retira.

Dès qu'il fut seul, le duc se laissa lourdement retomber dans son fauteuil, rouvrit la lettre que don Pedro Garcias lui avait remise, et la relut attentivement.

Cette lettre, écrite en français, était ainsi conçue :

« Monseigneur,

« Toutes mes prévisions se sont réalisées, les mailles du filet dans lequel on veut vous enfermer se resserrent de plus en plus autour de vous. Hier matin j'ai été appelé chez le juez de letras; j'ai eu beaucoup de peine à me sortir de ses griffes. Le porteur de ce billet vous dira comment je suis tombé, quelques heures plus tard, victime d'un inqualifiable guet-apens.

« Je vous fais à grand'peine passer ce billet, Monseigneur; fuyez, fuyez au plus vite s'il en est temps encore. Seul Pitrians est libre; qui sait si aujourd'hui ou demain, il ne sera pas arrêté? Le temps me presse, je ne puis vous en dire davantage; mais, au nom du Ciel, Monseigneur, fuyez, je vous en supplie! si ce n'est pour vous, que ce soit pour Madame la Duchesse et pour doña Violenta.

« Je demeure toujours, Monseigneur,
de Votre Excellence, le serviteur dévoué.
« L'Olonnais.

« P.-S. — Il est important que ce billet ne soit pas surpris entre vos mains au cas où vous seriez arrêté; ce qui, malheureusement, n'est que trop probable. »

Le duc déchira la lettre en morceaux presque imperceptibles, qu'il jeta au fur et à mesure dans un brasier incandescent, où ils furent consumés en quelques minutes.

— J'ai eu tort, murmura-t-il, cet homme, ce Pedro Garcias, disait vrai, nous ne sommes pas ici en Espagne; la loi est impuissante à me protéger; peut-être aurais-je dû suivre le conseil de l'Olonnais; maintenant, il est trop tard, il me faut attendre les événements et leur faire tête en gentilhomme.

Il laissa alors tomber sa tête sur sa poitrine, et s'absorba dans ses pensées.

Depuis une heure déjà, il demeurait ainsi immobile, sombre et inerte; on l'aurait cru endormi, si des soupirs étouffés n'eussent gonflé sa poitrine et des tressaillements nerveux agité parfois tout son corps et clairement révélé l'angoisse horrible qui lui étreignait le cœur; cependant cet état de prostration ne fut pas de longue durée; le duc se redressa sur son fauteuil, prit un sifflet posé près de lui sur une table et siffla.

— Priez madame la duchesse, dit-il au domestique venu à l'appel du sifflet, de me faire l'honneur de m'accorder quelques minutes d'entretien.

Le domestique salua et se retira.

— Oui, murmura le duc, cela vaut mieux ainsi; je ne puis exposer ni la duchesse ni ma fille aux dangers terribles dont je suis menacé, je dois, quoi qu'il arrive, essayer de les sauver; Dieu veuille que j'en aie le temps encore! Quant à moi, je suis prêt à tout souffrir avec courage; mais ces victimes innocentes doivent être épargnées.

En ce moment la porte s'ouvrit; supposant que la duchesse entrait, M. de la Torre fit un mouvement pour se lever, mais un valet parut.

— Que voulez-vous? demanda le duc.

— Monseigneur, le señor capitaine don Luis de Penaranda, répondit le valet en s'inclinant respectueusement, désire être introduit auprès de Votre Excellence; il est porteur, dit-il, de dépêches importantes; de plus, il est chargé près de Votre Excellence d'une mission du gouverneur de la ville.

— Faites entrer le señor capitaine, répondit le duc.

L'homme ainsi annoncé entra aussitôt.

C'était un personnage de haute taille, bien fait de sa personne, aux traits nobles, réguliers, dont la physionomie martiale était encore relevée par le brillant uniforme de capitaine, tout chamarré d'or, dont il était encore revêtu; pourtant il y avait dans l'expression du visage de cet officier quelque chose de si froidement railleur que, malgré lui, le duc se sentit tressaillir, il eut comme un pressentiment qu'en même temps que cet homme, le malheur entrait chez lui; néanmoins il rendit courtoisement le salut que lui avait fait l'officier, de la main il l'invita à s'asseoir; puis il congédia le valet.

— Si je suis bien informé, caballero, dit le duc, vous êtes chargé d'une mission près de moi, par le gouverneur de la Vera-Cruz?

— Oui, monseigneur, répondit le capitaine.

— Quelle que soit cette mission, caballero, reprit le duc, je tiens à vous informer tout d'abord que je suis prêt à m'y conformer; veuillez donc, je vous prie, vous expliquer?

— Monseigneur, répondit le capitaine en s'inclinant, la situation dans

LES ROIS DE L'OCÉAN 137

— Ah çà ! fit le Chat-Tigre d'un ton irrité, sais-tu que tu commences à m'échauffer les oreilles !

laquelle je me trouve placé vis-à-vis de Votre Excellence, est assez délicate ;
je compte sur toute votre obligeance pour me faciliter les moyens de remplir
cette mission dont je suis chargé.

— Capitaine, j'ai toujours été un fidèle serviteur du roi mon maître, j'ai
toujours obéi aux lois de mon pays ; parfois même mon devoir a été de les
faire exécuter ; il ne tiendra pas à moi que vous ne sortiez avec honneur de la
mission délicate, dites-vous, qui vous amène chez moi.

Liv. 48. F. ROY, édit. — Reproduction interdite. 18 VENT-EN-PANNE

— Je vous remercie, monseigneur; puisque vous m'y autorisez, je m'expliquerai donc.

— Non seulement je vous y autorise, capitaine, mais je vous en prie.

Les deux hommes se trouvaient ainsi placés, vis-à-vis l'un de l'autre, dans la situation de deux duellistes émérites qui, sur le terrain, tâtent le fer afin de connaître le faible de l'adversaire avant d'engager sérieusement le combat; cet échange de compliments banals n'était, en quelque sorte, qu'une escarmouche préparatoire; tous deux se tenaient sur la défensive; mais quelle que fût l'adresse et la pénétration dont fût doué le capitaine, il ne réussit à rien lire sur le visage froid et impassible du duc; il comprit que si habile qu'il fût, il avait trouvé un adversaire digne de lui et contre lequel viendraient se briser toutes ses finesses et ses roueries diplomatiques; il se résolut à venir nettement au but.

— Monseigneur, dit-il, depuis quelques jours, je devrais même dire depuis l'arrivée de Votre Excellence à la Vera-Cruz, des bruits assez fâcheux sont répandus dans la ville, où ils entretiennent une animation regrettable...

Le capitaine s'arrêta comme s'il eût attendu que le duc prît la parole; mais celui-ci demeura immobile dans la posture d'un homme écoutant avec la plus sérieuse attention.

Le capitaine fronça le sourcil; après une pause de quelques secondes il reprit, en appuyant sur les mots comme s'il eût voulu bien en faire ressortir la portée :

— Monseigneur, ces bruits qui peut-être sont parvenus jusqu'à vous, ont jeté une très grande inquiétude dans le commerce de la ville.

— Je vous ferai observer, señor, que, étranger à la Vera-Cruz où je ne me trouve qu'en passant, j'ignore complètement, surtout par suite de la vie retirée que je mène, et de mon manque absolu de relations, quels sont ces bruits, quelle est leur importance; j'ajouterai en outre que je ne comprends pas comment il est possible que j'y sois mêlé d'une façon quelconque.

— Monseigneur, il me sera d'autant plus facile de répondre à la question que vous me faites l'honneur de m'adresser, que précisément ces bruits ont pris naissance à l'occasion du débarquement de Votre Excellence à la Vera-Cruz ; si j'ai autant hésité à vous les faire connaître, monseigneur, c'est qu'ils sont d'une nature tellement odieuse, que je ne trouve pas de termes convenables pour atténuer ce qu'ils ont de blessant pour Votre Excellence.

— Halte-là! señor, dit vivement le duc, vous en avez dit trop ou trop peu; je vous ferai observer qu'une longue hésitation de votre part constituerait pour moi une grave insulte.

— Telle ne saurait être ma pensée, monseigneur. Veuillez donc m'excuser si, malgré moi, j'ai employé une expression qui vous a paru choquante.

— En ce moment, monsieur, la seule chose dont je puisse me choquer, est l'hésitation que vous mettez à me faire connaître ce dont il s'agit; je vous prierai donc de venir au fait.

— Soit, monseigneur; on prétend que Votre Excellence, au mépris de la position élevée où l'a placée S. M. le roi, a contracté avec les Ladrones de l'île de Saint-Domingue une alliance défensive et offensive, dans le but de se faire aider par eux à renverser le gouvernement espagnol dans les Indes, se faire proclamer roi et se déclarer indépendant.

— Est-ce tout ? répondit le duc en haussant les épaules avec dédain.

— Non, monseigneur; on va plus loin: on affirme que les Ladrones font en ce moment de grands armements et qu'ils se préparent à débarquer incessamment à la Vera-Cruz, où, suivant vos conventions, ils doivent se joindre à vous.

— L'on ne dit rien de plus ?

— Non, monseigneur; j'attends maintenant la réponse que vous daignerez me faire.

— Señor capitaine, répondit le duc avec un froid mépris, à une telle accusation, il ne saurait être fait de réponse; elle tombe et doit tomber d'elle-même; essayer de me disculper en la discutant, serait admettre la possibilité que je fusse coupable, ce que je n'admets pas et n'admettrai jamais; comment moi, appartenant à une des plus nobles et des plus anciennes familles de la monarchie espagnole, grand d'Espagne de première classe, *caballero cubierto*, membre de la Toison d'or, je serais assez ingrat, assez fou, tranchons le mot, assez stupide, pour nourrir un projet aussi insensé que celui que mes ennemis me prêtent! Allons ce n'est pas possible, je ne puis pas supposer que vous ayez parlé sérieusement.

— Monseigneur, je regrette sincèrement de voir Votre Excellence s'engager dans une voie qui ne saurait que lui être excessivement préjudiciable ; ces bruits ont une importance extrême; je dirai plus, ils sont appuyés sur des preuves.

— Des preuves! fit le duc, en se redressant avec hauteur.

— Hélas! oui, monseigneur, des preuves d'autant plus irrécusables qu'elle émanent de vous.

— De par Dieu ! señor, voici, vous en conviendrez, qui demande explication ; je ne puis laisser passer sans protester une telle injure ! Parlez, señor, ces preuves, quelles sont-elles ?

— Malheureusement, monseigneur, cette question fort grave ne saurait être traitée ni par vous, ni par moi; le Conseil de Castille entendra cette affaire; devant lui, vous protesterez et serez admis à vous défendre; je ne suis, moi, qu'un simple officier, chargé de vous signifier un ordre, et dont la mission ne saurait aller au delà.

— C'est juste, señor, quel est l'ordre dont vous êtes porteur ?

— Monseigneur, cet ordre est double, en ce sens qu'il émane de Son Excellence le vice-roi, et que le gouverneur de la Vera-Cruz est chargé de vous le faire signifier.

— Mais enfin, quel est-il?

— Il n'a rien que de courtois pour vous, monseigneur, et ne saurait vous blesser. Son Excellence le vice-roi, ayant égard aux liens de parenté qui vous unissent, et désirant voir tomber au plus vite les bruit calomnieux répandus contre vous, a ordonné qu'une enquête soit immédiatement commencée, afin de remonter à la source de ces bruits, dans le plus bref délai ; pour éviter toute interprétation malveillante, et toute manifestation du peuple contre vous, Son Excellence le vice-roi ordonne que Votre Seigneurie gardera les arrêts dans son palais, où elle se tiendra prête à obéir aux significations qui lui seront faites. De plus Son Excellence s'engagera, sur sa parole, à ne pas sortir de son palais, sans y avoir été dûment autorisée.

— Est-ce tout, señor ?

— Telle est la mission que j'ai reçue, monseigneur.

— Eh bien ! soit, señor capitaine, reprit froidement le duc, j'obéis, je vous donne ma parole de gentilhomme de répondre aux significations que je recevrai ; seulement sous cette réserve, que si les preuves soit-disant existantes contre moi sont jugées suffisantes pour qu'un procès de haute trahison me soit intenté, ce procès ne pourra, en aucune façon, m'être fait au Mexique, ou dans toute autre partie des possessions espagnoles des Indes occidentales, mais à Madrid seulement, par la Cour de Castille.

— Je suis chargé, monseigneur, de vous informer, tout d'abord, que Son Excellence le vice-roi a témoigné le désir qu'il en soit ainsi ; par conséquent, Votre Excellence n'a pas à redouter d'être soustraite à ses juges naturels.

— Je remercie Son Excellence, reprit le duc avec ironie, de daigner me faire cette grâce ; maintenant, capitaine, je le suppose du moins, vous avez accompli votre mission, nous n'avons plus rien à nous dire.

— Je vous supplie de me pardonner, monseigneur ; mais il me reste encore quelques mots à échanger avec Votre Excellence.

— Ah ! fit le duc avec surprise.

— Oui, monseigneur, reprit imperturbablement l'officier, si vous me le permettez, je prolongerai encore ma visite pendant quelques minutes.

— A votre aise, señor, dit sèchement le duc ; du reste, mieux vaut que nous nous expliquions une fois pour toutes ; parlez donc, je vous écoute.

— Monseigneur, la question que je désire traiter avec Votre Excellence m'est toute personnelle, et par cela même, excessivement délicate.

— Vous me permettrez de vous faire observer, señor capitaine, répondit le duc avec un sourire amer, que vous jouez ou vous semblez jouer de malheur, dans les relations auxquelles le hasard vous a condamné avec moi ; vous ne terminez pas plus tôt de vous acquitter d'un devoir délicat, que vous voilà immédiatement obligé d'en remplir un autre.

— C'est vrai, monseigneur, mais que voulez-vous, la fatalité gouverne en ce monde ! si dures que soient ses lois, il faut se courber devant elles et s'y soumettre.

— Donc, vous dites que l'affaire dont vous désirez m'entretenir vous est personnelle ?

— En effet, c'est, monseigneur... c'est... mon Dieu, comment pourrai-je vous dire cela ; c'est une espèce de marché... oui... une espèce de marché que je voudrais proposer à Votre Excellence.

— Un marché ? prenez garde, señor, cette parole est grave ; un marché est souvent une trahison et déshonore à la fois celui qui le propose, et celui qui l'accepte.

— Rassurez-vous, monseigneur, vous n'aurez aucune trahison à redouter !

je ne suis ni votre ami, ni votre ennemi; seulement, il dépendra de vous qu'en sortant de cette chambre, je sois l'un ou l'autre.

— Je ne vous comprends pas, capitaine ?

— Je vais m'expliquer, monseigneur; bien que nous ne nous soyons jamais vus, que nous n'ayons jamais eu l'un avec l'autre aucun rapport direct, cependant nous sommes liés l'un à l'autre depuis longues années par des liens qui, pour être occultes, n'en sont cependant pas moins forts.

— Définitivement, señor, vous avez fait le pari de ne parler que par énigmes?

— Non pas; je veux, au contraire, être clair, monseigneur, et cela d'autant plus qu'il faut que vous compreniez bien.

En ce moment, la porte s'ouvrit et un valet annonça :

— Madame la duchesse !

Le capitaine tressaillit et se penchant vivement vers le duc :

— Au nom du ciel! monseigneur, dans votre intérêt, comme dans celui de madame la duchesse, lui dit-il, qu'elle n'entre pas, et surtout qu'elle n'entende pas un mot de ce que vous et moi allons dire.

Le duc fixa un regard surpris sur son étrange interlocuteur; celui-ci, sans ajouter un mot, lui fit de la tête un geste tellement suppliant, que le duc, dont l'intérêt et la curiosité étaient éveillés au dernier point, se tourna vers le valet et lui dit :

— Priez madame la duchesse de m'excuser; je suis en ce moment avec une personne qui m'entretient de choses fort graves; dès que je serai libre, je m'empresserai de me rendre près d'elle. J'ai fait ce que vous désirez, ajouta le duc, en se tournant vers le capitaine.

— Et je vous en remercie, monseigneur, autant pour vous que pour moi.

— Cette fois, señor, vous allez vous expliquer.

— Oui, monseigneur, et d'abord, laissez-moi vous dire ceci : Personne ne croit aux bruits calomnieux répandus sur le compte de Votre Excellence. Vos ennemis ont ourdi dans l'ombre le complot qu'ils exécutent aujourd'hui. Ils savent que vous êtes innocent, mais ils veulent vous perdre, et ils vous perdront. Avant votre départ d'Espagne, plusieurs de vos domestiques ont été achetés; des lettres précieuses vous ont été dérobées; d'habiles faussaires se sont chargés de modifier le texte de quelques-unes de ces lettres, d'en composer d'autres; cela a été fait avec une perfection telle, monseigneur, que vous-même, si on vous les soumettait, vous ne pourriez reconnaître les lettres fausses de celles qui ne le sont pas, et prouver que vous n'êtes pas l'auteur de cette correspondance qu'on vous impute. Comme je veux que vous sachiez bien tout, je vous avouerai que j'ai été un des agents les plus actifs de cette machination; non pas que j'eusse contre vous, monseigneur, un motif de haine quelconque; non, je vous le répète, je ne vous hais pas; je ne cherche pas à vous nuire; si je le fais, ce ne sera que parce que vous m'y obligerez; un motif puissant a dirigé ma conduite dans toute cette affaire, ce motif, vous le connaîtrez bientôt, monseigneur. Je sais en quelles mains sont ces lettres, je puis m'en emparer et vous les rendre, je puis faire plus; je puis vous donner le moyen de vous venger de vos ennemis en vous remettant les preuves, preuves bien réelles, celles-là, des machinations qu'ils ont ourdies contre vous.

— Vous feriez cela? s'écria le duc en tressaillant.

— Oui, monseigneur, je le ferais, mais à une condition.

— C'est juste; voyons cette condition?

— Ainsi, monseigneur, vous acceptez le marché que je vous propose? dit le capitaine, dont un éclair joyeux illumina un instant le sombre visage.

— Je ne vous promets rien encore, señor; je veux savoir avant tout à quoi je m'engage.

— Soit; j'irai donc jusqu'au bout; seulement, monseigneur, veuillez, à l'avance, me pardonner le récit que je vais vous faire; certaines particularités de ce récit vous touchent de très près.

— Señor, rien de ce que vous direz ne saurait m'émouvoir, tant que vos paroles ne s'adresseront qu'à moi... à moi seul.

— Et si j'étais contraint, malgré moi, de vous parler d'une personne qui vous est chère, de madame la duchesse de la Torre par exemple?

— S'il en était ainsi, señor, répondit sévèrement le duc, au premier mot je vous arrêterais en vous défendant de continuer. Madame de la Torre est une femme dont le nom ne saurait être prononcé par une autre bouche que la mienne; je ne permets à personne, vous entendez, señor, à personne, de me parler de madame de la Torre soit en bien, soit en mal; en mal surtout; madame de la Torre est une de ces femmes si rares, dont on ne peut dire que du bien. Ainsi donc, señor, je crois que, dans l'intérêt des relations que peut-être nous aurons dans l'avenir, il vaut mieux que nous brisions là et que notre conversation finisse avant que d'avoir commencé. Si bas que je paraisse être tombé, grâce à Dieu, je ne suis pas encore à terre; peut-être mes ennemis se réjouissent-ils trop tôt de leur prétendue victoire, et me sera-t-il plus aisé que vous ne le supposez de faire éclater mon innocence aux yeux de tous.

— Cependant, monseigneur, si madame la duchesse...

— Brisons là; pas un mot de plus, señor.

Le duc se leva en étendant le bras et montrant la porte du doigt.

Tout à coup, et avant que le capitaine eût eu le temps de répondre, la porte s'ouvrit brusquement; la duchesse entra.

— Ne sortez pas, señor! dit-elle d'une voix ferme à l'officier.

Et refermant la porte derrière elle, elle traversa le cabinet et fut s'asseoir auprès de son mari.

Les deux hommes, surpris par cette entrée subite, étaient demeurés immobiles et muets.

— Pardonnez-moi, monsieur, dit madame de la Torre, la faute que j'ai commise et dont je m'accuse devant vous; les circonstances dans lesquelles nous nous trouvons sont tellement graves, qu'il me sera, je le crois, facile de me justifier à vos yeux; lorsque vous m'avez fait dire, il y a un instant, que vous ne pouviez pas me recevoir, au lieu de me retirer ainsi que je l'aurais dû faire, je suis demeurée là, derrière cette porte maintenue entr'ouverte, en proie à une inquiétude à laquelle je ne me sentais pas la force de résister; j'ai écouté ce qui se disait dans ce cabinet; les paroles prononcées, je les ai entendues toutes; j'ai fait plus, à force de fouiller dans mes souvenirs, je les ai si bien réveillés, ils sont à présent si présents à ma mémoire, que je vous donnerai, moi, cette explication que prétendait vous donner cet homme; de plus, je vous dirai qui il est.

— Madame! fit le duc.

— Oui, continua-t-elle, il faut enfin que toutes ces trames s'éclaircissent, que le jour se fasse autour de nous, que nous sachions comment nous allons, et où nous allons; cet homme avait raison quand il vous disait que, sans que vous vous en doutiez, il existait entre lui et vous de longues relations et que ces relations étaient presque intimes; vous voyez que je ne marchande pas mes paroles! Cet homme ne vous apprendrait rien; tout ce qu'il vous a dit, je vous l'ai dit moi, déjà, avant de consentir à vous donner ma main.

— Eh quoi! madame, il se pourrait? s'écria le duc au comble de la surprise.

— Oui, reprit-elle avec un accent fébrile, cet homme qui s'imagine peut-être que j'ai eu des secrets pour vous, que je n'ai pas osé vous avouer le crime dont j'ai été la victime, cet homme venait... comment dirais-je cela? vous proposer un marché honteux dont votre honneur et votre nom devenaient l'enjeu. Eh bien! monseigneur, cet homme s'est trompé; sa lâcheté ne lui profitera pas; vous savez tout, tout excepté son nom, et son nom, je vais vous le dire! n'est-ce pas, monsieur le prince Gaston de Tallemont de Montlaur?

Le prince, car c'était lui en effet, laissa tomber avec accablement sa tête sur sa poitrine.

— Madame, dit-il après un instant, vous êtes cruelle pour moi; peut-être jugez-vous sévèrement ma conduite; non, en revenant ici, je n'avais pas l'intention de proposer un honteux marché au duc de la Torre, je vous en donne ma parole de gentilhomme. Un intérêt sacré me conduisait; si j'ai consenti à devenir un des agents les plus actifs du complot tramé contre vous, c'est parce que je voulais avoir entre les mains tous les moyens, le moment venu, de vous sauver, contre un mot seul, que vous m'auriez dit!

— Señor capitaine, reprit le duc, je ne veux ni ne dois qualifier votre conduite; de plus, devant votre manière d'agir et d'après la connaissance que j'ai de votre passé, je ne puis croire à votre parole; chez vous le bravo a tué le gentilhomme.

— Prenez garde, monsieur le duc, vous me lancez à la face une mortelle injure! Puisque malgré vous cette explication a eu lieu, que madame la duchesse a exigé qu'elle se passât devant elle, avant de faire de moi votre ennemi, pourquoi ne pas me laisser achever de vous révéler le motif qui m'a dirigé dans toute cette affaire?

— Soit, monsieur. Puisque, après vingt-cinq ans, les morts sortent du tombeau, dit la duchesse avec hauteur, puisque ceux qui nous ont prodigué l'insulte osent se dresser devant leurs victimes pour de nouveau leur lancer l'outrage, finissons-en; qu'avez-vous à me dire, ou plutôt à me demander?

— Une seule chose, madame, répondit-il avec une sombre énergie: qu'est devenu mon fils, le vôtre?

— Votre fils ! s'écrièrent à la fois le duc et la duchesse au comble de la stupéfaction.

— Oui, madame, notre fils, celui qui est né aux Sables-d'Olonne, pendant cette nuit fatale où votre frère, aidé par le docteur Guénaud, a réussi à s'emparer de lui. Eh bien ! vous, madame, vous cette noble femme cet ange incomparable, qu'avez-vous fait de notre fils ? qu'est-il devenu ?

— Sur l'honneur, monsieur, je ne vous comprends pas. J'ai un fils ? moi ! un fils de vous ? ce fils est né aux Sables-d'Olonne où jamais je n'ai mis les pieds ! Oh ! monsieur, ceci est le comble de l'impudence !

— En effet, madame, répondit le capitaine d'une voix rêveuse ; pardonnez-moi, je me suis trompé ; votre frère a voulu que sa vengeance fût complète. Vous devez, maintenant je n'en doute pas, ignorer la naissance de votre fils.

— Au nom du Ciel ! s'écria le duc, expliquez-vous ; il y a au fond de tout cela une horrible histoire ; le voile qui la couvre doit être déchiré ! Comment se fait-il que madame la duchesse ignorât qu'elle eût eu un fils ? elle qui s'est avant son mariage confessée à moi comme à un prêtre, qui m'a tout avoué ! Comment se fait-il qu'elle ne m'ait pas parlé de ce fils ? pourquoi ? dites-le, puisque vous le savez ?

— C'est impossible ! s'écria la duchesse en proie à une surexcitation nerveuse terrible ; si ce que dit cet homme est vrai, si j'avais eu effectivement un fils de lui, pouvez-vous admettre un instant que je l'eusse abandonné ? Oh ! non ! Dieu m'en est témoin ; si criminel qu'ait été son père ! si odieux qu'il me fût devenu, j'aurais gardé cet enfant près de moi ; je lui aurais prodigué les soins les plus tendres. Est-ce qu'une mère abandonne jamais son fils ! Allons donc ! je vous le répète, monsieur, tout cela n'est qu'un tissu de mensonges !

— Non, madame, tout cela est vrai ! Bientôt, peut-être, me sera-t-il permis de vous prouver ce que j'avance ; vous l'avez dit avec raison, madame, les morts semblent sortir du tombeau. Votre frère, dont vous n'avez pas eu de nouvelles depuis si longtemps, que vous croyez mort, lui aussi sans doute, n'est-ce pas ?

— Eh bien ? s'écria la duchesse avec anxiété.

— Eh bien ! il n'est pas mort, et peut-être avant peu le verrez-vous ! Pendant un mois, vous avez habité presque côte à côte avec lui ; c'est lui qui vous a sauvée, lorsque j'ai tenté de m'emparer de votre personne.

— De qui parlez-vous donc, monsieur, quel est l'homme que vous prétendez être mon frère ?

— Un des plus célèbres chefs de la flibuste, madame, le capitaine Vent-en-Panne.

— Le capitaine Vent-en-Panne ! lui, mon frère ?

— Oui, madame, votre frère.

— Mais c'est impossible !

— Pourquoi doutez-vous de ma parole, madame ? quel intérêt ai-je à vous tromper ?

Il y eut un silence terrible de quelques secondes.

— Non, ce n'est pas, ce ne peut pas être ! s'écria tout à coup la duchesse.

LES ROIS DE L'OCÉAN 143

Le second personnage était don Antonio de la Sorga, gouverneur de la Vera-Cruz.

Oh! pourquoi, vous qui vous trouviez en même temps que nous à Saint-Domingue, ne m'avez-vous pas avertie; cela était facile, il me semble?
— Pourquoi? dit le duc avec mépris, parce que cet homme nous trompe, parce que tout ce qu'il nous a dit n'est qu'un tissu de mensonges, qu'il le sait, et que ce qu'il fait aujourd'hui ne peut être qu'une odieuse machination. Ce misérable a voulu vous déshonorer; voyant qu'il n'a pas réussi, il cherche à couvrir l'acte odieux qu'il voulait commettre et à le colorer d'un semblant de

Liv. 49. F. ROY, édit. — Reproduction interdite.   19 VENT-EN-PANNE.

loyauté que dément sa conduite passée. Allez, monsieur, n'essayez pas davantage de nous tromper ; nous vous connaissons, grâce à Dieu, trop bien, pour nous laisser prendre à vos élans d'amour paternel ; ils ressemblent trop à ceux d'un crocodile qui pleure, pour que nous y ajoutions foi.

— Vous regretterez bientôt ces paroles, monsieur le duc, reprit froidement le capitaine ; vous me reprochez de ne pas avoir fait à Saint-Domingue ce que je fais ici ; mais là je ne le pouvais pas : en butte à la haine de tous les Frères de la Côte, j'étais contraint de me cacher pour éviter le châtiment qu'ils prétendaient m'infliger ; si je suis venu vous trouver, c'est, je vous le répète, que je n'ai aucune intention contre vous, et que je sais que je puis vous donner les preuves de tout ce que je vous ai dit.

— Comment cela, monsieur ?

— Comment ? de la façon la plus simple. Tout n'est pas faux dans les bruits que l'on fait courir sur votre compte, monsieur le duc, je puis vous l'affirmer maintenant, puisque vous l'ignorez ; apprenez, monsieur, que les Frères de la Côte préparent effectivement une expédition contre la Vera-Cruz, que cette expédition est sous les ordres du capitaine Vent-en-Panne. Peut-être en ce moment les Frères de la Côte sont-ils plus près que vous ne le supposez. Qui sait si avant huit jours, vous ne les verrez pas apparaître ! Que ce que je vous dis là ne vous surprenne pas ; je suis bien informé. En voulez-vous une preuve ? depuis un mois, deux espions des Frères de la Côte se sont introduits dans la ville, ils ont communiqué avec vous, monsieur le duc ; plusieurs fois même, vous les avez reçus.

— Monsieur !

— Oh ! ne niez pas, cela est. Malgré la perfection des déguisements, j'ai presque réussi, non pas seulement à les reconnaître pour flibustiers, mais à deviner leurs noms. Si vous l'ignoriez, sachez qu'un de ces hommes est entre mes mains ; hier je l'ai fait prisonnier ; par lui j'obtiendrai les derniers renseignements dont j'ai besoin sur l'expédition de Vent-en-Panne ; je possède pour cela des moyens infaillibles.

La duchesse de la Torre était en proie à une agitation extrême, elle écoutait le capitaine avec une impatience fébrile ; tout à coup elle s'élança vivement vers lui et lui secouant violemment le bras :

— Monsieur, s'écria-t-elle, si incroyable que soit tout ce que vous nous avez dit, je ne sais pourquoi il me semble qu'il doit y avoir au fond de tout cela une vérité terrible. Eh bien ! j'ai, moi aussi, un mot à vous dire ; ce mot le voici : il faut, par tous les moyens, que j'arrive à prouver que vous avez menti ; que cet enfant prétendu n'a jamais existé ; ou que mon frère, dont le caractère implacable m'a souvent effrayée, ait réellement poussé sa vengeance à l'extrême. Vous vous êtes emparé, dites-vous, d'un flibustier, facilitez-moi une entrevue avec cet homme ; peut-être par lui apprendrai-je ce que j'ai si grand intérêt à savoir ?

— Vous le connaissez donc ?

— Que vous importe ?

— Il m'importe si bien, madame, que nul autre que moi ne verra ce Frère de la Côte, du moins jusqu'à ce que j'aie eu avec lui une conversation confidentielle. Adieu, madame; vous, monsieur le duc, au revoir; vous regretterez, avant quarante-huit heures, les insultes que vous m'avez prodiguées; je venais vers vous plein d'indulgence, disposé à vous servir; vous avez méconnu mes intentions. Eh bien! soit, puisque vous le voulez, je serai votre ennemi.

— Monsieur, un mot encore, s'écria la duchesse avec prière.

— Il est trop tard, madame, je retrouverai mon fils malgré vous; cette vengeance à laquelle j'avais renoncé, puisque vous m'y forcez, je la pousserai jusqu'au bout, et comme vous avez été implacable, je le serai : adieu!

Après avoir prononcé ces paroles d'un ton de menace effrayant, il sortit en refermant violemment la porte derrière lui.

La duchesse poussa un cri étouffé et tomba à la renverse, en proie à une horrible crise nerveuse.

XIII

LUTTES DE RUSES

Après avoir quitté si brutalement l'hôtel du duc de la Torre, le capitaine don Antonio de Peñaranda, ou plutôt le prince Gaston de Montlaur, que nous avons vu paraître sous le nom de Chat-Tigre dans le cours de cet ouvrage, s'enveloppa dans les plis de son manteau afin de dissimuler les broderies d'or de son brillant uniforme ; après avoir hésité pendant une minute ou deux, il s'engagea dans une rue étroite et tortueuse bordée de chaque côté par des masures sordides construites en torchis et menaçant ruine.

Arrivé aux deux tiers de cette rue, il s'arrêta devant une maison qui ne se distinguait des autres que parce qu'elle semblait plus misérable encore ; il jeta un regard soupçonneux autour de lui, afin sans doute de s'assurer que personne ne le surveillait, puis il retira un passe-partout de sa poche, ouvrit la porte de cette maison et disparut aussitôt dans l'intérieur, sans oublier toutefois de refermer soigneusement la porte derrière lui.

Après avoir traversé un *zaguan* obscur et une cour boueuse, il s'arrêta devant une seconde porte simplement poussée ; tout l'ameublement ne se composait que d'un *équipal*, d'une table boiteuse, encombrée de potions de toutes couleurs et d'un châlit recouvert d'une peau de taureau, sur lequel était étendu un homme enveloppé tant bien que mal d'une couverture trouée, et dont la tête, en guise d'oreiller, reposait sur une botte de paille.

— Ah! te voilà, dit le malade, d'un ton de mauvaise humeur, en apercevant le Chat-Tigre; Goddam! je croyais que tu m'avais abandonné, et que tu voulais me laisser crever ici comme un chien!

Le Chat-Tigre haussa les épaules sans répondre et s'assit sur le tabouret.

— Voilà deux jours que je ne t'ai vu, continua le malade d'un ton de reproche.

— J'ai eu des affaires, dit froidement le Chat-Tigre.

— Des affaires ? oui, fit l'autre avec amertume ; tu as toujours des affaires quand il s'agit de moi ; est-ce donc là ce dont nous étions convenus ?

— Ah çà ! fit le Chat-Tigre d'un ton irrité, est-ce que tu vas continuer longtemps sur ce ton ? sais-tu que tu commences à m'échauffer les oreilles ! A qui contes-tu tes doléances ? à moi ? c'est bien plutôt à toi-même que tu devrais les adresser. Sacrebleu ! tu es cause de tous les embarras que nous avons eus ; si nous échouons, à qui en sera la faute ? à toi ! Tu vas te faire clouer la main sur une table pour voler quelques onces ; allons donc ! puis à la première atteinte de la douleur, tu cries comme un possédé et tu te dénonces toi-même ; ma foi tant pis ! il faut que je te le dise une fois pour toutes : j'avais jusqu'alors supposé que Bothwell était un brigand, mais non un voleur vulgaire et un imbécile à cœur de poule.

— Sais-tu que tu commences à m'impatienter aussi ? dit l'autre en se redressant sur son châlit ; ma blessure est presque guérie ; prends garde, tu pourrais te repentir de me traiter ainsi que tu le fais.

— Ah ! ah ! fit le Chat-Tigre en riant, tu te réveilles à la fin ! Vive Dieu ! il n'est pas trop tôt ; allons, je ne désespère plus autant de toi.

— Que veux-tu dire ?

— Que j'ai voulu tenter une expérience, et qu'elle a réussi.

— Ce qui signifie ?

— Que je ne t'ai pas oublié, comme tu le supposes, ingrat que tu es. Si depuis deux jours je me suis absenté, c'est que j'ai travaillé pour toi et pour moi ; l'homme qui t'a blessé est entre mes mains.

— Bien vrai ! s'écria Bothwell en sautant du lit avec une légèreté qui démentait complètement l'état de prostration dans lequel il prétendait être tombé.

— Oui, mais son compagnon nous a échappé ; pour que notre vengeance soit entière, il faut que nous le retrouvions. Es-tu en état de te battre ?

— Je te répète que ma blessure est à peu près guérie ; d'ailleurs je me sers aussi bien de mes armes de la main gauche que de la droite ; seulement, si tu veux faire quelque chose de moi, il faut d'abord me rendre mes forces.

— Bon ! et qu'est-ce qu'il te faut pour cela ?

— Manger ; je meurs de faim.

— Rien n'est plus facile ; écoute-moi : le complot marche ; le duc de la Torre est prisonnier sur parole dans son palais ; c'est moi qu'on a chargé de lui signifier l'ordre du vice-roi. Le digne gentilhomme n'a pas compris grand'chose à ce que je lui disais ; pour achever de le dérouter, j'ai remis sur le tapis une vieille histoire que je tenais en réserve, et dont l'effet, ainsi que je m'y attendais, a été prodigieux ; en ce moment, le duc et la duchesse de la Torre sont à demi fous d'angoisse ; nous n'avons plus rien à redouter d'eux, nous les tenons ; il ne me reste plus qu'une chose à savoir.

— Laquelle ?

— Si réellement nos ex-amis les Frères de la Côte ont l'intention de tenter une descente à la Vera-Cruz ; tu comprends combien notre situation deviendrait délicate si cela était, et combien il est important pour nous de savoir à quoi nous en tenir à ce sujet ; tandis que j'agirai de mon côté, tu agiras du tien.

— C'est cela même; fort bien. Il faut probablement se mettre à la recherche du flibustier qui a échappé, le désarmer, tirer de lui tous les renseignements possibles et s'en débarrasser.

— Allons, allons, compagnon, tu redeviens le Bothwell des beaux jours; si tu échoues, il est probable que moi je réussirai.

— Quand faut-il partir?

— Tout de suite.

— Pas avant d'avoir mangé?

— Naturellement; tiens, prends cette bourse, elle renferme cinquante onces.

Bothwell s'empara de la bourse, avec un mouvement déjà cupide.

— Maintenant mes instructions? dit-il.

— Les voici: elles sont simples; tu te rendras immédiatement dans la maison que tu sais; tu te nommeras, on te fournira aussitôt, sans que tu aies rien à débourser, des vêtements, des armes et un cheval; lorsque tu auras complètement changé de peau, tu iras dans un ordinaire quelconque, où tu mangeras tout ton soûl. Souviens-toi seulement qu'il ne faut pas trop caresser la bouteille; tu as affaire à forte partie, il est important que tu conserves ton sang-froid. Après t'être bien repu, tu monteras à cheval et tu quitteras la ville par la route de Mexico, que tu quitteras au bout d'une demi-heure de marche, pour appuyer sur la droite, et continuer ton chemin le long de la plage, tu marcheras ainsi tout droit devant toi, jusqu'à ce que tu arrives à une falaise assez élevée au pied de laquelle se trouve une caverne dont la bouche s'ouvre du côté de la mer; tu me comprends bien?

— Dame, tout cela est bien simple.

— C'est dans cette caverne que tu rencontreras notre homme; il y a cent à parier contre un qu'il dormira; si tu sais t'arranger, rien ne te sera plus facile que de le surprendre; du reste cela te regarde, le principal est de réussir; sur ce, cher ami, comme dans ce moment même des affaires importantes nécessitent ma présence à la fortesse, tu me permettras de te quitter.

— Quand et où nous reverrons-nous?

— Ce soir, de sept à huit, au Velorio de las Ventanas.

— Tu veux donc me faire lapider?

— Non, sois tranquille, dit-il en riant, j'ai si bien expliqué la scène en question que tu passes à présent, aux yeux de tous, pour un honnête homme calomnié, victime d'un horrible guet-apens. Allons, au revoir.

— Au revoir, dit Bothwell.

Le Chat-Tigre sortit.

Au XVIIe siècle, les principes philanthropiques étaient presque ignorés et pas du tout appliqués, surtout en Amérique. Les Espagnols, — ou du moins le gouvernement espagnol, car il serait à notre avis souverainement injuste de rendre la nation responsable de la barbarie de son gouvernement, — les Espagnols, disons-nous, ne se sont jamais piqués de douceur; la justice de leur pays a toujours employé avec ceux qu'elle prétendait coupables des moyens de coercition hautement réprouvés, même à cette époque, comme trop barbares par toutes les nations.

L'Olonnais, après être tombé, grâce à une odieuse trahison, entre les mains du Chat-Tigre, avait été conduit directement à la forteresse; là, après l'avoir fouillé minutieusement, sous prétexte de s'assurer qu'il n'avait pas d'armes cachées, mais en réalité afin de s'emparer de son argent, on l'avait jeté dans un cachot infect et boueux, creusé à une quinzaine de pieds au-dessous du sol, et ne recevant l'air extérieur que par une étroite meurtrière, percée presque à la hauteur de la voûte. Puis la porte avait été fermée, et on l'avait abandonné à ses tristes réflexions. Le jeune homme avait bravement supporté ce traitement indigne; il avait même eu le courage de ne pas laisser échapper une plainte.

Plusieurs heures s'étaient écoulées ainsi; l'Olonnais ne savait trop ce qu'on prétendait faire de lui, quand la porte du cachot s'ouvrit, et livra passage à un guichetier tenant une torche dans sa main, et à un autre personnage, revêtu d'un uniforme militaire.

Ce second personnage était don Antonio de la Sorga Caballos, gouverneur de la Vera-Cruz.

Après avoir jeté un regard de dégoût autour de lui, le gouverneur se tourna vers le guichetier.

— Qui a donné l'ordre, dit-il en fronçant le sourcil, de mettre le prisonnier dans ce cloaque infect et infâme?

— Seigneurie, répondit le guichetier en s'inclinant, cet ordre a été donné par l'officier qui a amené le prisonnier; il a dit que Votre Excellence exigeait que le prisonnier fût traité avec la dernière rigueur.

— Cet homme a menti, dit le gouverneur; conduisez à l'instant ce prisonnier dans une des chambres hautes; j'entends qu'il soit traité avec les plus grands égards.

Cette mansuétude, à laquelle l'Olonnais était si loin de s'attendre, augmenta considérablement son inquiétude, au lieu de la diminuer. Cependant il suivit le geôlier sans prononcer une parole, et pénétra à sa suite dans une chambre assez sale, assez mesquinement meublée, mais qui lui parut un palais, en comparaison du bouge ignoble dans lequel on l'avait jeté d'abord.

— Maintenant, laissez-moi seul avec le prisonnier, reprit le gouverneur, et hâtez-vous d'exécuter les ordres que je vous ai donnés.

Le geôlier s'inclina et sortit. L'Olonnais demeura en tête à tête avec le gouverneur; il y eut entre les deux hommes un instant d'hésitation facile à comprendre; enfin le gouverneur s'assit sur une chaise, fit signe à l'Olonnais d'en prendre une autre en face de lui, et il entama la conversation.

— Señor, dit-il, tout en tournant délicatement une cigarette entre ses doigts, je suis réellement désespéré du malentendu dont vous avez été victime; mes ordres ont été mal compris et surtout mal exécutés; aussitôt que j'ai appris ce qui s'était passé, je me suis empressé de venir près de vous, afin de vous donner une explication loyale; malheureusement, je n'ai été informé de votre arrestation que depuis une demi-heure à peine. Le juez de letras, chez lequel vous avez été appelé hier, m'a donné sur vous les meilleurs renseignements; j'ai vu de plus un certain don Pedro Garcias, un des plus honorables habitants de Médellin, qui vous connaît depuis longtemps, dit-il, et professe pour vous l'estime la plus grande : tout cela aurait suffi pour vous faire mettre immédiatement en liberté; mais j'ai voulu venir moi-même, afin de vous prouver que lorsque, malgré moi, il a été commis une erreur judiciaire, je n'hésite pas à la réparer.

— Señor gouverneur, répondit l'Olonnais en s'inclinant, je suis confus de l'honneur que vous daignez me faire, je ne sais comment vous exprimer ma reconnaissance; je serai heureux, le jour où il me sera possible de vous remercier, d'une manière efficace, de votre généreuse conduite, dans une circonstance si grave et surtout si désagréable pour moi.

— Eh bien! voilà qui est dit, reprit vivement le gouverneur, qu'il ne soit plus question de rien entre nous.

En parlant ainsi, il tendit à l'Olonnais une main que celui-ci serra un peu à contre-cœur.

En ce moment, le guichetier rentra rapportant au prisonnier l'argent, les bijoux et les papiers qu'on lui avait enlevés.

— Tout y est-il? demanda le gouverneur.

— Oui, Seigneurie, reprit l'Olonnais.

— A la bonne heure!

Le guichetier s'inclina et sortit, en laissant la porte entr'ouverte.

— Ne m'avez-vous pas dit, il y a un instant, fit le gouverneur, que vous saisiriez avec empressement l'occasion de me remercier d'une manière efficace du peu que j'ai eu le plaisir de faire pour vous?

— Je l'ai dit en effet, Seigneurie, répondit l'Olonnais de son air le plus placide, mais se tenant de plus en plus sur ses gardes; il comprenait instinctivement que le point noir qu'il redoutait commençait à se dessiner.

— Eh bien! cher señor, en ce moment, je crois que, si vous le voulez, vous pouvez me rendre un véritable service.

— Vive Dios! j'en serais heureux, Seigneurie; de quoi s'agit-il?

— Oh! d'un simple renseignement.

— Je vous écoute respectueusement, Seigneurie.

— Voici l'affaire : l'homme qui vous a arrêté a mis dans l'exécution de ce mandat un acharnement qui m'a semblé extraordinaire; je vous dirai même que c'est lui qui a sollicité cette mission, en vous représentant à mes yeux et à ceux du corrégidor comme un homme dangereux, tranchons le mot, en vous faisant passer pour un espion des Ladrones.

Le visage de l'Olonnais prit l'expression de la plus grande surprise.

— L'espion des Ladrones? fit-il; j'avoue en toute humilité à Votre Seigneurie qu'il y a quelques jours, j'ignorais encore jusqu'au nom de ces bandits. Je me rappelle, à ce sujet, que leur nom ayant été prononcé devant moi, par don Pedro Garcias, mon ami, je lui demandai quels étaient ces hommes et pourquoi on les nommait ainsi. Je dois informer Votre Seigneurie que cette fois est la première que je viens à la côte; pour cette raison mon ignorance est bien naturelle.

— Eh bien! voyez un peu, cher señor, reprit le gouverneur, comme parfois, dans la vie, surgissent, au moment où on y pense le moins, des événements bizarres; et comme il arrive qu'en croyant vous inspirer une idée, on vous en donne une autre. Cette dénonciation singulière me fit réfléchir que l'homme qui en était l'auteur, et dont l'arrivée à la Vera-Cruz n'a précédé la vôtre que de quelques jours, s'était pour la première fois présenté à moi, porteur d'une lettre du gouverneur général de Cuba, dans laquelle S. Exc. me recommandait cet homme dans des termes assez ambigus, et qui, soit dit entre nous, ne prouvent guère en sa faveur. Cependant je fus forcé de faire droit à cette lettre, et j'employai cet homme à des affaires de police. Lorsqu'il vous eut dénoncé, je lui demandai si lui, qui vous accusait d'être un ladron, n'en était pas un lui-même; s'il n'avait pas trompé la confiance du gouverneur de Cuba, et si en réalité ce n'était pas lui qui fût l'espion des bandits.

— Je vous demande pardon, Seigneurie, mais je ne saisis pas bien à la suite de quelles déductions cette pensée a pu vous venir.

— Oh! bien naturellement; cet homme doit nourrir contre vous une haine secrète; peut-être la crainte d'être démasqué par vous, qui le connaissez sans doute, et avez surpris quelques-uns de ses secrets; je ne vois que ce motif pour justifier l'insistance qu'il a mise à vous tendre le guet-apens dans lequel vous êtes tombé. Ne trouvez-vous pas qu'il y a beaucoup de vrai dans tout ce que je vous dis?

— En effet, Seigneurie, vos conjectures sont justes jusqu'à un certain point. Je connais cet homme; et non seulement lui, mais encore son compagnon.

— Ah! oui, un autre drôle de la même espèce. Eh bien! puisque vous le connaissez, qu'en pensez-vous?

— Ma foi, Seigneurie, pas grand'chose de bon; mais comme je ne veux pas que vous vous trompiez à mes paroles, je dois vous dire que je ne connais ces individus que depuis très peu de temps.

— Ah! fit le gouverneur d'un air désappointé.

— Voici toute l'affaire, reprit imperturbablement l'Olonnais. Il y a trois semaines environ, don Pedro Garcias vint me voir; il me reprocha de mener une vie trop retirée, de m'occuper trop exclusivement de mes affaires, et il m'entraîna dans un *ordinaire*, où nous dînâmes; puis il me conduisit dans une espèce de bouge, nommé le Velorio de las Ventanas, qui me paraît servir de refuge à toute la lie de la population vera-cruzaine. Je me trouvais assez dépaysé dans cet endroit; je regrettais fort d'y avoir mis le pied; mais enfin j'y étais, force me fut de faire, comme on dit, contre fortune bon cœur. Les habitués du lieu jouaient gros jeu; je me trouvai malgré moi entraîné à les imiter : vous savez, Seigneurie, ce que c'est que le mauvais exemple; je jouai donc. Je vous avoue que, travaillant beaucoup pour gagner mon argent, je n'aime pas le perdre.

— Je comprends cela, dit en souriant le gouverneur.

— Je remarquai que deux individus qui ne jouaient pas, avaient à plusieurs reprises essayé de me voler; cela me déplut. Je les avertis amicalement, en plantant mon poignard dans la table, que le premier que je surprendrais essayant de me soustraire l'argent placé devant moi, je lui traverserais la main. Les deux hommes se mirent à rire en chuchotant entre eux; puis au

Le bandit se sentait inquiet sans savoir pourquoi, l'homme au cœur de granit avait presque peur.

bout d'un instant, après avoir échangé quelques signes, le compagnon de mon dénonciateur avança la main vers mon or et saisit une dizaine d'onces; ainsi que je l'en avais menacé, sans hésiter, je lui clouai la main sur la table; ma surprise fut grande alors, Seigneurie: cet homme que, jusque-là, j'avais cru Espagnol, mis hors de garde par la douleur atroce de sa blessure, commença à jurer et à blasphémer dans une langue que je ne compris pas, mais que j'appris plus tard être de l'anglais.

— Vous êtes sûr de cela, señor ?
— Oui, Seigneurie, je l'affirmerais au besoin.
— Oh ! oh ! voilà qui est très grave ; que devint cet homme ?
— Il fut, je crois, emporté par son compagnon ; je ne le revis plus.
— Et vous concluez de ceci ?
— Mon Dieu, Seigneurie, je ne conclus pas ; seulement je suppose que, ainsi que vous-même l'avez dit, cet homme, furieux de se voir démasqué, et craignant d'être dénoncé par moi, m'a juré une haine implacable et a voulu prendre l'avance sur moi ; il m'est impossible d'attribuer sa conduite à un autre motif.
— C'est vrai, c'est vrai, tout cela est fort grave.
— A présent, Seigneurie, s'il est d'autres renseignements que je puisse vous donner, je suis tout à votre disposition.
— Non, je crois qu'il ne me reste plus rien à vous demander ; ah ! cependant, attendez donc : vous n'étiez pas seul, quand on vous a arrêté ?
— Non, Seigneurie, j'avais un compagnon.
— Et ce compagnon, qu'est-il devenu ?
— Ah ! par exemple, Seigneurie, voilà ce qu'il me serait impossible de vous dire ! Le pauvre diable a pris peur, il s'est cru attaqué par des bandits, et il s'est sauvé, sans même savoir où il allait, ni ce qu'il faisait, j'en suis convaincu.

En ce moment, le guichetier annonça au gouverneur que le capitaine de Peñaranda demandait à être introduit auprès du prisonnier.

— Voyez-vous quelque inconvénient à le recevoir ? dit nonchalamment le gouverneur.

— Aucun, Seigneurie ; seulement je vous ferai respectueusement observer que vous m'avez gracieusement dit, il y a un instant, que j'étais libre ?

— Et je vous le répète.

— Alors, Seigneurie, s'il en est ainsi, il serait préférable que je sortisse ; l'explication que j'aurais ensuite avec le capitaine serait pour moi plus facile, et surtout plus égale pour tous deux.

Le gouverneur sembla réfléchir un instant.

— Eh bien ! soit, dit-il, venez.

L'Olonnais se leva et suivit le gouverneur.

Le Chat-Tigre attendait dans une pièce à côté, il semblait en proie à une vive impatience ; en apercevant l'Olonnais, ses sourcils se froncèrent, il lui lança un véritable regard de serpent, regard que le jeune homme soutint avec la plus complète indifférence.

— Ah ! vous voici, capitaine de Peñaranda ? dit le gouverneur en saluant légèrement l'officier.

— Oui, Seigneurie, me voici, répondit-il en s'inclinant avec une ironie qui n'échappa pas à l'Olonnais.

— Vous désirez entretenir ce señor, je crois.

— En effet, Seigneurie, telle est mon intention.

— Je dois vous avertir que j'ai jugé à propos de lui rendre la liberté.

— Vous êtes le maître, señor gouverneur ; S. Exc. le vice-roi a seul le droit de vous demander compte de votre conduite.

— Que signifient ces paroles, señor?

— Tout simplement ceci : que Votre Seigneurie s'est peut-être un peu trop hâté de rendre la liberté à ce prisonnier.

— Vous ne vous seriez pas tant pressé vous, señor? dit l'Olonnais avec amertume.

— Certes, repondit l'autre sur le même ton, surtout j'aurais eu grand soin de prendre certaines précautions, avant que d'ordonner votre mise en liberté.

— Des précautions, señor? lesquelles s'il vous plaît?

— Oh, mon Dieu! il y en a beaucoup, et de beaucoup de sortes.

— Señor capitaine, dit violemment le gouverneur, la justice doit être égale pour tous. Vos insinuations malveillantes me blessent plus que je ne saurais dire. Quand on avance un fait, señor, on doit le prouver. Vous prétendez que le prisonnier est coupable, moi je soutiens le contraire; tous les témoignages sont pour lui; il a des papiers excellents, des répondants qu'on ne saurait soupçonner; votre accusation, ou pour mieux dire votre dénonciation ne repose, jusqu'à présent, que sur des affirmations que vous croyez exactes. Donnez-nous une preuve, une seule, et je passerai immédiatement condamnation. Qu'en pensez-vous? señor, ajouta-t-il en s'adressant à l'Olonnais.

Celui-ci se sentit frissonner malgré lui, à ces paroles qui, sous leur apparence bienveillante, cachaient évidemment un piège; cependant il comprit que toute hésitation était impossible, et que ce serait se perdre sûrement, que de ne pas appuyer ce que le gouverneur avait dit.

— Mon Dieu, Seigneurie, fit-il, voilà justement ce que je demande, depuis que je suis accusé; que l'on fournisse contre moi une seule preuve, et je me reconnaîtrai coupable.

— Qu'avez-vous à répondre à cela, señor capitaine? s'écria le gouverneur d'un air de triomphe en se tournant vers le Chat-Tigre.

— Peu de chose, Seigneurie.

— Mais encore?

— Eh bien! puisque le prisonnier est si sûr de son fait, qu'il se prétend indignement calomnié, qu'il s'engage sur l'honneur, à ne pas s'opposer au moyen que j'emploierai pour essayer de prouver la vérité de ce que j'avance.

— Ah! señor, vous ne pouvez pas refuser une demande aussi juste, dit en riant le gouverneur; je crois même qu'il est de votre intérêt de confondre, une fois pour toutes, ceux qui semblent comme à plaisir s'acharner après vous.

— Mais, Seigneurie, je n'ai jamais demandé autre chose; une preuve, qu'on donne une preuve?

— Eh bien! que dites-vous de cela, señor capitaine? C'est répondre franchement, il me semble.

— Oui, Seigneurerie, c'est répondre franchement; de mon côté je ne serai pas moins franc que le señor.

— Eh bien! voyons cette preuve, où-est-elle? comment nous la fournirez-vous?

Le Chat-Tigre jeta sur l'Olonnais ce regard que, dit-on, le serpent darde sur l'ennemi qu'il veut fasciner ; il tordit nonchalamment un *pajillo* entre ses doigts, l'alluma ; enfin il répondit :

— Ce señor a été, à la suite de malentendus regrettables, plongé dans une prison infecte, ses vêtements ont souffert les atteintes de la boue et des immondices au milieu desquelles il a passé plusieurs heures; sortir dans l'état où il est serait probablement fort pénible pour lui; je ne demande donc, et cela dans son intérêt, qu'une chose : que des vêtements convenables lui soient apportés, mais qu'avant de les revêtir, et pour effacer toute souillure, il soit mis dans un bain.

— Quoi, c'est tout ce que vous demandez? dit en riant le gouverneur, avec une surprise trop grande pour être bien réelle.

— Mon Dieu, oui, Seigneurie, c'est tout.

— Ah per Dios ! voilà qui est admirable ; jamais, sur ma foi! je ne m'y serais attendu ; voyons, caballero. tout ceci est une plaisanterie, vous avez voulu vous moquer de nous ?

— Seigneurie, je ne me permettrais pas une telle inconvenance; je tiens seulement à me justifier près de vous, et à prouver que je n'ai rien avancé qui ne fût vrai en soutenant que cet homme est un espion des Ladrones; veuillez, je vous prie, donner l'ordre qu'un bain soit immédiatement préparé.

— Enfin, puisque vous l'exigez.

— Oui, oui, Seigneurie, je l'exige ; j'ajouterai même ceci : si jamais vous n'avez vu un serpent changer de peau, avant quelques minutes vous aurez ce plaisir.

— Voilà qui est étrange ! dit le gouverneur.

— Eh mon Dieu! non, Seigneurie, c'est de l'observation, voilà tout. Examinez attentivement les traits de cet homme. Oh! il est bien déguisé! il est passé maître dans cet art! je ne suis nullement étonné que tout le monde y ait été pris. Mais tout peut se changer excepté l'œil; cet homme est brun, son teint est olivâtre, mais son œil est bleu; ses cils, bien qu'il eût essayé de les teindre, sont blonds par places. Je vous le répète, Seigneurie, faites plonger cet homme dans un bain; en moins de cinq minutes les écailles du serpent seront tombées, le faux Espagnol aura disparu; vous serez tout surpris de voir surgir à sa place le *Ladron*.

Le gouverneur sembla se consulter un instant.

— Tout cela est spécieux, dit-il ; il est évident que cet homme se trompe ou veut me tromper; mon devoir exige impérieusement que je ne lui refuse pas de tenter cette expérience, qu'il prétend décisive. Soit, puisqu'il le faut, afin de bien vous prouver l'erreur dans laquelle vous êtes, l'ordre que vous réclamez va être donné : Marino! Marino!

A cet appel, le guichetier passa sa tête de fouine par l'entre-bâillement de la porte.

— Que désirez-vous, Seigneurie? demanda-t-il.

L'Olonnais arrêta d'un geste le gouverneur, et s'adressant au gardien :

— Apportez une cuvette avec de l'eau et une serviette, dit-il, et, s'inclinant avec ironie devant le gouverneur : Bien joué, Seigneurie, ajouta-t-il ; bien joué et admirablement réussi; c'est vraiment plaisir de voir comment la

Sainte Inquisition développe l'intelligence. Seigneurie, agréez toutes mes félicitations; il est impossible de cacher sous des dehors plus séduisants, une plus complète perfidie. Allons, allons, Seigneurie, je vous le répète, c'est bien joué! Je me reconnais battu; puisque vous tenez absolument à savoir qui je suis, vous allez être satisfait; je crois, ajouta-t-il avec une mordante ironie, qu'en me reconnaissant, le drôle qui vous sert si bien de compère sera désagréablement surpris.

Le guichetier entra portant une cuvette pleine d'eau et une serviette; il déposa le tout sur la table, et sortit.

— Vous me permettez sans doute, Seigneurie? dit l'Olonnais d'une voix railleuse, en se débarrassant de son dolman.

Puis, sans même attendre une réponse, qui ne pouvait naturellement être qu'affirmative, il plongea sa tête dans l'eau et procéda à sa toilette.

Devant tant de courage et de sang-froid, les deux hommes restèrent atterrés.

Deux ou trois minutes s'écoulèrent pendant lesquelles un silence de mort régna dans la pièce.

Tout à coup l'Olonnais arracha sa perruque qu'il lança loin de lui, fit par un mouvement gracieux retomber ses longs cheveux blonds sur les épaules, se retourna, et laissant tomber la serviette dont il se couvrait le visage :

— Maintenant me reconnaissez-vous? demanda-t-il avec un sourire amer.

— L'Olonnais! s'écria le Chat-Tigre, en faisant malgré lui un pas en arrière; l'Olonnais! le matelot de Vent-en-Panne.

— Oui, l'Olonnais! reprit le jeune homme en redressant fièrement la tête, le matelot de Vent-en-Panne! qui n'est pas venu ici, ainsi que vous l'en accusez, pour espionner ce qui se fait dans la ville et préparer une expédition de flibustiers, mais pour défendre un homme injustement accusé et risquer sa tête, pour le soustraire aux odieuses machinations ourdies contre lui dans les ténèbres par ses lâches ennemis.

— Señor, dit alors le gouverneur, vous vous êtes indignement joué de moi; je pourrais me venger et vous faire jeter dans le cloaque dont je vous ai fait sortir; mais je méprise ces lâches représailles. Vous demeurerez ici, jusqu'à ce que le tribunal, qui se réunira immédiatement pour vous juger, ait décidé de votre sort.

— Señor gouverneur, avant que nous ne nous séparions, je désire vous dire quelques mots.

— Parlez, señor, que désirez-vous?

— Vous dire simplement ceci, señor, car je tiens à ce que vous ne me preniez pas pour un niais; or je veux que vous sachiez bien, señor, que pendant la longue conversation que nous avons eue ensemble, je n'ai pas un seul instant été dupe de vos beaux semblants de justice; dès les premiers mots je vous ai percé à jour, et j'ai deviné, au milieu de tous les détours dont vous enveloppiez vos phrases, le but mystérieux que vous essayiez d'atteindre. Cette comédie a été bien combinée, et surtout admirablement jouée. Si vous suivez pendant quelque temps encore les conseils du misérable dont les leçons vous profitent si bien, sur ma foi, vous deviendrez un grand artiste,

Le gouverneur se mordit les lèvres jusqu'au sang, mais il ne jugea pas à propos de relever cet amer sarcasme.

— Adieu, señor, dit-il; n'imputez qu'à vous seul la situation dans laquelle vous vous trouvez; préparez-vous à comparaître devant vos juges.

Il se détourna alors et quitta la prison, en ordonnant d'un geste au Chat-Tigre de le suivre; celui-ci hésita un instant, puis il se rapprocha de l'Olonnais presque à le toucher et, le regardant bien en face, avec une expression de sauglante ironie :

— Eh bien! compagnon, lui dit-il, ai-je pris ma revanche?

— Va, Judas! répondit le jeune homme, en haussant les épaules, tu es trop méprisable pour que j'aie seulement la pensée de te haïr!

En parlant ainsi il lui cracha au visage.

A ce sanglant outrage le Chat-Tigre poussa un rugissement de colère, et voulut s'élancer sur l'Olonnais; mais celui-ci était doué d'une vigueur athlétique, et s'attendait à cette attaque; il saisit les deux poignets du misérable, et malgré ses efforts désespérés, le contraignit à demeurer immobile.

— Va, lâche! reprit l'Olonnais, jouis de ton triomphe passager, mais hâte-toi! car je te le jure, si je meurs, je ne mourrai pas sans vengeance et cette vengeance sera terrible!

Il le repoussa alors loin de lui, et cela si brusquement que le Chat-Tigre recula en chancelant jusqu'à la muraille contre laquelle il se heurta avec force; il se redressa tout étourdi et lança un regard horrible à son ennemi :

— Au revoir! lui dit-il, d'une voix effrayante.

Et il sortit.

Une heure environ s'était écoulée depuis le départ du Chat-Tigre, lorsque l'Olonnais fut tiré subitement de l'espèce d'engourdissement, dans lequel il était tombé à la suite de la longue lutte morale qu'il avait eu à soutenir, par le bruit fait par le geôlier en ouvrant la porte de sa prison.

— Qu'y a-t-il encore? demanda le jeune homme.

Le geôlier ne sembla pas l'avoir entendu, et s'adressant à des personnes que le prisonnier ne voyait pas :

— Entrez, señoras, dit-il; c'est ici que se trouve l'homme que vous demandez. Souvenez-vous seulement que vous ne pouvez pas demeurer plus d'une demi-heure avec lui.

Deux dames voilées entrèrent alors d'un pas hésitant.

Le geôlier se retira en refermant soigneusement la porte derrière lui.

L'Olonnais s'était levé, ne comprenant rien à ce qui se passait.

Les deux dames levèrent leurs voiles; le jeune homme poussa un cri de surprise, presque d'épouvante.

Les deux visiteuses étaient la duchesse de la Torre et sa fille doña Violenta.

XIV

COMMENT BOTHWELL S'ACQUITTA DE LA MISSION QUI LUI AVAIT ÉTÉ CONFIÉE PAR LE CHAT-TIGRE

Nous reviendrons maintenant à ce brave Pitrians que nous avons abandonné au moment où, après avoir exécuté une charge brillante pour sauver son ami, et qui aurait réussi si l'Olonnais n'avait pas eu la cuisse prise sous son cheval, il s'était élancé à toute bride à travers la campagne en passant à traver ses ennemis, blessant et renversant ceux qui essayaient de l'arrêter.

Le cheval de Pitrians était une bête de choix, pleine de feu, par conséquent capable de fournir une longue traite, et cela d'autant plus que, loin d'avoir été surmenée, elle s'était reposée pendant près d'une heure tandis que les deux amis causaient entre eux.

Les agents de police avaient promptement renoncé à poursuivre un homme qu'ils se reconnaissaient dans l'impossibilité d'atteindre, et pour lequel ils éprouvaient un respect ressemblant beaucoup à de la terreur.

Pitrians, après avoir fait un crochet qui le ramena sous le couvert, remit son cheval au pas, chargea ses pistolets, rétablit le désordre de ses vêtements dont il fit disparaître toute trace accusatrice, et, fort attristé du malheur arrivé à son ami, bien que personnellement il fût rassuré sur les suites immédiates que sa fuite pourrait avoir, il se dirigea paisiblement et comme un promeneur désœuvré vers Médellin, où il arriva la cigarette à la bouche.

Le jeune homme se rendit tout droit à la principale pulqueria du village, située sur une place, au milieu de laquelle se trouvait un bassin, entouré de grenadiers et de lauriers roses en fleur, lançant dans les airs une gerbe d'eau rafraîchissant agréablement l'atmosphère.

Il mit pied à terre, cacha ses pistolets dans sa ceinture, attacha son cheval à un anneau scellé dans la muraille, et pénétra dans la grande salle de la pulqueria.

C'était à peu près l'heure où la *siesta* est sur le point de finir; les habitants de Médellin étaient encore plongés dans un sommeil profond et réparateur; les chiens eux-mêmes, étendus à l'ombre des maisons, faisaient bravement leur somme.

La grande salle était vide; le pulquero, gros homme à la face rubiconde et au ventre piriforme, sommeillait derrière son comptoir, en dodelinant de la tête et barytonnant du nez, ce qui produisait un grondement connu, ressemblant assez à un tonnerre lointain.

Pitrians s'assit devant une table, sur laquelle il frappa aussitôt à coups redoublés en criant d'une voix sonore :

— Ave Maria purisima !

Ce à quoi le pulquero, ouvrant machinalement les yeux, répondit, sans avoir conscience de ce qu'il disait, par les paroles sacramentelles :

— Sin pecado concebida! puis un peu plus éveillé, il ajouta : Que désirez-vous, señor?

— Du tepache, répondit bravement l'aventurier; surtout qu'il soit bon.

Le pulquero se leva en grommelant, de fort mauvaise humeur d'être dérangé dans son sommeil; le digne homme ne comprenait pas comment, lorsqu'il est si agréable de faire sa siesta, on pouvait avoir la pensée saugrenue de venir troubler le repos des honnêtes gens pour boire du tepache; cependant il s'exécuta.

— Eh! compadre, lui dit gaiement Pitrians, est-ce que vous me laisserez boire seul? Votre tepache embaume, il doit être excellent; mais je le trouverais bien meilleur encore, si vous en buviez un verre avec moi.

— Eh! fit le pulquero, dont la large face s'épanouit, et qui était en réalité un brave homme, ne dédaignant pas à l'occasion de lancer le mot pour rire, est-ce que vous craignez d'être empoisonné, compadre?

— Non, mais je suis voyageur; je n'aime pas boire seul.

— C'est une bonne habitude que vous avez là, compadre, la liqueur semble meilleure quand on est deux; tout en buvant on cause.

— Voilà; vous avez mis le doigt sur la question; du reste, je ne suis pas tout à fait étranger à Médellin.

— Ah! vous êtes déjà venu par ici? En effet, à présent que je vous regarde, il me semble que votre visage ne m'est pas inconnu.

— Je suis marchand ambulant, il y a un mois environ j'ai passé par ici; j'y suis même resté pendant deux jours.

— Ah! et chez qui avez-vous logé?

— Chez un homme que vous devez connaître, un haciendero, nommé don Pedro Garcias.

— Certes je le connais, c'est un de mes grands amis, nous sommes même compères.

— Savez-vous s'il est à Médellin en ce moment, j'aurais été charmé de le voir?

— Non, il n'y est pas, mais je sais pertinemment qu'on l'attend demain matin.

Pitrians, très contrarié de cette absence, n'en fit rien paraître.

— Eh bien! dit-il avec une apparente insouciance, voilà qui est assez désagréable pour moi; je comptais précisément faire une visite à votre compère, parce qu'il est probable que je n'aurai pas d'ici à longtemps l'occasion de le revoir.

— Ah bah!

— Mon Dieu, oui! presque toutes mes marchandises sont vendues, je compte retourner bientôt dans l'intérieur.

— Ah! voilà une nouvelle qui certainement chagrinera mon compère; mais ne pouvez-vous rester au moins jusqu'à demain? Je vous l'ai dit, peut-être viendra-t-il ce soir.

— Malheureusement, cela m'est impossible. Les affaires n'attendent pas; j'ai justement un rendez-vous ce soir, un peu avant la tombée de la nuit, à la *Venta del Potrero*, à quatre lieues d'ici, avec des marchands qui doivent me

LES ROIS DE L'OCÉAN 161

Deux coups de feu éclatèrent : le bandit roula sur le sol en poussant un cri d'agonie horrible.

donner un chargement pour Mexico, où je retourne avec mes mules à vide.
— La Venta del Potrero ne se trouve-t-elle pas presque sur le bord de la mer, près de la route de Manantial?
— Oui, c'est cela même.
— Eh bien, mais attendez donc; rien de plus simple : si mon compère arrive ce soir, je lui dirai que vous êtes venu le demander, que vous avez paru très chagrin de ne pas le voir, parce que vous vous proposez de retourner dans l'in-

Liv. 51. F. ROY, édit. — Reproduction interdite.   21 VENT-EN-PANNE.

térieur, et que s'il désire vous faire ses adieux, il vous trouvera à la Venta del Potrero ; voilà il me semble qui arrange tout ?

— Parfaitement ; votre idée est excellente.

— Eh bien ! c'est convenu ; je ne manquerai pas de le lui dire ; ah ! à propos, comment vous nomme-t-on ?

— Ah ! ce ne sont pas les noms qui me manquent ; j'en ai plus que de piastres ; mais à cause de mon teint, on est accoutumé à m'appeler El Moreno.

— Bon, c'est entendu.

— Mais si vous ne voyez pas votre compère ?

— C'est impossible ; il est obligé de passer devant ma porte pour rentrer chez lui ; il ne me ferait pas l'affront de passer sans me dire bonsoir, et boire avec moi un *targo* de tepache ou d'aguardiente.

Pitrians se leva, paya sa consommation, et sortit, en priant une dernière fois le pulquero de ne pas oublier sa promesse.

Le jeune homme était assez satisfait du résultat de sa démarche ; il savait fort bien qu'en ce moment don Pedro Garcias, dont la contrebande était en somme le principal commerce, restait rarement deux ou trois jours sans visiter sa maison, qui lui servait tout simplement d'entrepôt ; aussi, dans la situation désespérée où il se trouvait, ne voulait-il rien négliger. C'était surtout sur le hasard qu'il comptait pour échapper à ceux qui avaient tant d'intérêt à s'emparer de lui. De quoi s'agissait-il, au résumé ? de déjouer pendant quelques heures les recherches de ses ennemis, pas davantage, puisque les flibustiers devaient, à moins d'un contretemps impossible à prévoir, arriver le lendemain dans la nuit sur la côte mexicaine, et qu'alors tout changerait nécessairement de face pour lui.

Il remonta à cheval d'un air guilleret, salua le pulquero, qui s'était mis sur sa porte pour le regarder partir, puis après avoir allumé une cigarette, il s'éloigna au grand trot dans une direction diamétralement opposée à celle qu'il se proposait de suivre.

Il était environ cinq heures et demie du soir, lorsque Pitrians atteignit la falaise, au pied de laquelle se trouvait la grotte où nous avons déjà introduit le lecteur.

Le jeune homme inspecta les environs d'un regard inquisiteur ; au lieu de se diriger vers la falaise, il fit volte-face, gagna au galop un bois voisin ; là il mit pied à terre, fit tomber le mors sur le cou de son cheval, afin que l'animal pût brouter en liberté, et après l'avoir solidement attaché, il retourna lentement vers la plage.

Pitrians était tout le contraire d'un imbécile ; issu de vieille race normande, il ne faisait rien sans y avoir mûrement réfléchi, et surtout en avoir calculé toutes les chances ; au lieu de tourner la falaise, et de se glisser dans la grotte, ce que bien d'autres n'auraient pas hésité à faire à sa place, le jeune homme jugea plus prudent de gravir la falaise elle-même ; une fois sur le sommet, il s'étendit au milieu des broussailles, des restes de bois mort, non consumé quand dans une précédente occasion il avait allumé du feu, et réussit à si bien dissimuler sa présence qu'il était impossible de l'apercevoir ; tandis que lui, au contraire, de la position élevée qu'il occupait, il planait sur tous les environs à une distance énorme dans toutes les directions, et qu'on ne pouvait l'approcher sans qu'il s'en aperçût aussitôt.

— Eh! eh! fit-il en riant, dès qu'il eut complété son installation, me voici dans une position admirable! Qui m'assure que la caverne n'a pas été découverte, et qu'on ne l'a pas éventée depuis que j'y suis venu? L'éveil est donné maintenant; les Gavachos ne sont pas si bêtes qu'ils en ont l'air; qui sait si en ce moment il n'y a pas dans la caverne quelque bon apôtre embusqué, guettant mon arrivée? D'ailleurs, de toutes les façons, ma situation est bien plus agréable, je vois tout le monde et personne ne me voit, au lieu qu'en bas je risque d'être pris, comme dans une souricière; au moins, ici, j'ai de l'espace.

Tout en parlant ainsi avec lui-même sur ce ton de bonhomie narquoise qui faisait le fond de son caractère, Pitrians n'oubliait pas d'interroger l'horizon de temps en temps.

— Eh! eh! fit-il tout à coup, qu'est ceci? voici un cavalier qui a l'air bien pressé et il suit les sables; où diable peut-il aller par là? ce chemin ne mène nulle part. Eh pardieu! je ne me trompe pas, reprit-il, au bout d'un instant, c'est notre ami Bothwell! il vient ici évidemment. Quand je disais que la grotte était connue! Ah çà! que diable vient-il faire par ici, le camarade? Je ne serais pas fâché de le savoir; hum! hum! tout cela me semble louche. Laissons-le faire; en voilà un par exemple qui ne se doute pas qu'on le surveille si bien.

Pitrians ne s'était pas trompé, c'était en effet Bothwell qui s'avançait vers la falaise. Le bandit n'avait quitté la Vera-Cruz qu'assez tard; comme sa blessure le faisait encore souffrir, que du reste rien ne le pressait puisque d'après ses conventions avec le Chat-Tigre, il ne devait pas arriver à la caverne avant le coucher du soleil, il avait fait la route au petit pas; il se trouvait précisément à l'heure convenue en vue de l'endroit qu'on lui avait indiqué, puisque le soleil était sur le point de disparaître.

Cependant, à six ou sept cents pas de la falaise, Bothwell s'arrêta et explora les environs du regard; un silence profond planait sur la campagne, tout était désert comme au premier jour de la création; le bandit se rassura.

— Notre homme n'est pas assez fou pour s'être risqué de ce côté, dit-il; s'il le fait, ce ne sera que plus tard; à cette heure, il jouerait trop gros jeu et pourrait être découvert.

Après avoir ainsi parlé, Bothwell visita ses armes, fit sentir l'éperon à son cheval et continua à s'avancer; cependant, au bout de dix minutes, il retint de nouveau la bride; le bandit se sentait inquiet sans savoir pourquoi; ce paysage immobile et désert, cette mer profonde aux mystérieux murmures, sur l'immensité de laquelle n'apparaissait pas une voile, cette tranquillité imposante ne lui semblait pas naturelle; il se croyait menacé de quelque danger inconnu, quoique nul indice, si léger qu'il fût, ne vînt donner de poids à ses appréhensions ou justifier ses craintes; lui, l'homme au cœur de granit, il avait presque peur.

Cependant le soleil baissait de plus en plus à l'horizon; il n'apparaissait plus que comme une grosse boule rouge, sans chaleur et presque sans lumière, au niveau du pied des arbres. Quelques minutes encore, et dans ce pays où le crépuscule n'existe pas, le soleil aurait complètement disparu et la nuit serait venue profonde et ténébreuse.

Il n'y avait plus d'hésitation possible, l'heure d'agir allait sonner. Le bandit jeta autour de lui un dernier regard, afin de s'assurer qu'il était bien seul, et reprit sa marche en murmurant à demi-voix :

— Je suis fou ! qu'ai-je à craindre ? je suis bien armé ; d'ailleurs, je n'aurai affaire qu'à un seul homme !

Au moment où il atteignit le pied de la falaise, le soleil disparaissait, la nuit était faite.

— J'ai trop tardé, reprit le bandit ; comment me diriger maintenant dans cet infernal chaos ?

Après trois ou quatre minutes d'hésitation, il continua cependant à longer le pied de la falaise, et arrivé à son extrémité, il poussa son cheval dans la mer ; l'animal commença par se raidir sur ses quatre pieds, allonger le cou et sentir l'eau en renâclant ; il était évident que pour d'autres motifs que ceux de son maître, le cheval ne se souciait pas de s'avancer plus loin dans cette direction ; mais un violent coup d'éperon le contraignit à l'obéissance, et bien qu'en hésitant, il entra dans l'eau.

Pendant que ceci se passait au pied de la falaise, Pitrians, toujours juché sur son observatoire, ne demeurait pas oisif ; à un certain moment, une idée, qui devait être très singulière, ou plutôt très excentrique, comme on dirait aujourd'hui, lui traversa sans doute le cerveau, car le jeune homme se mit joyeusement à rire ; puis il déroula la *reata*, en cuir tressé, qu'il portait attachée à sa ceinture, attacha solidement une des extrémités à une pointe de rocher, laissa pendre le reste par-dessus le plateau ; puis, empoignant la *reata* des deux mains, il s'accroupit sur le bord de la falaise, passa par-dessus en faisant la culbute et se laissa doucement glisser dans le vide.

Le cheval de Bothwell, tout en tâtonnant et guidé avec précaution, avait réussi à tourner la falaise sans encombre ; bientôt le bandit découvrit l'ouverture de la caverne dans laquelle il se prépara à pénétrer.

Tout à coup le cheval fit un mouvement brusque qui faillit renverser son cavalier et s'affaissa sur ses jambes de derrière ; en même temps, le bandit était saisi à bras-le-corps par une étreinte puissante, irrésistible, et réduit à l'impuissance de faire le moindre mouvement.

A peine cette surprise était-elle exécutée, qu'une voix railleuse dit à l'oreille du bandit ces mots qui firent courir un frisson par tous ses membres, bien qu'ils n'eussent rien de menaçant en apparence :

— Eh bonsoir, cher monsieur Bothwell, comment cela va-t-il ? C'est bien charmant à vous de venir faire visite à un ami dans le malheur.

— Démon ! fit le bandit, si tu ne m'avais pas pris à l'improviste !

— Mon Dieu ! que voulez-vous ? continua Pitrians du même ton goguenard ; il faut en prendre votre parti, cher maître ; mieux que personne, vous savez que la vie est une suite non interrompue de surprises agréables ou fâcheuses, selon les circonstances ; mais voyons, là, franchement, donnez-moi votre avis, vous qui êtes connaisseur, comment trouvez-vous celle-ci ? pas mal exécutée, hein ? vous ne vous doutiez guère tout à l'heure, quand vous me cherchiez, de me rencontrer en train de me promener tranquillement sur la croupe de votre cheval?

Tout en parlant ainsi, Pitrians avait forcé d'un vigoureux coup de talon le cheval à se relever et à pénétrer dans la grotte; puis arrivé là, sans lâcher son prisonnier, le jeune homme s'était brusquement jeté de côté et l'avait ainsi entraîné dans sa chute.

A peine Bothwell fut-il à terre que Pitrians, sachant à quel homme il avait affaire, lui appuya lourdement le genou sur la poitrine; tandis que d'une main, il le retenait immobile, de l'autre, il lui enlevait ses armes.

— A présent, compagnon, lui dit-il, relevez-vous et soyez sage; mais d'abord croisez les bras derrière le dos, afin que je vous les attache; vous êtes un dangereux camarade, avec lequel ce serait folie de faire de la générosité; allons, hâtez-vous d'obéir, sinon je vous brûle!

Le bandit, contraint de s'exécuter, croisa les bras sans répondre.

— Voilà qui est fait, reprit Pitrians; attendez, nous n'en avons pas encore fini ensemble.

Le jeune homme battit le briquet et alluma une torche, qu'il plaça de façon à ce que la lueur ne fût pas aperçue du dehors.

— Là! dit-il alors, causons; je ne vous cache pas que j'ai certains renseignements à vous demander, auxquels vous me ferez le plaisir de répondre catégoriquement; c'est dans votre intérêt, que je vous donne ce conseil.

— Bon, répondit l'autre avec un sourire amer, pourquoi répondrais-je à vos questions? Que je garde ou non le silence, il est évident que vous me tuerez, n'est-ce pas?

— Je dois avouer, mon camarade, que vous avez deviné; ce qui fait énormément d'honneur à votre perspicacité.

— Eh bien, si vous me tuez, pourquoi me fatiguerai-je à répondre à vos questions?

— En ce moment, cher ami, vous me faites l'effet de manquer complètement de logique.

— Comment cela?

— Dame! je vous tuerai, c'est vrai, non pas parce que j'ai de la haine pour vous, je vous méprise trop pour cela; mais parce que, à mon avis, vous êtes une bête venimeuse, et que je crois rendre un éminent service à la société en la débarrassant de vous, tout simplement. Ce point arrêté que je vous tue, je puis le faire tout d'un coup en vous cassant la tête avec ce pistolet, ou en vous bâillonnant, vous attachant une pierre au cou et vous jetant à la mer; enfin j'ai mille manières de vous tuer raide.

— Ah! fit-il sourdement.

— Oui, mais il y a cent mille façons dont je puis faire usage pour vous infliger un martyre terrible, et vous contraindre à appeler la mort longtemps avant qu'elle daigne vous répondre. Me comprenez-vous bien? Il dépend donc absolument de vous de mourir d'un seul coup, sans souffrir, ou d'endurer un supplice de plusieurs heures. Vous étiez flibustier, Frère de la Côte, avant que de vous faire espion et mouchard; vous rappelez-vous les supplices que les Caraïbes infligent à leurs prisonniers? Eh bien! c'est une torture de ce genre que je tiens en réserve pour vous, si vous m'y contraignez ; vous voyez donc que vous avez tout à gagner à répondre à mes question.

Le visage du bandit était décomposé par la rage ; la certitude de son impuissance le rendait presque fou.

— Oh ! démon ! s'écria-t-il, tue-moi puisque tu me tiens ! si tu me laisses échapper...

— N'achevez pas, cher monsieur, c'est inutile, interrompit placidement Pitrians, je vous donne ma parole d'honneur et de Frère de la Côte que vous ne sortirez pas vivant de cette caverne, dans laquelle vous êtes si bêtement entré ; définitivement, voulez-vous me répondre, oui ou non ?

— Interroge, goddam ! puisqu'il le faut ! mais tu t'engages à me tuer raide ?

— Tout ce qu'il y a de plus raide, soit tranquille, répondit Pitrians avec un charmant sourire. Procédons par ordre ; où est mon camarade l'Olonnais ?

— Ah ! c'était donc l'Olonnais ! s'écria Bothwell en bondissant de fureur, et faisant un effort surhumain pour rompre ses liens.

— Oui, l'Olonnais, je puis vous dire cela, parce que je suis certain que vous n'irez pas le répéter ; calmez-vous et répondez-moi.

— L'Olonnais est prisonnier dans la forteresse, dont il ne sortira que pour être pendu.

— Amen, dit Pitrians avec onction ; mais cela n'est pas fait encore : entre la coupe et les lèvres, il y a un abîme. C'est étonnant, ajouta-t-il en se parlant à lui-même, comme je trouve des proverbes depuis que je suis déguisé en Espagnol ; cela tient à l'habit probablement. Puis, s'adressant au bandit : Quand l'Olonnais doit-il être pendu, cher ami ?

— Dans deux jours, trois au plus tard.

— Bon ; alors me voilà tranquille ; il est bien possible que d'ici là d'autres se balancent à sa place au bout d'une corde.

— Que voulez-vous dire ?

— Qu'est-ce que cela vous fait, cher monsieur ? Arrivons à vous. Qui vous a envoyé à ma recherche ?

— Le Chat-Tigre.

— Toujours malin comme un singe, ce Chat-Tigre ! fit Pitrians en raillant ; je ne connais personne pour réussir comme lui à faire des pattes de chat de ses amis. Il se serait bien gardé de se fourrer, lui, dans un pareil guêpier ! Ma foi, cher monsieur, vous êtes trop bête, vous n'avez que ce que vous méritez ; mais comment êtes-vous venu tout droit ici ?

— Le Chat-Tigre m'a enseigné cette caverne, et m'a assuré que je vous y rencontrerais.

— Eh bien ! vous le voyez, il n'a pas menti ; seulement il y a une variante, c'est moi qui vous ai rencontré. Comment le Chat-Tigre connaissait-il cette caverne ?

— Je l'ignore, il ne m'a rien dit à ce sujet.

— Et il vous a envoyé ainsi tout seul, pour me prendre ?

— Oui.

— Eh bien ! cher monsieur, tout ce que je vois de plus clair là-dedans, c'est que votre digne ami éprouvait le besoin de se débarrasser de vous. Où est le Chat-Tigre? que fait-il?

— Il est à la Vera-Cruz, chef de la police secrète du gouverneur; il porte le titre de capitaine et le nom de Peñaranda.

— Fort bien.

— Allons, finissons-en; je suis aussi fatigué de vous que vous devez l'être de moi.

— Puissamment raisonné, mon maître; si vous vous rappelez quelque prière, marmottez-la, et recommandez votre âme au diable; je vous accorde cinq minutes pour la lui jeter à la tête.

— Je n'ai jamais su de prières, je n'ai à me recommander ni à Dieu ni au diable, ils n'existent pas plus l'un que l'autre!

— Ce sont là vos opinions religieuses? Je ne vous en fais pas mon compliment.

Le bandit haussa les épaules.

— La mort n'est rien, dit-il, c'est la fin d'une vie misérable, le commencement du sommeil éternel, c'est-à-dire du néant; maintenant, faites de moi ce que vous voudrez, je ne répondrai plus.

— Levez-vous, dit Pitrians.

Bothwell se leva.

— Je veux que vous mouriez comme un homme, et non comme un veau à l'abattoir, dit Pitrians.

Et il détacha la corde qui lui garrottait les bras; le bandit sourit avec dédain en haussant les épaules.

Pitrians se recula de quelques pas et arma ses pistolets.

Bothewell épiait tous ses mouvements, il se ramassa sur lui-même, et s'élança par un bond de tigre vers l'entrée de la caverne.

Deux coups de feu éclatèrent, le bandit roula sur le sol en poussant un cri d'agonie horrible; il se débattit pendant quelques secondes, puis demeura immobile.

Il était mort!

La première balle lui avait fracassé le crâne, la seconde traversé le cœur.

Un cri assez rapproché répondit à celui poussé en tombant par le bandit.

— Eh! qu'est cela? murmura Pitrians en rechargeant vivement ses pistolets; ce misérable m'a-t-il menti? aurait-il des complices embusqués aux environs?

— Ne tirez pas! ne tirez pas! c'est un ami!

— Cordieu! s'il en est ainsi, nous allons avoir une belle bataille!

— Ne tirez pas! c'est un ami! reprit la voix, se rapprochant rapidement.

— Il me semble que je connais cette voix-là? fit Pitrians en se mettant prudemment sur la défensive.

— Eh compère! répondez donc si vous n'êtes pas mort! c'est moi, Pedro Garcias!

— Ah! fit le jeune homme avec soulagement, j'aime mieux cela; arrivez! arrivez, don Pedro, ajouta-t-il à haute voix, je suis vivant grâce à Dieu!

— Que Nuestra Señora de Guadalupe soit bénie! dit le Mexicain en apparaissant à l'entrée de la grotte. Caraï! il y a assez longtemps que je vous cherche!

Il trébucha contre le corps du bandit.

— Qu'est-ce que cela? s'écria-t-il, un cadavre! il y a donc eu combat?

— N'avez-vous rien entendu?

— Si fait, deux coups de feu.

— Eh bien! regardez cet homme, vous reconnaîtrez une ancienne connaissance.

L'haciendero prit la torche et se pencha sur le corps qu'il examina pendant quelques secondes.

— Eh! eh! fit-il, je crois bien que je le reconnais! Allons, il y a une justice au Ciel, puisque ce misérable a enfin reçu son châtiment; mais comment s'est-il trouvé ici?

— Dame! il y est venu tout seul; ce n'est pas moi qui suis allé le chercher.

— Je comprends cela! mais pourquoi est-il venu?

— Pour m'arrêter.

— Lui tout seul?

— Mon Dieu, oui.

— Alors il était fou!

— C'est ce que je lui ai dit, il n'a pas voulu me croire.

— Oui, et vous le lui avez prouvé; eh bien! tant pis pour lui et tant mieux pour vous; c'est un bandit de moins; par malheur il n'en manque pas d'autres de son espèce; ainsi n'en parlons plus.

— Pardon, cher don Pedro, parlons-en au contraire.

— Bon! pourquoi cela?

— Parce que, vivant, je me souciais très peu de sa compagnie, et que mort, je ne m'en soucie plus du tout.

— Et vous voulez vous en débarrasser? ce n'est pas difficile, il ne s'agit que de lui attacher une pierre au cou et le jeter à la mer.

— C'est ce que je vais faire; je ne me soucie pas qu'on le trouve ici.

— Mais j'espère bien que vous n'allez pas y rester?

— Dame! où voulez-vous que j'aille? je suis étranger dans ce pays.

— Vous allez revenir avec moi, mon maître. J'ai promis à votre compagnon de vous cacher en lieu sûr, je tiendrai ma promesse.

— Vous avez vu mon compagnon?

— Oui; je n'abandonne pas mes amis dans le malheur, moi. Je ne sais pas qui vous êtes ni l'un ni l'autre; je ne veux pas le savoir. Peut-être, si je cherchais bien, finirais-je par le deviner; mais j'ai pour habitude de ne jamais m'occuper de ce qui ne me regarde pas; et puis, vous êtes de franches natures, et vous me plaisez; ainsi laissons tout cela pour nous occuper des choses présentes.

Au moyen de la reata de Pitrians, le cadavre de Bothwell fut ficelé comme une carotte de tabac; on lui attacha une pierre au cou, puis, lorsqu'il eut été placé en travers sur la croupe du cheval qui l'avait conduit dans ce lieu, où il devait trouver la mort, l'haciendero se mit en selle, sortit de la grotte, fit avancer le cheval assez loin pour qu'il perdît pied, et lorsque l'animal eut nagé

D'un bond, le cheval franchit la brèche.

pendant environ dix minutes en avant, le Mexicain laissa tomber le cadavre à l'eau et s'en revint vers le rivage où Pitrians l'attendait; arrivé là, il mit pied à terre.

— Que faisons-nous du cheval? demanda l'haciendero.

— Pauvre bête, il n'est pas coupable, lui! retirez-lui la selle et la bride, et abandonnez-le à son instinct, il saura bien retrouver son *corral*.

— Vous avez raison, señor; pas plus que vous, je n'aurais le courage de tuer ce pauvre animal; laissons-le donc libre. Qu'on le retrouve ou non, notre position est tellement mauvaise qu'elle ne peut guère empirer. D'ailleurs qui s'intéressera au sort d'un drôle, comme celui que nous venons de jeter à la mer? personne.

Tout en discourant ainsi, l'haciendero avait dessellé l'animal, et, lui appliquant une forte claque sur la croupe :

— Allons, dit-il, va! te voici libre!

Le cheval poussa un hennissement joyeux, fit deux ou trois courbettes, en lançant des ruades à droite et à gauche, pointa les oreilles, s'élança au galop, et détala avec rapidité dans la direction de la Vera-Cruz.

— Le voilà parti, dit l'haciendero; demain à l'ouverture des portes de la ville, on le trouvera; avez-vous un cheval?

— Oui; il est caché à quelques pas d'ici, sous le couvert.

— Hâtez-vous de l'aller chercher, il faut que nous partions. Caraï! j'ai eu une bonne idée, d'aller boire un verre de tepache chez mon compère; sans cela je ne vous aurais jamais trouvé.

Une demi-heure plus tard, les deux hommes arrivaient à Médellin, sans avoir rencontré âme qui vive sur leur chemin, et l'haciendero introduisait Pitrians dans sa maison où il l'installait, dans une chambre secrète, connue de lui seul, et si adroitement dissimulée au milieu des autres appartements, qu'il était impossible de la découvrir.

XV

OU FLEUR-DE-MAI SE RÉSOUT A AGIR

Le lendemain, l'haciendero fut absent pendant toute la journée; il ne reparut à Médellin qu'un peu après le coucher du soleil; il se rendit aussitôt à la cachette dans laquelle il avait enfermé Pitrians.

— Eh bien? lui demanda celui-ci avec inquiétude, aussitôt qu'il l'aperçut.

— Tout va bien, répondit le Mexicain; j'arrive de la Vera-Cruz; on ne s'est pas aperçu de la disparition de l'homme que vous avez si prestement expédié hier au soir, ou du moins ceux qui s'en sont aperçus avaient sans doute grand intérêt à ne rien dire, ce qui revient au même, car ils n'ont pas soufflé mot. Je suis entré à la Vera Cruz au moment où on ouvrait les portes. Le cheval de ce pauvre diable était là, comme moi il attendait. A peine la porte eut-elle été ouverte qu'il la franchit d'un bond, s'élança à travers les rues : l'on eut beau courir après lui, ce fut peine perdue; mon gaillard détalait si rondement qu'on ne réussit pas à l'atteindre; il arriva ainsi chez son propriétaire qui se gardera bien de souffler mot, crainte de l'amende, pour avoir laissé son cheval vaquer dans les rues.

— Mais vous ne me dites rien de mon ami? comment est-il? que lui arrive-t-il?

— Votre ami a refusé de s'échapper.

— Que voulez-vous dire?

— La vérité, pas autre chose. Mme la duchesse de la Torre et sa fille se sont, on ne sait comment, introduites dans sa prison; quant à moi, je soupçonne fort le geôlier de s'être laissé gagner; je le connais, c'est mon compère; bref, les deux dames l'ont prié, supplié de se sauver en prenant le costume que l'une d'elles avait apporté; tout a été inutile, il n'a rien voulu entendre, et comme, malgré tout, ces dames persistaient à le faire évader, il a appelé le geôlier, lui a ordonné de reconduire ces dames, et l'a menacé de porter plainte contre lui au commandant de la forteresse, s'il s'entremettait de nouveau dans une affaire semblable; vous voyez d'ici la figure du geôlier!

— Oh! je reconnais bien là mon ami! s'écria Pitrians avec enthousiasme; est-il jugé?

— Je ne sais rien de positif à cet égard; cependant je crois que le tribunal doit se réunir ce soir, je ne puis rien vous dire de plus. Et vous, que comptez-vous faire?

— Il faut que je sorte à l'instant même, dit vivement le jeune homme.

— Rien de plus facile, je vous accompagnerai, si vous le désirez, jusqu'au bout du village?

Pitrians sembla sérieusement réfléchir pendant une minute ou deux; puis tout à coup posant doucement la main sur l'épaule du Mexicain:

— Mon cher don Pedro, dit-il d'une voix amicale et avec un accent de sensibilité dont l'haciendero fut étrangement surpris, vous êtes un brave et digne homme, vous nous avez rendu, à mon ami et à moi, de très importants services; mais il est une limite que l'honneur me défend de vous laisser franchir; bien que vous feigniez l'ignorance la plus complète, je sais que vous avez deviné qui nous sommes; nous suivre plus longtemps dans notre voie serait vous perdre, sans utilité pour nous; d'ici à quelques minutes, je vais risquer ma tête, je ne veux, sous aucun prétexte, risquer la vôtre; vous me comprenez, n'est-ce pas, don Pedro? Je n'ai donc pas besoin d'insister, laissez-moi sortir; ne vous informez pas de quel côté je me dirige; oubliez-moi, si faire se peut; et surtout, quand on vous interrogera à ce sujet, ne craignez pas de soutenir que mon ami et moi avons abusé de l'hospitalité que vous nous aviez si généreusement donnée, pour vous tromper indignement...

— Oh! señor!

— N'insistez point sur ce sujet, don Pedro; nous nous comprenons, n'est-ce pas? Embrassez-moi et séparons-nous.

Les deux hommes tombèrent dans les bras l'un de l'autre.

— Allons, adieu, don Pedro; qui sait si nous ne nous reverrons pas bientôt! dans tous les cas, souvenez-vous, quoi qu'il arrive, que vous avez deux amis sur lesquels vous pouvez compter en tout et pour tout; adieu, encore.

Le jeune homme monta sur le cheval que l'haciendero tenait prêt, s'enveloppa dans son manteau de façon à ne pas être reconnu de ceux qu'il rencontrerait; puis il s'éloigna au grand trot de Médellin, et se dirigea vers la mer.

Il était près de sept heures du soir, lorsque Pitrians se sépara de son hôte; il lui fallut plus d'une heure pour atteindre la falaise.

La nuit était sans lune, le ciel bas, couvert de nuages. Il n'y avait pas un souffle dans l'air; cependant la mer roulait des lames monstrueuses, qui venaient avec fracas se briser sur la plage; la chaleur était étouffante; parfois un éclair verdâtre zigzaguait les ténèbres et donnait un aspect fantastique aux accidents du paysage, qu'il éclairait, une seconde, pour les plonger subitement dans une obscurité plus profonde.

— Voilà une belle nuit pour un débarquement, murmura Pitrians à part lui; définitivement le bon Dieu nous protège.

Il abandonna son cheval à lui-même, et se glissa silencieusement dans la grotte; son premier soin fut d'allumer un grand feu, visible seulement de la mer et destiné à servir de phare aux flibustiers, en leur indiquant la direction à suivre.

Vers dix heures du soir, l'oreille exercée de Pitrians perçut un bruit sourd et cadencé, qui lui révéla l'approche de ses compagnons; ce bruit augmenta rapidement; de nombreuses pirogues émergèrent de l'obscurité, et entrèrent dans le cercle de lumière projetée par le feu. Bientôt le débarquement commença; en moins d'une demi-heure, six cents hommes étaient réunis avec armes et bagages dans la caverne.

Vent-en-Panne et les autres chefs de l'expédition arrivèrent dans la dernière pirogue. Pitrians fut fêté et embrassé par tous ses compagnons.

Lorsque les Frères de la Côte apprirent l'arrestation de l'Olonnais, ils se laissèrent aller à la plus grande fureur et firent le serment de mettre la ville à feu et à sang, si l'on touchait à un cheveu de leur compagnon. Cependant le calme se rétablit peu à peu, et le conseil des chefs se réunit.

Vent-en-Panne, au nom de tous, demanda à Pitrians ce qu'il convenait de faire. La flotte ne pouvait rester au mouillage provisoire qu'il avait choisi, elle se trouvait là dans une rade foraine, où il serait facile de l'attaquer avec avantage et même de la couler; la première chose à faire était donc de mettre les navires en sûreté.

— Rien n'est plus facile, répondit Pitrians qui s'était informé du nom et du tonnage des navires composant l'escadre; il y a en ce moment six bâtiments de guerre espagnols mouillés à Saint-Jean-de-Luz: deux vaisseaux, une frégate et trois corvettes; l'amiral espagnol attend incessamment l'arrivée de trois autres navires; au lever du soleil, la *Trinidad*, la *Psyché* et l'*Alerte* pourront arriver devant la Vera-Cruz, sous pavillon espagnol; comme ces trois bâtiments ont été tout récemment enlevés aux Gavachos, que leur prise est encore ignorée, l'amiral espagnol se laissera facilement tromper; nos bâtiments l'attaqueront à l'improviste, et en auront bon marché, nos deux derniers navires louvoieront à quelques encâblures au dehors. Au premier coup de canon, ils viendront donner dans la passe et se mêler au combat. Que pensez-vous de cela, frères?

— Parfaitement raisonné, dit Vent-en-Panne; Montauban, fais-moi le plaisir de retourner à bord et de prendre le commandement de la flotte. Tu m'enverras cent hommes encore; cinq cents te suffiront pour enlever l'escadre espagnole, et au besoin t'emparer de Saint-Jean-de-Luz ; je compte sur toi !

— C'est entendu, frère, il sera fait comme tu le désires ; mais rien ne presse encore, laisse-moi rester jusqu'à la fin du conseil, il est bon que je sois au courant de tout ce que vous voulez faire.

— Soit! répondit Vent-en-Panne, et élevant la voix : Approchez-vous tous, frères, dit-il, ce que je vais dire vous regarde.

Les flibustiers se rapprochèrent curieusement, Vent-en-Panne fit dresser une barrique, sur laquelle il monta et se tint debout.

C'était quelque chose d'étrange et de saisissant que l'aspect de tous ces hommes couverts de vêtements en lambeaux, tachés de sang et de graisse, armés jusqu'aux dents et dont les traits farouches éclairés par les reflets rougeâtres de la flamme prenaient une expression étrange, et qui les yeux écarquillés, la physionomie inquiète, le corps penché en avant, écoutaient avec avidité les paroles de cet homme à mufle de lion les haranguant debout sur une barrique et les deux mains appuyées sur le canon de son fusil.

— Frères, dit Vent-en-Panne de sa voix sonore et accentuée, vous me connaissez et vous m'aimez tous, car vous savez que je vous aime ; maintes fois, vous m'avez suivi dans des expéditions périlleuses ; jamais je ne vous ai trompés, toujours j'ai tenu à vous bien faire connaître toute la vérité ; écoutez-moi donc avec toute l'attention dont vous êtes capables.

— Oui, oui, répondirent les flibustiers ; va, frère, nous sommes avec toi.

— L'expédition que nous tentons aujourd'hui n'est pas un de ces coups de main, communs et journaliers, comme nous en exécutons si souvent ; je croirais celle-ci presque impossible, sans l'expérience et la valeur de ceux qui m'écoutent. Chacun de nous, frères, sait que les Gavachos ont toujours de bonnes troupes dans les places aussi considérables que la Vera-Cruz, à cause de l'étendue du commerce et de la richesse des négociants ; cette ville, continua-t-il, possède au moins trois mille soldats pour sa défense ; en moins de vingt-quatre heures, elle peut en faire venir dix ou quinze mille, sans compter huit cents hommes de garnison et soixante pièces de canon de gros calibre qui sont dans la forteresse de Saint-Jean-de-Luz et dont la moitié commande la mer et l'autre protège la Vera-Cruz ; je sais que tout cela n'est pas suffisant pour faire manquer l'entreprise ; mais si nous n'y prenions garde, les Espagnols sauraient la faire traîner en longueur et se donner ainsi le temps de transporter, comme ils en ont l'habitude, leurs richesses ailleurs ; de les enfouir en terre, et de se cacher eux-mêmes dans les bois. C'est là, frères, vous ne l'avez que trop souvent éprouvé, c'est là, dis-je, que les Gavachos attendent tranquillement l'effet de la descente des flibustiers et le temps de leur départ, afin de rentrer dans la ville. Ainsi je le répète : leur milice, leur forteresse et le reste, ne doivent pas nous préoccuper ; pour réussir dans notre entreprise, il ne nous faut que trois choses, et ces trois choses, grâce à Dieu, nous les possédons : du courage, de la célérité et du secret. Je considère donc, dès à présent, l'expédition comme terminée à notre avantage, d'autant plus qu'un des nôtres, le plus aimé peut-être d'entre nous, l'Olonnais, est prisonnier des Gavachos, que nous avons juré de le sauver ou de le venger et que ce serment, nous le tiendrons

— Oui, oui, crièrent les flibustiers en agitant leur armes ; vive Vent-en-Panne, vive l'Olonnais ! à bas les Gavachos !

— Pitrians, demanda Vent-en-Panne, combien de temps nous faut-il pour arriver à la Vera-Cruz ?

— Une heure et demie, amiral.

— A quelle heure ouvrent les portes ?

— Au lever du soleil, c'est-à-dire à six heures.

— C'est bien, on dormira jusqu'à quatre heures du matin, à quatre heures branle-bas ; il faut au lever du soleil être devant la Vera-Cruz ; c'est entendu, n'est-ce pas ? Allez dormir.

Vent-en-Panne sauta de son tonneau et s'adressant à Montauban :

— Frère, lui dit-il, retourne à ton bord ; il importe que ton attaque coïncide avec la nôtre.

Une demi-heure plus tard, les cent hommes demandés par Vent-en-Panne étaient débarqués, et l'escadre appareillait.

Les flibustiers s'étaient étendus çà et là sur le sol et dormaient à poings fermés, avec cette insouciance caractéristique des gens pour lesquels la vie est un danger perpétuel et qui par conséquent ne songent même plus au péril ; les chefs seuls étaient éveillés, ils écoutaient le récit imagé que leur faisait Pitrians de ce qui s'était passé à la Vera-Cruz et de la façon dont l'Olonnais et lui étaient tombés dans le guet-apens tendu par le Chat-Tigre ; les flibustiers reçurent avec joie la nouvelle de la mort de Bothwell et ils se jurèrent que le Chat-Tigre ne tarderait pas à le rejoindre.

— Tu nous serviras de guide, n'est-ce pas, Pitrians ? dit Vent-en-Panne, quand le jeune homme eut terminé son long récit.

— Fichtre ! je le crois bien ; vous ne me l'auriez pas demandé que je me fusse offert ! s'écria-t-il, vous comprenez bien que je ne peux pas laisser mon ami entre les mains des Gavachos !

— N'aie pas peur, enfant, ton ami est mon matelot ; il ne court aucun risque ; je saurai le protéger envers et contre tous, je te le jure. Dis-moi, tu n'as pas été sans examiner un peu la Vera-Cruz ; ses fortifications sont-elles bonnes ?

— Heu ! heu ! pas trop ; d'abord elles ne sont pas terminées.

— C'est déjà quelque chose ; ensuite ?

— Ensuite les soldats sont mal disciplinés, et surtout mal commandés.

— Combien la ville a-t-elle de portes ?

— Deux, l'une donne sur la route de Mexico, l'autre, celle de la forteresse, donne sur la campagne ; il y a deux poternes.

— Bon, tu m'indiqueras tout cela sur le terrain. Ah çà ! mais, et cette forteresse ? elle me trotte dans la tête, qu'est-ce que c'est ?

— Dame ! c'est une forteresse comme toutes les autres ; seulement elle a pour nous un grand avantage, dit en riant le jeune homme.

— Lequel ?

— C'est que, faite principalement pour protéger la ville contre les Indiens, tous ses canons sont braqués sur la campagne.

— Je reconnais bien là la sottise des Gavachos! s'écria le beau Laurent en riant.

— Voyons, entendons-nous, reprit Vent-en-Panne. Nous avons sept cents hommes et quatre points à attaquer simultanément : nous formerons quatre détachements forts de deux cent cinquante hommes chacun, cela suffira; ils seront commandés, le premier par moi, le second par le beau Laurent; ceux qui prendront les poternes seront chacun de cent hommes, et auront pour chefs Michel le Basque et David. Tu connais le pays, toi? ajouta-t-il en s'adressant particulièrement au capitaine; tu partiras en avant avec ta troupe en batteur d'estrade; le beau Laurent te suivra. Il faut que les deux poternes soient bloquées avant même que nous autres nous arrivions aux portes, tu comprends mon projet, n'est-ce pas?

— Parfaitement, sois tranquille; d'ailleurs tu sais que moi aussi j'ai un compte à régler avec les Gavachos.

— Eh bien! mes enfants, à présent que tout est réglé, je crois qu'il est temps de faire un somme; demain, il faut que nous soyons bien éveillés.

Les chefs flibustiers s'enveloppèrent dans leurs manteaux. Bientôt personne ne fut plus éveillé dans la caverne. Les Frères de la Côte avaient jugé prudent de ne placer aucune sentinelle au dehors; ils voulaient autant que possible éviter que le hasard révélât leur présence.

A peine le calme le plus profond régnait-il dans la grotte qu'une forme svelte, presque diaphane, se détacha de l'un des angles les plus obscurs, et s'avança d'un pas léger mais rapide vers Pitrians. Cette forme était celle d'une femme; cependant son costume aurait été plutôt celui d'un homme sans le coquet jupon serré à sa taille et lui descendant jusqu'aux genoux par-dessus son pantalon de matelot. Cette femme était armée comme aurait pu l'être un flibustier; elle se pencha vers Pitrians et lui toucha doucement l'épaule.

— Ah! c'est toi, Fleur-de-Mai? dit le jeune homme en ouvrant les yeux.

La jeune fille posa un doigt sur ses lèvres, pour lui recommander le silence, en même temps qu'elle lui faisait signe de la suivre; Pitrians se leva aussitôt et quitta la grotte sur les pas de la jeune fille; quand elle eut tourné la falaise et atteint le rivage, elle s'arrêta.

— Que veux-tu? lui demanda le flibustier.

Un sourire triste erra pendant une seconde sur les lèvres de l'enfant.

— Pitrians, lui dit-elle enfin, tu aimes l'Olonnais, n'est-ce pas? tu es son ami?

— Oui, répondit-il avec chaleur.

— Pourquoi donc, s'il en est ainsi, n'as-tu pas défendu ton ami? pourquoi l'as-tu laissé prendre par les Gavachos?

— Tu me fais injure, Fleur-de-Mai; je n'ai pas abandonné mon ami; j'ai combattu bravement pour le défendre; si je ne l'ai pas sauvé, c'est que lui-même m'a ordonné de partir.

— Oui, fit-elle en hochant la tête d'un air de doute; on dit cela, mais celui qui le dit ne le croit pas lui-même! Pitrians, tu t'es mal conduit; tu ne devais pas abandonner ton frère.

— Peut-être as-tu raison en effet, dit le flibustier d'une voix sourde ; je me suis souvent reproché de lui avoir obéi.

— Veux-tu réparer ta faute, Pitrians ? reprit la jeune fille avec un sourire enfantin, plein de ce charme dont elle possédait si bien le secret.

— Certes, je le veux, répondit-il vivement ; que faut-il faire pour cela, Fleur-de-Mai ?

— Il faut me donner les moyens de m'introduire dans la ville, cette nuit même.

— Tu es folle, enfant ! s'écria le jeune homme en faisant malgré lui un bond de surprise ; les Gavachos te tueront !

La jeune fille secoua la tête.

— Non, répondit-elle avec une angélique douceur ; pourquoi me feraient-ils du mal, puisque je ne veux pas leur en faire ?

— Mais enfin, quel est ton projet, Fleur-de-Mai ?

— A quoi bon te le dire ? tu ne le comprendrais pas. Veux-tu faire ce que je te demande ?

— Mais c'est impossible, enfant que tu es !

— Pourquoi te sers-tu de ce mot ? nos frères ne l'emploient jamais, ils prétendent qu'il n'est bon que pour les lâches.

— Écoute-moi, Fleur-de-Mai, je t'en supplie.

— C'est inutile, puisque tu ne veux pas me servir ; mon temps est précieux, je ne puis le perdre ainsi ; adieu, Pitrians.

Elle se détourna et se dirigea vers l'intérieur des terres, le jeune homme s'élança après elle et l'eut bientôt rejointe.

— Voyons, lui dit-il en lui prenant les mains, que veux-tu ? Parle, je le ferai, car Dieu me pardonne ! si je n'y consentais pas, je ne sais ce qui arriverait !

— Tu me le promets, Pitrians ? bien vrai ?

— Oui, bien vrai, entêtée.

— Eh bien ! je te le répète, fournis-moi les moyens de m'introduire dans la ville, je ne te demande que cela.

— Que cela ! fit Pitrians qui ne put s'empêcher de rire de la naïveté de la jeune fille ; enfin, je vais essayer, suis-moi.

— Où me conduis-tu ?

— Chez un ami, sois sans crainte.

— Oh ! je ne crains rien avec toi, Pitrians ; pourquoi craindrais-je ? je sais que tu ne voudrais pas me faire du mal ; d'ailleurs Dieu ne le permettrait pas ; marche vite, tu sais que je suis habituée à errer dans les bois.

Rassuré par ces mots, Pitrians allongea le pas ; bientôt les jeunes gens atteignirent le couvert et s'engagèrent dans une sente étroite aboutissant à Médellin ; à peine marchaient-ils sous bois depuis dix minutes, lorsque Pitrians crut entendre le bruit sourd du pas d'un cheval, à une distance assez rapprochée.

Il fit signe à sa compagne de s'arrêter et prêta attentivement l'oreille : bientôt il ne lui resta plus le moindre doute, c'était bien le pas d'un cheval qu'il avait entendu.

LES ROIS DE L'OCÉAN

Surpris à l'improviste par l'invasion des flibustiers, il hésitait, balbutiait.

— Pardieu ! murmura le jeune homme, voilà qui serait singulier ! Eh ! vive Dieu ! je veux m'en assurer !

Il se pencha à l'oreille de la jeune fille, lui recommanda de l'attendre sans bouger de place, et il s'élança en avant, tout en prenant garde de ne pas être découvert. Une chose l'intriguait : c'était le bruit sourd, presque imperceptible des pas du cheval.

Liv. 53. F. ROY, édit. — Reproduction interdite.   23   VENT-EN-PANNE

— Il y a quelque chose là-dessous, murmura-t-il, est-ce que mon gaillard aurait fait, pour les pieds de son cheval, ce que nous faisons pour nos avirons, et les aurait garnis au portage ? c'est bien possible !

Pitrians s'était embusqué derrière un énorme tronc d'arbre que le cavalier mystérieux devait presque frôler en passant ; lorsque celui-ci ne fut plus qu'à deux ou trois pas, Pitrians, sans se montrer, dit à voix haute :

— Quel motif si sérieux oblige don Pedro Garcias à se promener de nuit dans la campagne, en chaussant de feutre les pieds de son cheval, afin d'étouffer le bruit de ses pas ?

— Au diable les précautions ! dit celui-ci d'un ton de mauvaise humeur ; qui es-tu donc, l'ami, toi qui me connais si bien et que je ne vois pas ?

— Je suis un ami, en effet, señor don Pedro, répondit le jeune homme en sortant de son embuscade.

— Attends que je te dévisage, beau ténébreux, dit le Mexicain, puis ensuite nous causerons. Tout en répondant ainsi, l'haciendero avait pris une cigarette toute faite qu'il portait derrière l'oreille, avait battu le briquet et l'avait allumée.

— Ah ! ah ! fit-il, c'est vous, compagnon ? Enchanté de vous voir, mais permettez-moi de vous retourner votre question ; que diable avez-vous à vous promener ainsi de nuit ?

— Je fais ce que vous faites, pardieu !

— Comment ce que je fais ?

— Eh oui ! Voyons, soyez franc, don Pedro ; ce que je vous ai dit vous a mis la puce à l'oreille, n'est-ce pas ? l'inquiétude s'est emparée de vous et, poussé par votre bon cœur, au lieu de vous coucher tranquillement, comme vous auriez dû le faire, vous vous êtes mis à ma recherche, pour voir si vous ne pourriez pas m'être utile à quelque chose ?

— Eh bien ! puisque vous devinez si bien, compagnon, je ne finasserai pas avec vous ; ce que vous dites est la vérité ; puis-je vous servir ?

— Oui, non seulement me servir, mais encore me rendre un grand service.

— Alors, expliquez-vous vivement, vous pouvez compter sur moi.

— Parbleu ! je le sais bien ! Accours, Fleur-de-Mai ! ajouta-t-il en élevant la voix.

— Qu'est-ce que c'est que cela, Fleur-de-Mai ? demanda le Mexicain tout intrigué.

— Vous allez voir, don Pedro ; un peu de patience, que diable !

En ce moment la jeune fille arriva courant comme une biche effarouchée.

— Tu m'as appelée, frère, me voici, dit-elle.

— Dieu, la charmante fille ! s'écria l'haciendero, c'est votre sœur ?

— Oui, répondit Pitrians en faisant un geste d'intelligence à Fleur-de-Mai.

— Caraï ! d'où vient-elle comme cela ?

— Elle vient de la mer, dit le flibustier avec intention.

— Très bien, compère ! dit l'haciendero d'un air narquois ; sans doute, elle n'est pas venue seule ?

— Eh ! eh ! fit Pitrians avec un rire jovial, elle était quelque peu accompagnée.

— Bon, bon ! ce sont vos affaires ; cela ne me regarde pas ; que désire cette chère enfant ?
— Oh ! une chose bien difficile.
— Est-elle impossible ?
— Dame ! je ne jurerais pas que non !
— S'il y a doute, je me risque, allez. Que désire-t-elle ?
— Elle veut cette nuit même entrer dans la Vera-Cruz.
— Bon, si ce n'est que cela, c'est la moindre des choses ; ne savez-vous pas que j'ai l'habitude de passer toujours à côté des portes ? Est-ce tout ?
— Non, il y a autre chose encore.
— Quoi donc ?
— Elle veut que vous la fassiez pénétrer dans la prison où est renfermé mon camarade.
— Caraï ! dit l'haciendero en se grattant la tête, ceci est plus difficile.
— Cela ne se peut point, n'est-ce pas ?
— Je n'ai pas dit cela. Est-ce que le geôlier n'est pas mon compère ?
— C'est vrai ! vous avez des compères partout !
— Vous voyez que cela peut servir au besoin ! reprit-il avec un fin sourire.
— C'est juste, j'ai tort.
— Allons, la belle enfant, enveloppez-vous de ce manteau, sautez sur la croupe de mon cheval, et tenez-vous solidement à ma ceinture ; nous allons faire le métier du diable !
— Vous me répondez d'elle, don Pedro ?
— Comme de ma propre fille ; vous décidez-vous, chère petite ?
— Oui, répondit-elle résolument, parce que vous êtes bon, et que j'ai confiance en vous. Frère, donne-moi ton Gelin, et ta corne à poudre.
— Mais tu as déjà un Gelin, chère enfant.
— Donne-moi ce que je te demande, frère.
— Allons, allons, ne te fâche pas, entêtée ; voilà le Gelin et la corne à poudre. Que diable veux-tu faire de cela ?
— Je ne puis pas te le dire. Adieu, mon bon Pitrians, ajouta-t-elle en lui tendant la main ; si tu sais une prière, dis-la à mon intention.
— Diable soit de la petite fille ! grommela le flibustier avec émotion, elle ferait pleurer un saint de pierre. Va ! le Ciel te protégera, bonne chance ! Don Pedro, veillez sur elle.
— Je vous le jure !
Les deux hommes échangèrent un dernier adieu, le Mexicain piqua son cheval, et Pitrians regagna tout pensif la caverne ; il s'assit près du feu ; l'envie de dormir lui était complètement passée ; il songeait.
Cependant le Mexicain et la jeune fille galopaient vers la Vera-Cruz.
— C'est un arsenal que vous portez, jeune fille ? dit curieusement l'haciendero au bout d'un moment.
— Je n'ai que deux fusils, deux paires de pistolets et deux poignards.
— Caraï ! je trouve que c'est très joli comme cela ; à quoi bon vous être chargée de ces armes ?
— Parce que j'en ai besoin, señor.

— Cependant, pour entrer dans la prison ?

— Señor, il faut que j'entre dans la prison avec mes armes ; je les cacherai sous le manteau que vous m'avez prêté.

— Ah ! diable ! je crois que je comprends ! mais c'est une Judith que cette faible fille !

Après trois quarts d'heure d'une course rapide, les voyageurs atteignirent la ville. L'haciendero longea silencieusement les murailles, pendant environ cent cinquante pas ; puis, arrivé à un certain endroit, il fit descendre son cheval dans le fossé, remonta le bord opposé et arriva à l'angle d'un bastion ; il se trouva devant une brèche presque impossible à apercevoir du dehors, et que d'un bond le cheval franchit légèrement.

Ils étaient dans la ville ; minuit sonnait, les rues étaient complètement désertes ; tout le monde dormait ; d'espace en espace de rares *Celadores*, appuyés contre les murs, ne se dérangeaient nullement au passage du cavalier. Après avoir tourné dans nombre de rues, don Pedro s'arrêta aux pieds des murs de la forteresse.

Comme le reste de la ville, la citadelle semblait plongée dans un profond sommeil ; tout était sombre, aucune lumière ne brillait : l'haciendero fit mettre pied à terre à la jeune fille, descendit lui-même de son cheval, et fit signe à Fleur-de-Mai de le suivre.

Tous deux s'approchèrent alors du fossé dans lequel ils descendirent ; après avoir fait quelques pas, don Pedro s'arrêta devant une porte basse. Il recommanda d'un geste à la jeune fille de garder le silence ; puis il frappa trois coups légers sur la porte, en même temps qu'il sifflait d'une certaine façon ; presque aussitôt la porte s'ouvrit sans produire le moindre bruit, et un homme parut.

Cet homme était le guichetier.

— Eh ! compadre, dit-il, je ne vous attendais pas cette nuit.

— Je viens toujours quand on ne m'attend pas, compadre, répondit en riant le Mexicain.

— M'apportez-vous une bonne nouvelle ?

— Non, mais une bonne aubaine.

— Oh ! oh ! quoi donc ?

— Dix onces que j'ai là dans ma main, regardez.

— Je les vois, dit l'autre dont le regard brilla ; dix onces, c'est une grosse somme ; que faut-il faire pour la gagner ?

— Presque rien.

— Mais encore ?

— Ouvrir les portes de la prison du *Ladron*, faire entrer cette jeune fille, refermer la porte derrière elle, et aller vous coucher ; vous voyez que c'est facile !

— Diable ! fit l'autre avec embarras, facile ? pas tant que cela ! Savez-vous que ce *Ladron* est un gaillard peu commode ! J'avais laissé entrer deux dames dans sa prison ; il m'a menacé, si je recommençais, de se plaindre au commandant, et de me faire perdre ma place, vous comprenez ?...

— Je comprends que vous êtes un imbécile, compadre. Il y a femme et femme, comme il y a fagots et fagots; je vous réponds que celle-ci ne vous attirera pas de désagréments ; au contraire le prisonnier vous remerciera.

— Vous en êtes certain ? reprit l'autre en hésitant.

— Je vous l'affirme ! reprit don Pedro, en faisant danser les onces dans sa main.

— Allons, donnez; il faut toujours faire ce que vous voulez, compadre ; mais s'il m'arrive quelque chose, c'est à vous que je m'en prendrai.

— C'est entendu; adieu, compadre ; que Dieu vous protège, chère enfant !

— Merci, vous êtes bon, je me souviendrai de vous, dit la jeune fille avec âme.

— Allons, venez, la belle fille, et marchez comme si vous dansiez sur des œufs.

Sans répondre, Fleur-de-Mai suivit le geôlier, qui avait refermé la porte, et la guidait à travers un dédale presque inextricable de corridors; après un quart d'heure de marche environ, le geôlier s'arrêta devant une porte, l'ouvrit doucement et poussa légèrement la jeune fille.

— Vous voici arrivée, lui dit-il; maintenant agissez comme vous le voudrez, cela ne me regarde plus.

Et sans attendre de réponse, il referma la porte sur elle et s'éloigna; l'Olonnais dormait tout habillé, sur un châlit placé dans un angle de la pièce, une lanterne fumeuse brûlait sur une table.

La jeune fille demeura un instant immobile, la rougeur au front, le regard ardemment fixé sur le dormeur; puis elle se débarrassa du manteau et du chapeau qui la déguisaient; tenant les deux fusils serrés dans ses mains mignonnes, elle s'approcha à pas de loup de l'Olonnais et se penchant sur lui, elle lui frappa doucement sur l'épaule ; le jeune homme s'éveilla aussitôt.

— Fleur-de-Mai ! s'écria-t-il, toi ici !

— Oui, répondit-elle.

— Que viens-tu faire, malheureuse enfant?

— Je viens t'apporter des armes et mourir avec toi, répondit-elle avec un charmant sourire.

— Oh ! dit-il, je suis indigne d'un tel dévouement !

— Ce n'est pas du dévouement, dit l'enfant en secouant la tête.

— Qu'est-ce donc alors?

— Je ne sais pas. Je me sens malgré moi attirée vers toi, et tu le vois, me voici !

XVI

COMMENT LES FLIBUSTIERS S'EMPARÈRENT DE LA VERA-CRUZ ET CE QUI EN ADVINT

A trois heures du matin, les flibustiers furent réveillés par Pitrians qui, lui, n'avait pas dormi une seconde.

A trois heures et demie, tous étaient sous les armes, prêts à se mettre en marche.

Vent-en-Panne passa une revue minutieuse de tous les Frères de la Côte, non pas pour s'assurer de l'exactitude réglementaire de leur tenue, ils étaient littéralement couverts de guenilles sordides, mais simplement pour constater si chaque homme avait ses armes en état, et la quantité de munitions, poudre et balles, exigée par la charte-partie.

Les flibustiers connaissaient trop bien leurs chefs, et depuis trop longtemps, pour ne pas s'être conformés strictement aux ordres qu'ils avaient reçus.

Ven-en-Panne n'eut pas une seule infraction à constater; il en témoigna tout haut sa satisfaction; puis les deux troupes, celle commandée par David et celle placée sous les ordres de Michel le Basque, c'est-à-dire deux cents hommes, quittèrent la caverne et partirent en avant en batteurs d'estrade ainsi qu'il avait été arrêté dans le conseil.

A quatre heures et demie, les deux dernières troupes, fortes de deux cent cinquante hommes chacune, conduites par Vent-en-Panne et le beau Laurent, sortirent à leur tour; mais après une heure de marche, sur un ordre donné par Pitrians, les deux détachements firent halte et prirent position sur la lisière d'un bois taillis fort touffu situé à courte portée des murailles de la ville; des troupes parties en avant, on n'avait aucune nouvelle; sans doute depuis longtemps elles avaient atteint les postes désignés et s'y étaient embusquées.

Pitrians prit Vent-en-Panne et le beau Laurent à part, puis, lorsque tous trois furent un peu éloignés du gros des flibustiers, Pitrians dit à voix basse aux deux chefs :

— J'ai à vous faire une communication assez sérieuse ou que, du moins, je crois telle; il est important que vous soyez instruits, avant de donner l'assaut à la ville...

— De quoi s'agit-il donc? demandèrent à la fois les deux hommes.

— Vous aviez avec vous, n'est-ce pas, à bord de l'escadre... reprit Pitrians.

— Fleur-de-Mai! interrompit vivement Vent-en-Panne; Danican, qui fait partie du détachement de David, ne l'a pas vue à terre; elle est sans doute restée à bord de la *Trinidad*.

— Vous vous trompez, amiral; elle n'est pas à bord.

— Comment le sais-tu?

— Pardieu! bien facilement; si vous voulez m'écouter, en deux mots, vous serez au fait.

— Eh bien! parle, hâte-toi.

Le jeune homme raconta alors, en quelques mots, tout ce qui s'était passé entre lui et la jeune fille, juqu'au moment où il l'avait confiée à Pedro Garcias et s'était séparé d'elle.

Ce singulier récit frappa de surprise les deux flibustiers.

— Démon d'enfant! murmura Vent-en-Panne; je me doutais qu'elle me jouerait quelque tour! Que penses-tu qui soit résulté de tont ceci? ajouta-t-il en s'adressant à Pitrians.

— Je pense, et cela ne fait pas pour moi le moindre doute, que, grâce à son guide, qui est mon intime ami, et un contrebandier des plus habiles du Mexique, et en cette qualité s'est créé des relations innombrables dans tous les rangs de la société de la Vera-Cruz, Fleur-de-Mai a réussi à pénétrer dans la prison de l'Olonnais; ce qui confirme pour moi cette opinion, c'est que si Pedro Garcias, mon ami, avait échoué, il se serait arrangé de façon à communiquer avec nous et à nous avertir de son insuccès. Je suis sûr de son dévouement.

— Oui, oui, tout cela est plausible, dit Vent-en-Panne; en y réfléchissant, l'affaire n'est pas aussi mauvaise qu'elle me le paraissait d'abord.

— Je trouve même qu'elle est excellente, moi! dit le beau Laurent, et que Fleur-de-Mai a eu une triomphante idée; aussi dès que je la verrai, la chère enfant, je la remercierai chaleureusement.

— Qu'est-ce que tu trouves de si triomphant dans cette idée? dit alors Vent-en-Panne.

— Mais ceci d'abord, reprit en riant le beau Laurent : l'O'onnais sait que nous sommes débarqués en nombre; de plus il connaît nos plans, enfin il a des armes. Il se sera sans doute barricadé dans sa prison; quand on voudra y entrer il opposera une résistance énergique; cela fera diversion. Les Gavachos, en entendant les détonations des Gelins, se figureront qu'une partie des nôtres est dans la forteresse et que nous en sommes maîtres. Ils perdront la tête, et qui sait? peut-être entrerons-nous sans coup férir.

— Il y a du vrai dans tout cela, mais c'est égal, cette diablesse de fille aurait bien dû me demander conseil, au lieu d'agir comme elle l'a fait.

— Bah! mon vieux camarade, ne te chagrine pas pour si peu; dans tout ce que femme veut, le diable est son complice; elle réussira!

— Oh! à ce point de vue, je suis parfaitement de ton avis! Le diable soit des femmes! mais assez causé, ne bavardons pas davantage; merci, Pitrians, de m'avoir averti; cette affaire est vraiment importante; tu sais, Laurent, comment tu dois agir, règle-toi sur les circonstances.

— Sois tranquille, frère, tu seras content de moi.

— Pardieu! je le sais bien; allons, le jour ne va pas tarder à paraître; mets-toi à la tête de tes hommes et en route; tu as plus de chemin que moi à faire.

— Je lui servirai de guide, dit Pitrians.

— C'est cela; de cette façon, il ne risquera pas de se perdre; allons, bon voyage et n'oubliez pas, frères, que le rendez-vous général est au palais du gouverneur.

— Avant une heure, nous y serons.

— Je l'espère bien ainsi.

Les trois hommes se serrèrent la main; puis le beau Laurent et Pitrians s'éloignèrent avec le détachement et ne tardèrent pas à disparaître dans les ténèbres.

Dix minutes plus tard, Vent-en-Panne et les flibustiers émergeaient à leur tour du bois et glissaient dans la direction de la ville; ils marchaient en file indienne, à droite et à gauche, sur les bas côtés du chemin, qu'ils laissaient avec intention complètement libre; ce chemin était ombragé par d'énormes sabliers, et de plus bordé par une haie d'aloès, derrière laquelle les flibustiers marchaient courbés et se dissimulaient ainsi complètement; ce qu'il y avait de plus singulier, c'est que les paysans des villages voisins, venant vendre leurs fruits et leurs légumes à la ville, affluaient sur la route, les uns à pied, les autres sur des ânes, beaucoup conduisant une mule ou deux; quelques-uns même venaient avec des charrettes primitives, dont l'attelage se composait de bœufs.

Ces braves gens, dont le nombre allait toujours croissant, causaient paisiblement de leurs affaires sans se douter le moins du monde qu'ils marchaient entre deux rangs de flibustiers, ce qui leur aurait causé, s'ils l'avaient su, une terreur mortelle.

Vent-en-Panne, lui, savait très bien à quoi s'en tenir; il riait dans sa barbe, de ce rire moitié figue, moitié raisin, dont il avait l'habitude et qui en s'épanouissant sur sa large face, était comme un rayon de soleil avant l'orage.

— Allez, mes petits agneaux, marmottait à voix basse le flibustier, en se frottant les mains, je vous aurais payé très cher pour faire ce que vous faites pour moi, en ce moment, que je n'aurais pas si bien réussi; nous allons rire tout à l'heure; vous verrez quelle charmante surprise je vous ménage !

Cependant la nuit se faisait moins sombre; le ciel se nuançait à l'horizon de bandes d'opale; tout à coup, sans transition, une lueur fulgurante jaillit du sein de la mer en une gerbe éblouissante : le soleil se levait.

En ce moment les flibustiers n'étaient plus qu'à dix pas des murailles.

Les paysans, serrés les uns contre les autres, attendaient l'ouverture des portes.

Six heures sonnèrent au beffroi de la cathédrale; aussitôt les cloches de toutes les églises furent mises en branle, les trompettes sonnèrent le réveil, et presque immédiatement, les portes de la ville s'ouvrirent; les paysans se précipitèrent pour entrer.

Mais soudain, un coup de sifflet retentit; les cris répétés de *Flibuste! Flibuste!* éclatèrent comme un coup de foudre; et les Frères de la Côte, sans cependant se servir de leurs armes, se ruèrent par un élan irrésistible par l'entrée à peine ouverte.

Les paysans, bousculés, renversés, ahuris, en proie à une indicible épouvante, abandonnèrent leurs marchandises, gagnèrent au pied, et s'échappèrent dans toutes les directions, en poussant ce cri sinistre dont l'écho résonna comme un glas funèbre aux oreilles des habitants terrifiés :

— *Los Ladrones! Los Ladrones!*

Tandis que Vent-en-Panne et ses compagnons forçaient si cavalièrement la porte de Mexico, les poternes étaient enlevées avec non moins de bonheur; puis tout à coup la forteresse, dont les canons primitivement braqués sur la campagne, venaient d'être retournés, se ceignit d'une ceinture d'éclairs, et une grêle de boulets et de mitraille passa comme un vent de mort sur la ville, et s'abattit avec un horrible fracas dans les rues déjà encombrées par la population affolée d'épouvante, et cherchant vainement une issue par laquelle il lui fût possible de fuir les terribles ennemis qui avaient surpris la ville pendant son sommeil.

Une scène non moins émouvante se passait à la même heure, sur la rade.

Les trois navires flibustiers avaient paru, sous pavillon espagnol, devant

La tête haute, l'œil étincelant, elle se plaça fièrement debout devant les deux dames.

Saint-Jean-de-Luz, et avaient réussi à tromper l'amiral; il les avait laissés s'embosser presque à portée de pistolet de son escadre. Alors le pavillon espagnol fut amené et remplacé par celui de la flibuste, puis les trois navires lâchèrent leurs bordées sur les bâtiments espagnols sans défiance, et commencèrent contre eux un feu de mousqueterie terrible, en se laissant dériver sur leurs ennemis auxquels ils s'amarrèrent; et sans donner aux Espagnols le temps de se reconnaître, ils s'élancèrent à l'abordage au cri mille fois répété de : « Flibuste ! Flibuste ! »

Profitant de la fumée dont ils étaient enveloppés et qui cachait presque leurs mouvements, les flibustiers avaient jeté deux cents hommes sur l'île.

Le commandant de la forteresse et ses soldats, complètement démoralisés par ce qui se passait, ignorant à quels ennemis ils avaient affaire, de plus, n'osant tirer de crainte de nuire à l'escadre espagnole, étaient en proie à une anxiété terrible, lorsque le cri de flibuste se fit entendre dans le fort même, forcé à l'improviste du côté de la terre.

La garnison fut désarmée et faite prisonnière, avant que de s'être rendu compte de cette surprise, et sans avoir le temps d'essayer de se défendre.

Depuis que l'abordage avait eu lieu, les flibustiers ne tiraient plus qu'à de rares intervalles ; le combat n'en était que plus terrible : les Frères de la Côte maniaient avec une supériorité incontestable les armes blanches ; la fumée s'était peu à peu levée, toutes les péripéties du combat devenaient visibles ; on voyait les deux derniers navires de la flotte flibustière entrer fièrement dans la rade, et venir se ranger près de leurs navires matelots.

Le capitaine Pierre Franc avait pris le commandement de la forteresse de Saint-Jean-de-Luz ; il fit pointer les canons à couler, et commença un feu terrible sur les malheureux bâtiments espagnols déjà à demi vaincus. L'amiral espagnol, sommé de se rendre pour sauver les quelques hommes survivant encore, et ne le voulant pas, se fit sauter la cervelle sur son château d'arrière. Cette catastrophe amena immédiatement la reddition de l'escadre espagnole.

Les flibustiers étaient radieux ; le hardi coup de main qu'ils avaient tenté avait obtenu une réussite au-dessus de toute espérance ; déjà ils croyaient toute résistance terminée ; ils s'imaginaient être complètement maîtres de la ville, et se préparaient, selon leur coutume, à organiser méthodiquement le pillage, lorsqu'un bruit terrible s'éleva tout à coup, et leur apprit que tout n'était pas fini encore, et qu'ils s'étaient trop hâtés de chanter victoire.

Le duc de la Torre, après avoir travaillé pendant presque toute la nuit à écrire des lettres et des mémoires pour sa défense, était descendu dans son jardin pour rafraîchir sa tête brûlante, et remettre un peu d'ordre dans ses idées, après une longue nuit d'insomnie, lorsque les cris : « Los Ladrones ! » poussés à quelques pas de lui par des fuyards, parvinrent à ses oreilles ; ces cris lui révélèrent ce que déjà il avait presque deviné pendant ses conversations avec l'Olonnais, c'est-à-dire l'expédition résolue par les flibustiers, sous prétexte de le soustraire aux machinations odieuses de ses ennemis.

Le duc comprit toute la terrible portée pour lui du hardi coup de main tenté par les flibustiers, la responsabilité qui lui incombait, la tache d'infamie jetée sur son honneur, sans que cette fois, il lui fût possible de se disculper, en prouvant son innocence.

Cet homme, d'un caractère si irrésolu, si faible, qui n'osait se hasarder à prendre une résolution quelconque, sembla subitement transfiguré. En moins de cinq minutes, il eut donné ses ordres à ses gens, eut revêtu son habit de gala, passé à son cou le collier de la Toison d'or ; puis sans rien dire, ni à la duchesse, ni à sa fille, de ce qu'il se proposait de faire, sans même les voir, il laissa deux serviteurs de confiance à la garde de son palais, monta à cheval, et suivi de toute sa maison, au nombre d'une quarantaine de personnes, parmi lesquelles plusieurs gentilshommes de renom, il s'élança au galop vers l'hôtel du gouverneur.

Le comte de la Sorga-Caballos était peut-être un adroit politique, un fin diplomate, mais ce n'était certainement ni un homme d'action, ni un homme intelligent; surpris à l'improviste par l'invasion des flibustiers, entouré de toutes les troupes de la garnison venues spontanément se placer sous ses ordres, il hésitait, balbutiait, ne savait où donner de la tête, répondre aux questions qu'on lui adressait, ni même trouver son épée. Les soldats et les officiers, braves gens dont la plupart avaient fait avec honneur les guerres de Flandre, échangeaient des regards désolés et se désespéraient de ce manque d'initiative, de la part de l'homme dont le devoir était de leur donner l'exemple.

Soudain de grands cris retentirent.

La cohue de gens de toutes sortes dont les avenues de l'hôtel étaient encombrées fut brutalement refoulée à droite et à gauche, et une quarantaine de cavaliers pénétrèrent au galop dans la cour, ayant à leur tête le duc de la Torre, le front haut, le regard étincelant et brandissant son épée d'une main ferme.

— Officiers, soldats, peuple! cria-t-il d'une voix tonnante, je suis le duc de la Torre, le vice-roi du Pérou! l'homme que l'on a essayé mais vainement de déshonorer; l'heure est venue de prouver à tous mon amour pour mon roi et pour ma patrie. Les flibustiers attaquent la ville, je viens me mettre à votre tête, marchons contre les Ladrones! Ils triomphent parce qu'ils croient que nous avons peur; montrons-leur que nous sommes toujours les soldats des guerres de Flandre! Voulez-vous me suivre?

— Oui, s'écrièrent les soldats d'une seule voix : vive le duc de la Torre!

— Non, mes amis, vive le roi!

— Vive le roi! s'écrièrent les assistants dont l'enthousiame était au comble.

Si, grâce à l'ineptie du comte de la Sorga-Caballos, les flibustiers n'avaient pas été déjà maîtres des positions les plus importantes de la ville, ces braves troupes espagnoles auraient probablement réussi à changer leur victoire en défaite; mais du moins l'intervention héroïque du duc de la Torre pouvait enlever à cette défaite le cachet déshonorant dont elle était souillée; le duc ne voulait pas autre chose, il savait le succès désormais impossible.

Ainsi que cela arrive toujours dans les villes mises à sac, les habitants, en se chargeant de leurs objets les plus précieux, s'étaient pour la plupart instinctivement dirigés vers l'hôtel du gouverneur, comme vers un endroit sacré, un lieu de refuge.

Le duc de la Torre fit distribuer des armes à ceux des habitants qui témoignèrent le désir de se défendre; puis, après avoir fait installer les femmes, les enfants, les vieillards dans la cour de l'hôtel du gouverneur sous la protection d'un fort détachement de soldats, commandé par un officier résolu, il forma sa troupe en colonne serrée, et emmenant avec lui deux pièces de canon attelées, il se mit à la tête de cette armée improvisée, et se dirigea bravement vers la place de la Merced, où il prit fièrement position, en formant ses troupes en carré.

Ces troupes s'élevaient à environ quinze cents hommes, dont douze cents étaient de vieux soldats aguerris sur lesquels on pouvait compter ; les trois ou quatre cents autres étaient des habitants, jeunes gens pour la plupart, pleins d'ardeur et de bonne volonté ; mais ignorant complètement le maniement des armes, dont l'apprentissage était si difficile à cette époque, ils ne pouvaient servir que pour faire nombre, et se rendre utiles seulement dans un combat corps à corps.

Les deux pièces de campagne furent placées derrière la ligne dont le front commandait la principale artère de la ville, masquées par trois rangs de soldats.

Avant de quitter la maison du gouverneur, où il avait laissé celui-ci brisé sous le poids de son infamie, le duc de la Torre avait expédié des officiers dans plusieurs directions, afin de juger de l'état réel des choses et savoir si les portes et les poternes de la ville étaient assez solidement gardées par les flibustiers, pour qu'il fût impossible de les forcer, et de se retirer dans la campagne.

Ces officiers revinrent à d'assez longs intervalles, les uns après les autres, leur mission consciencieusement remplie ; le résumé de leurs divers rapports fut que les portes avaient été condamnées au moyen de madriers pesants, que des barricades avaient été construites, et que chacune était défendue par une nombreuse troupe de Frères de la Côte.

Toute retraite était impossible ; d'ailleurs le combat n'allait pas tarder à s'engager de nouveau ; les flibustiers s'avançaient en nombre par quatre points à la fois, dans le but d'en finir avec la résistance des troupes par une vigoureuse attaque.

Le duc se hâta de faire barrer les rues le mieux possible avec des meubles, des arbres, enfin tout ce qu'on trouva sous la main ; puis il fit embusquer ses plus adroits tireurs dans les maisons placées aux angles des rues ; toutes ces précautions prises, il attendit froidement, l'épée à la main, l'apparition des Frères de la Côte.

Ceux-ci ne se firent pas attendre ; ils furent reçus chaudement par les tirailleurs postés dans les maisons et embusqués derrière les barricades ; il y eut là, pendant quelques minutes, un combat assez sérieux, sans résultat pour aucun des deux partis. En même temps que le duc faisait renforcer les trois barricades élevées sur le front et les flancs de ses troupes, il ordonna aux tirailleurs de la quatrième barricade de l'évacuer et de se retirer en bon ordre sur la colonne ; cette manœuvre, fort difficile sous le feu de l'ennemi, fut exécutée cependant avec un sang-froid et une précision admirables. Cette barricade commandait la principale artère de la ville ; c'était sur ce point que le plus gros détachement des flibustiers se préparait à déboucher sur la place.

Les Frères de la Côte, surpris par la cessation subite du feu des tirailleurs, essayèrent un nouvel effort, et se précipitèrent désespérément sur les barricades qu'ils couronnèrent en moins d'une minute ; mais tout à coup les rangs des troupes espagnoles s'ouvrirent et deux pièces de canon couvrirent les flibustiers de mitraille ; ceux-ci, surpris par cette rude attaque, hésitèrent un instant ; mais se reformant presque aussitôt, ils bondirent en avant avec des cris de rage ; ils furent accueillis par une seconde volée de mitraille, qui cette fois non seulement les arrêta net, mais les mit dans le plus grand désordre, et les contraignit à reculer. La rage des flibustiers était au comble : ces Gavachos, pour lesquels ils professaient un si souverain mépris, leur présentaient bravement leur poitrine et demeuraient ferme devant eux.

Les Frères de la Côte n'étaient pas plus heureux dans leurs autres attaques ; les tirailleurs, très bien abrités dans les maisons et derrière les barricades, leur infligeaient des pertes cruelles, sans qu'il leur fût possible de réussir à les déloger ; s'ils n'y prenaient pas garde, ce premier échec se changerait bientôt peut-être en une honteuse défaite.

Tout à coup un homme s'élança du milieu de leurs rangs et s'avança résolument vers les Espagnols en agitant un drapeau blanc.

Le feu cessa aussitôt ; un officier espagnol sortit des rangs et marcha droit au parlementaire.

— Que demandez-vous ? lui dit-il.

— Je demande à traiter d'une capitulation avec le général commandant vos troupes.

— Avez-vous qualité pour parler au nom de ceux que vous prétendez représenter ?

— Je suis le capitaine Vent-en-Panne ; allez dire à votre général qu'il peut en toute sûreté traiter honorablement avec moi.

— Il suffit, señor, répondit courtoisement l'officier, nous connaissons le capitaine Vent-en-Panne, nous sommes prêts à traiter avec lui aux conditions suivantes : chacun conservera les positions qu'il occupe ; aucun acte d'hostilité ne sera commis avant que les parlementaires aient rejoint leurs corps respectifs ; l'entrevue aura lieu sur cette place et ne pourra durer plus d'une heure ; le nombre des parlementaires sera de trois pour chacun des corps belligérants. Acceptez-vous ces conditions ?

— Je les accepte.

Les deux officiers se saluèrent poliment, puis ils se séparèrent. Dix minutes plus tard, le duc de la Torre et les deux officiers les plus élevés en grade après lui sortaient des rangs et se dirigeaient, précédés d'un trompette et d'un drapeau parlementaire, vers le lieu choisi pour la conférence, endroit fort rapproché et déjà occupé par les Frères de la Côte, confortablement installés sur des sièges dont ils avaient eu soin de se munir ; mais nous leur rendrons cette justice de constater qu'ils avaient eu la galanterie de faire apporter d'autres sièges, destinés aux parlementaires espagnols.

Vent-en-Panne ne put réprimer un geste de surprise douloureuse en reconnaissant le duc de la Torre.

— Eh quoi ! monsieur le duc, s'écria-t-il, êtes-vous donc le chef des troupes dont j'ai reçu une si rude réception ?

— Oui, monsieur ; je regrette vivement de vous avoir pour adversaire, mais mon nom a été mêlé à tout ce qui se passe d'une façon si odieuse, que mes ennemis n'ont pas craint de m'accuser de trahison; j'attends de votre courtoisie que, avant toute délibération, vous fassiez connaître quelles relations ont existé entre nous, tandis que j'habitais Saint-Domaingue; que de plus vous déclariez si c'est moi qui vous ai poussé à tenter cette entreprise ; et si d'une façon ou d'une autre, vous m'avez instruit de votre intention d'attaquer cette malheureuse ville.

— La demande que vous m'adressez, monsieur le duc, est trop juste pour que je ne m'empresse pas d'y souscrire; je prends à témoins de ce que je vais dire les deux officiers qui vous accompagnent, je les prie de bien retenir mes paroles.

— Monsieur, répondit le plus âgé des officiers, nous remercions sincèrement Son Excellence M. le duc de la Torre du choix qu'il a bien voulu faire de nous en cette circonstance ; nous saurons nous rendre dignes de cet honneur, en dressant, séance tenante, procès-verbal de vos paroles, en vous priant de le signer et signant après vous.

— Voilà qui est parler, messieurs; ce que vous désirez va être fait. Non seulement je signerai, mais encore le capitaine Michel-le-Basque et le capitaine David, que j'ai l'honneur de vous présenter, signeront après moi.

Une table fut apportée avec papier, plumes et encre; un des officiers se chargea de remplir l'office de secrétaire; tous ces préparatifs terminés, Vent-en-Panne prit la parole :

— Écoutez bien ceci, messieurs, dit-il; lorsque je m'emparai, il y a deux mois, du vaisseau le *Santiago*, ce vaisseau avait fait la veille une prise française; cette prise, d'une certaine valeur, était un bâtiment de la Compagnie des Indes françaises. J'appris que M. le duc de la Torre, sa famille et sa maison, se trouvaient à bord de la prise; mais je ne le vis pas. A mon arrivée à Port-Margot, je rendis compte de mon expédition à M. d'Ogeron, gouverneur de la partie française de l'île de Saint-Domingue, et je lui remis, ainsi que je devais le faire, le bâtiment français. M. le duc de la Torre débarqua au Port-Margo, où il séjourna pendant un mois, environ, dans une maison louée pour lui par le gouverneur. Je n'eus pas l'honneur d'être présenté à M. le duc de la Torre pendant ce temps ; j'évitai même de me rencontrer avec lui et je vous dirai franchement, tout en vous priant d'excuser ce que mes paroles peuvent avoir de désagréable pour vous, que je n'ai pas voulu avoir de rapports avec M. le duc de la Torre, ni directs ni indirects, ni lui être présenté, parce que M. le duc est Espagnol et qu'à tort ou à raison je professe une haine implacable contre les Espagnols. Deux ou trois jours avant le départ de M. le duc, tandis que je chassais dans le Grand-Fond, près de l'Artibonite, avec mon matelot et quelques engagés, une fusillade bien nourrie se fit entendre à une courte distance; j'accourus au bruit ; plusieurs gentilshommes français, dont le gouverneur, M. d'Ogeron, avaient été à l'improviste attaqués par des bandits espagnols, soutenus par trois cinquantaines. Ces gentilshommes, parmi lesquels se trouvait M. le duc de la Torre, se défendaient avec acharnement. Je fus assez heureux pour réussir à les dégager; c'est à peine si j'eus le temps d'entrevoir pendant un instant et pour la première fois M. le duc de la Torre. Lorsque, trois jours plus tard, je rentrai à Port-Margot, j'appris que le duc de la Torre était parti pour la Vera-Cruz, à bord d'un vaisseau français. Telles sont, messieurs, les relations qui ont existé entre M. le duc de la Torre et moi; nous nous sommes à peine entrevus, nous ne nous sommes jamais parlé. Quant à mon expédition contre la Vera-Cruz, il l'ignorait complètement et devait l'ignorer; j'avais depuis plusieurs mois conçu ce projet, que je mûrissais secrètement et dont je n'avais dit un mot à personne. Je jure sur l'honneur que toutes les accusations portées contre M. le duc de la Torre, toutes les trahisons qui lui sont imputées sont fausses et calomnieuses. Du reste, ajouta-t-il avec amertume, il me semble, messieursr, que la conduite tenue aujourd'hui par M. le duc n'est pas précisément celle d'un ami ou d'un allié, mais bien celle d'un homme d'honneur qui fait franchement et noblement son devoir.

Vent-en-Panne et les quatre officiers parlementaires signèrent cette déclaration qui fut aussitôt remise entre les mains du duc de la Torre.

Celui-ci était au comble de la joie; ses vœux étaient exaucés; il tenait enfin entre ses mains la preuve irrécusable de son innocence.

— Messieurs, dit le duc, agréez, je vous prie, tous mes remerciements pour la façon loyale dont vous avez pris mon honneur à cœur, et arrivons sans plus tarder aux affaires qui ont motivé cette entrevue. Capitaine Vent-en-Panne, je vous écoute : quelles propositions avez-vous à me faire?

— Pardon, monsieur le duc, je ne puis accepter la discussion sur le terrain où vous essayez de la placer, répondit Vent-en-Panne; ce n'est pas à moi à faire les propositions, c'est à vous, ne l'oubliez pas; et pour vous enlever le plus léger doute à cet égard, laissez-moi vous apprendre en quelques mots quelle est votre position, que vous semblez complètement ignorer. La forteresse est entre nos mains, nous sommes maîtres du fort de Saint-Jean-de-Luz; votre escadre est prise; les portes de la ville sont toutes gardées par nous. Vous ne possédez plus dans la ville que le terrain occupé par vos troupes; vous avez fait une très belle défense; j'admets que si nous ne tombons pas d'accord, vous recommencerez le combat et vous le soutiendrez vaillamment jusqu'à la chute de votre dernier soldat ; eh bien, après, monsieur le duc, cette défense, si héroïque qu'elle soit, sauvera-t-elle la ville? Vous savez que non, puisque nous en sommes maîtres, que nous pouvons en quelques heures la brûler et la ruiner de fond en comble, sans que vous puissiez vous y opposer!

— Ce serait agir en Vandales, monsieur, dit le duc.

— Eh! monsieur le duc, nous sommes des flibustiers, nous autres, des Ladrones, ainsi que vous nous appelez; le vandalisme est un de nos éléments de succès; quelle considération peut nous retenir? aucune. Ce qu'il nous faut c'est de l'or. Par estime pour vous, à cause de votre belle défense, je suis disposé à vous faire beaucoup de concessions, auxquelles je ne consentirais pas avec un autre; ainsi croyez-moi, offrez-nous des conditions convenables, n'essayez pas de jouer au plus fin avec moi. Je suis très bien renseigné; je sais que la ville regorge d'or, en ce moment. Je connais même l'endroit où cet or est déposé ; vous attendez l'arrivée de la flotte de Panama pour charger vos galions, que l'escadre dont je me suis emparé avait pour mission de protéger jusqu'en Europe. Maintenant parlez, monsieur le duc, je vous écoute.

— Monsieur, puisque vous prenez la question ainsi, je vous répondrai que je n'ai pas qualité pour traiter. Ma mission est toute militaire; je manquerais à mon devoir, en empiétant sur les droits du gouverneur civil, sous les ordres duquel je suis placé.

— Ainsi, monsieur le duc, c'est une rupture, nous recommençons les hostilités?

— Doucement, monsieur, nous n'en sommes pas encore là; ces pouvoirs que je n'ai pas, peuvent m'être délégués par le gouverneur et les notables négociants de la ville. Pour cela, il faut que je les voie, que je m'entende avec eux; je vous demande donc deux heures, c'est le temps nécessaire pour les réunir, leur rendre compte de notre entrevue, et leur demander leurs intentions. Je n'ai pas besoin de vous dire, ajouta le duc en souriant, combien il est difficile de faire consentir des marchands à donner leur argent.

— Oh! que cela ne vous inquiète pas, monsieur le duc, nous autres flibustiers, nous possédons des secrets merveilleux pour obtenir ce résultat. Cependant, je veux me montrer de bonne composition avec vous : combien dites-vous qu'il vous faut de temps?

— Deux heures, est-ce trop?

— Certes, monseigneur; je vous donne une heure; passé ce temps, si vous ne revenez pas chargé de pleins pouvoirs, l'attaque recommencera, et alors nous n'écouterons plus d'autres conditions.

— Eh bien, soit, dans une heure! mais d'ici là, bien entendu, chacun conservera ses positions et pas un coup de feu ne sera tiré.

— C'est convenu, monsieur le duc. Dieu veuille que ces bourgeois entendent la raison; sinon je vous jure que je ne laisserai pas pierre sur pierre dans toute la ville de la Vera-Cruz.

Les six hommes se saluèrent et se retirèrent. Les deux trompettes et les deux porte-drapeaux demeurèrent seuls face à face, afin de prouver que les hostilités étaient suspendues et que la trêve durait toujours.

XVII

OÙ FLEUR-DE-MAI SE DESSINE

Le Chat-Tigre était soumis, comme tous les hommes dont la conscience est passablement bourrelée, à des appréhensions continuelles, souvent sans causes appréciables, qui le condamnaient à de fiévreuses insomnies.

Ce jour-là, en proie à de sinistres pressentiments, fatigué de se tourner et de se retourner dans son lit, il s'était levé et, sans autre motif que celui de donner le change aux sombres pensées qui l'assiégeaient sans relâche, il était sorti de sa maison, et s'était mis à errer à l'aventure, à travers les rues encore désertes de la ville.

LES ROIS DE L'OCÉAN 193

En travers du seuil, deux corps étaient étendus, baignés dans leur sang.

Tout en marchant et livrant son front brûlant au souffle de la brise matinale, pour essayer de le rafraîchir, il combinait divers plans qui devaient, selon lui, amener la réussite de ses projets et lui donner enfin la vengeance que depuis si longtemps il essayait d'atteindre lorsque, tout à coup, il fut réveillé pour ainsi dire en sursaut, et tiré de ses sombres réflexions, par les cris : « *Los Ladrones! los ladrones!* » poussés près de lui par des gens qui s'enfuyaient dans toutes les directions.

— Mille démons! s'écria-t-il; les flibustiers ont pris la ville!

Il regarda autour de lui pour s'orienter; les hasards de sa promenade l'avaient, sans qu'il s'en fût aperçu, conduit presque sur les quais, aux environs du môle.

— C'est à la forteresse qu'il faut aller! dit-il, si je parviens à m'y maintenir, tout est sauvé!

Il s'élança presque en courant vers la forteresse, se frayant à grand'peine un passage à travers la foule qui encombrait maintenant les rues. La course était longue pour atteindre la forteresse; il fallait traverser la ville dans toute sa largeur; à peine le Chat-Tigre avait-il fait les deux tiers du chemin, qu'il s'arrêta éperdu, en proie à une violente colère : les canons de la forteresse, tournés contre la ville, venaient de lancer une volée de mitraille, tuant et blessant plusieurs personnes autour de lui. Il n'y avait plus de doutes à conserver: non seulement les flibustiers avaient pris la ville, mais encore ils s'étaient rendus maîtres de la forteresse; par quels moyens? il l'ignorait; mais le fait était certain.

En ce moment un homme qui courait le croisa et poussa un cri en l'apercevant; cet homme était le geôlier chef de la forteresse. Le Chat-Tigre l'arrêta.

— Que se passe-t-il donc? lui demanda-t-il.

— Pardieu! répondit l'autre en haussant les épaules, c'est bien facile à voir, les Ladrones sont dans la ville.

— Mais la forteresse?

— La forteresse? Eh bien! le démon de prisonnier que vous y avez fait enfermer, vous savez bien?

— Oui, qu'est-il devenu?

— Ce qu'il est devenu? il s'est procuré des armes sans qu'on sache comment; y a une demi-heure il a enfoncé sa porte à coups de crosse de fusil et en même temps que ses compagnons criaient au dehors : «Flibuste! Flibuste!» forçaient les portes et s'introduisaient dans la forteresse, il prenait, lui, la garnison à revers, si bien que le commandant, en homme prudent, a jugé toute résistance inutile, et s'est rendu sans même faire tirer un coup de fusil.

— Bon! mais toi? par quel hasard te trouves-tu ici? te serais-tu sauvé?

— Moi! me sauver? Ah! que vous me connaissez mal, Seigneurie.

— C'est vrai, excuse-moi; tu es un de ces gaillards qui ont un talent particulier pour pêcher en eau trouble; tu auras trouvé quelque moyen pour te tirer d'affaire?

— Vous n'y êtes pas, Seigneurie, je suis connu pour un homme doux et humain, n'aimant pas à tourmenter les gens. Votre prisonnier, que tous ses amis nommaient l'Olonnais, aussitôt qu'il a eu pris le fort, m'a fait appeler et, me confiant une jeune fille qui se trouvait là, je ne sais comment : Voici deux onces, me dit-il, conduis cette señorita au palais de M. le duc de la Torre; lorsque tu auras accompli cette mission, reviens me joindre, et non seulement il ne te sera fait aucun mal, mais encore tu auras droit à toute ma protection.

— Eh bien? demanda le Chat-Tigre devenant pensif, car une pensée singulière avait traversé son cerveau.

— Eh bien ! Seigneurie, j'ai conduit la jeune femme chez le duc de la Torre ; à présent, ainsi que l'Olonnais me l'a ordonné, je retourne à la forteresse ; du reste, je crois que c'est ce que j'ai de mieux à faire.

— En effet ; seulement retiens bien ceci, mon garçon, ne souffle mot de notre rencontre à âme qui vive, à l'Olonnais moins qu'à personne. Afin que tu n'oublies pas ma recommandation, voici deux onces que tu joindras à celles que déjà tu as reçues.

— Allons, dit gaiement le geôlier, je vois que ce qui fait le malheur des uns fait le bonheur des autres ; soyez tranquille, je ne dirai rien.

— Et tu feras bien, mon camarade, répondit le Chat-Tigre, avec un accent qui fit courir un frisson de terreur dans les veines du pauvre diable ; tu sais que je ne suis pas tendre ? si j'apprends que tu aies dit un mot, nous aurons un compte à régler ensemble. Sur ce, adieu et bonne chance !

— Adieu, Seigneurie, répondit humblement le geôlier.

Et il s'enfuit en courant ; quant au Chat-Tigre, un sourire sardonique éclaira un instant son sombre visage, puis il s'éloigna à grands pas dans une direction opposée à celle prise par le geôlier. Nous l'abandonnerons pendant quelques instants pour nous rendre au palais du duc de la Torre, où régnait en ce moment la plus grande confusion.

La duchesse et sa fille avaient été brutalement tirées de leur sommeil par les décharges d'artillerie et les cris de désespoir des fuyards ; les deux dames, habillées en toute hâte, s'étaient rendues à l'appartement du duc, pour chercher auprès de lui protection et sûreté contre les dangers, inconnus encore, qu'elles redoutaient.

Muños, un des serviteurs de confiance laissés par le duc à son hôtel en s'éloignant, avait cru de son devoir d'avertir sa maîtresse de ce qui se passait, et de la résolution prise par le duc de se mettre à la tête des troupes et d'essayer, si cela était encore possible, de sauver la ville.

La duchesse approuva hautement la conduite généreuse de son mari ; mais dans son for intérieur elle regretta d'être ainsi abandonnée et isolée dans son palais, sous la garde de deux hommes incapables de la protéger, au cas où la maison serait envahie par des bandits. Cependant la duchesse était une femme d'un grand esprit et d'un courage éprouvé ; elle donna l'ordre de fermer et de barricader les portes avec soin, et de ne laisser pénétrer personne dans l'hôtel, sans l'en prévenir.

Au moment où elle achevait de donner cet ordre, le geôlier arriva en compagnie de Fleur-de-Mai ; la jeune fille, tenant en main son Gelin et ses pistolets en ceinture, semblait, toute frêle et délicate qu'elle était, plutôt conduire le geôlier qu'être conduite par lui.

La duchesse, en apercevant Fleur-de-Mai, qu'elle voyait pour la première fois, poussa un cri de surprise ; elle se préparait à l'interpeller assez vertement, lorsque doña Violenta, qui n'avait pas oublié la façon presque providentielle dont la jeune fille était venue à son secours quand elle était perdue dans la forêt en compagnie de l'Olonnais, s'élança vivement au-devant d'elle, en s'écriant d'une voix joyeuse :

— Fleur-de-Mai! vous ici! soyez la bienvenue, mon amie; votre présence ne peut être qu'un bonheur pour nous!

Le moment aurait été mal choisi pour demander des explications; la duchesse remit donc à plus tard le soin de s'enquérir de ce qu'était la jeune fille; elle congédia le geôlier, réitéra à Muños l'ordre de tout fermer, et les trois femmes se retirèrent dans le cabinet du duc.

— Chère mère, dit doña Violenta en embrassant la jeune fille, je vous présente mon amie Fleur-de-Mai, dont je vous ai parlé bien souvent; c'est elle qui, lors de notre promenade dans les savanes de Saint-Domingue, m'a sauvée lorsque j'étais perdue dans la forêt.

Ces quelques mots suffirent pour rappeler à la duchesse un événement qui, à l'époque où il s'était passé, lui avait causé une si grande douleur, suivie presque aussitôt d'une joie non moins grande; elle attira la jeune fille dans ses bras et l'embrassa avec effusion.

— Chère mère, reprit doña Violenta, croyez bien que ce n'est pas le hasard qui a conduit Fleur-de-Mai près de nous; je suis convaincue qu'elle nous est envoyée par quelqu'un de nos amis.

La jeune fille sourit doucement.

— Oui, dit-elle de sa voix harmonieuse, tu as deviné, mon amie, je te suis envoyée par l'Olonnais. Les Frères de la Côte sont maîtres de la ville, dit-elle avec orgueil, les Espagnols ne peuvent rien contre eux; l'Olonnais viendra bientôt avec d'autres Frères de la Côte, pour vous protéger contre tout danger.

— Je vous remercie, jeune fille, répondit la duchesse, mais je ne crois pas que nous ayons des dangers à courir; d'ailleurs, il en serait autrement, que cette protection si généreusement offerte par l'Olonnais, nous ne pourrions l'accepter.

— Pourquoi donc cela? demanda Fleur-de-Mai avec surprise.

— Parce que la duchesse de la Torre et sa fille sont Espagnoles; qu'elles ne veulent et ne doivent accepter la protection des hommes qui se sont par surprise emparés d'une ville appartenant au roi d'Espagne.

— Je ne vous comprends pas, madame, répondit Fleur-de-Mai; je ne vois pas quel intérêt peut avoir le roi d'Espagne dans cette affaire. Si le duc de la Torre est Espagnol, il était aussi l'ami des flibustiers; en cette qualité, il n'a pas le droit de refuser leur protection. Quoi qu'il arrive, l'Olonnais m'a fait promettre de ne pas vous quitter jusqu'à son arrivée; cette promesse, je la tiendrai.

— Je vous remercie, chère enfant, votre dévouement m'est précieux, reprit la duchesse; mais, ajouta-t-elle avec un doux sourire, j'espère qu'il ne sera pas mis à une rude épreuve. Causez avec ma fille, pendant que je m'assurerai de l'exécution des ordres que j'ai donnés. Vous vous aimez, vous ne manquerez pas de bonnes paroles à vous dire.

La duchesse s'inclina légèrement et quitta le cabinet.

— Pourquoi donc ta mère n'aime-t-elle pas les flibustiers? dit la jeune fille en se rapprochant de Violenta; ils ne lui ont pourtant jamais fait de mal?

— C'est vrai, chère petite, non seulement ils ne lui ont pas fait de mal, mais ils lui ont rendu de grands services; il en est un surtout...

— L'Olonnais, n'est-ce pas? interrompit vivement Fleur-de-Mai.

— Oui, l'Olonnais, murmura doña Violenta d'une voix étouffée.

— Ne trouves-tu pas, comme moi, qu'il est grand et généreux? reprit Fleur-de-Mai. Si tu l'avais vu ce matin, lorsque, seul contre cinquante Espagnols qui le menaçaient de leurs armes, il les dominait par la force de son regard, et les contraignait à se courber devant lui!

— Tu l'aimes bien, l'Olonnais, n'est-ce pas? dit doña Violenta en jetant sur Fleur-de-Mai un regard interrogateur, à travers ses longs cils de velours.

— Si je l'aime! s'écria-t-elle, oui, je l'aime! plus qu'un frère! plus qu'un ami! je ne vis que par lui et pour lui. Aussi lorsque cette nuit, j'ai appris qu'il était prisonnier, j'ai voulu le voir; Dieu m'a protégée, j'ai réussi à m'introduire dans sa prison.

— Seule?

— Oui!

— Et tu n'as pas craint?

— Qu'avais-je à craindre? répondit simplement Fleur-de-Mai, puisque j'étais auprès de l'Olonnais? Penses-tu qu'il ne m'aurait pas protégée, si l'on eût essayé de me faire quelque insulte?

— Tu as raison, Fleur-de-Mai; en effet, tu n'avais rien à craindre ni de lui ni de personne; ta pureté et ton innocence te faisaient un bouclier invulnérable. L'Olonnais sait-il que tu as pour lui cette profonde affection? demanda doña Violenta d'une voix de plus en plus hésitante.

— Oui bien, il le sait; pourquoi le lui aurais-je caché? je le lui ai dit; ne devais-je pas le faire?

— Si, en effet, tu devais le faire; qu'a-t-il répondu à cet aveu?

— Un aveu? je n'avais rien à lui avouer. Je n'ai jamais menti, moi! Lorsque, cette nuit, je suis entrée dans sa prison, il dormait; en me reconnaissant, il a souri : « Toi ici, Fleur-de-Mai? m'a-t-il dit. Pourquoi es-tu venue? — Pour te sauver ou mourir avec toi, ai-je répondu, parce que mon cœur m'attire invinciblement vers toi, et que je t'aime! »

— Et alors? demanda doña Violenta, d'une voix tremblante.

— Alors, reprit Fleur-de-Mai, avec un charmant sourire, il m'a mis un baiser au front en me disant : « Moi aussi je t'aime, Fleur-de-Mai, tous deux nous sommes seuls au monde, veux-tu être ma sœur? — Oui! me suis-je écriée toute joyeuse. » Tout a été dit, nous sommes frère et sœur.

— Et tu es contente, Fleur-de-Mai? cette amitié fraternelle te suffit, n'est-ce pas?

— Oh oui! d'ailleurs que pourrais-je désirer de plus?

— Rien; tu as raison, Fleur-de-Mai. Oh! ajouta-t-elle avec un soupir et en essayant mais vainement de retenir ses larmes, j'envie ton bonheur, Fleur-de-Mai!

— Tu pleures, amie! s'écria la jeune fille avec intérêt. Serais-tu malheureuse? Confie-moi tes peines, on dit que cela fait du bien, de partager sa douleur avec une amie.

— Ce n'est rien, je suis folle, pardonne-moi; tous ces événements qui se succèdent coup sur coup, me rendent malgré moi nerveuse; je ne suis pas maîtresse de mes sentiments; je pleure et je ne sais pas pourquoi.

— Pauvre Violenta! l'Olonnais me le disait cette nuit, lorsque nous causions.

— Comment, il t'a parlé de moi?

— Mais oui, cela t'étonne? nous n'avons fait que parler de toi pendant plus de trois heures. « Vois-tu, petite sœur, me disait-il, car maintenant c'est ainsi qu'il me nomme, doña Violenta est bien malheureuse; un danger terrible la menace; » et tant d'autres choses encore! Ce matin, dès qu'il se fut rendu maître de la forteresse, sa première pensée a été pour toi, puisqu'il m'a envoyée. Ah! tu souris maintenant, tu sèches tes larmes!

— Oui, je me sens beaucoup mieux; ainsi que tu me l'avais promis, tu m'as consolée. Merci, Fleur-de-Mai, tu es bonne; je t'aime, moi aussi, comme une sœur.

— Ah! voilà la parole que j'attendais; merci, Violenta.

En ce moment un bruit assez fort se fit entendre au dehors.

— Qu'est cela? s'écria doña Violenta en pâlissant.

— Peut-être nos amis qui arrivent, répondit Fleur-de-Mai; mais quoi que ce soit, ne crains rien, ma sœur; je suis là, je saurai te défendre.

Le bruit redoubla; plusieurs coups de feu éclatèrent, des gémissements, des cris de douleur s'élevèrent, puis une porte s'ouvrit brusquement: et la duchesse apparut pâle et défaite.

— Nous sommes perdues! s'écria-t-elle.

Elle tomba presque mourante entre les bras de sa fille; en un tour de main, Fleur-de-Mai eut renversé plusieurs meubles et formé une espèce de barricade dans l'angle de la pièce, où la duchesse et sa fille s'étaient réfugiées; puis la tête haute, l'œil étincelant, elle se plaça fièrement debout devant les deux dames. Au même instant plusieurs individus à mines patibulaires firent irruption dans la pièce; le Chat-Tigre venait à leur tête.

— Toute résistance est inutile! s'écria-t-il d'une voix tonnante; rendez-vous, mesdames, vous êtes mes prisonnières!

— Pas encore! répondit Fleur-de-Mai en le couchant en joue.

Le bandit recula surpris.

— Fleur-de-Mai! s'écria-t-il. Que prétends-tu faire, enfant!

— Je suis ici pour protéger ces dames, répondit-elle; moi vivante, aucune insulte ne leur sera faite. Oseras-tu me tuer, Chat-Tigre? Au reste, cela ne m'étonnerait pas, tu es assez lâche pour assassiner des femmes!

Le Chat-Tigre pâlit au sanglant outrage, ses traits se décomposèrent; pendant un moment, sa belle figure devint réellement hideuse.

— Ne parle pas ainsi, enfant! murmura-t-il d'une voix étouffée. De quel droit viens-tu te placer entre moi et ma vengeance?

— L'homme qui se venge d'une femme est un misérable! reprit-elle.

— Prends garde, ne continue pas à me braver ainsi, ou sinon!

— Que feras-tu? rien, tu n'oseras rien faire! je ne te crains pas. Je ne suis qu'une enfant, mais tu le sais, je suis la fille des Frères de la Côte; si tu osais faire tomber un seul cheveu de ma tête, te cacherais-tu dans les entrailles de la terre, tu n'échapperais pas au châtiment qui te serait infligé!

Le Chat-Tigre était un profond scélérat, mais il était aussi un homme d'esprit ; il comprit tout le ridicule d'une lutte entre lui et cette enfant terrible que les flibustiers adoraient ; de plus il redoutait l'arrivée de l'Olonnais et de ses compagnons : il fallait donc en finir au plus vite ; grâce à l'immense puissance de volonté qu'il possédait sur lui-même, il réussit à rendre le calme à ses traits et un sourire pâle crispa les commissures de ses lèvres.

— Écoute-moi, Fleur-de-Mai, dit-il, j'espère que nous ne tarderons pas à nous entendre.

— J'en doute, dit-elle résolument, mais je n'ai pas le droit de t'imposer silence ; parle donc, que me veux-tu ?

— Je veux d'abord que tu sois bien convaincue, chère enfant, que je n'ai jamais eu l'intention de faire du mal, ni à toi, ni à ces dames ; tu n'as pas voulu comprendre mes paroles et pour quelle raison je parlais ainsi. Mme la duchesse de la Torre et sa fille sont Espagnoles, je sais que de grands dangers les menacent, j'ai résolu de les sauver. Pour donner le change à leurs ennemis, j'ai crié bien haut que je les arrêtais, parce que leur position leur défend d'accepter la protection des Frères de la Côte.

— Mais tu n'es pas Frère de la Côte, toi, Chat-Tigre ?

— Si, mon enfant ; ne te souviens-tu pas de m'avoir vu à Saint-Domingue ?

— Oui, je t'ai vu ; mais j'ai entendu dire que tu en avais été chassé.

— C'est une erreur ; j'ai été envoyé à la Vera-Cruz par Vent-en-Panne afin de préparer la prise de la ville ; et cela est si vrai, que c'est Vent-en-Panne qui m'envoie ici en ce moment, avec l'ordre de lui amener ces deux dames qui, pour leur sûreté même, doivent passer pour prisonnières.

Ces explications embrouillées étaient presque inintelligibles pour l'esprit droit mais un peu faible de la jeune fille ; elle fut trompée par l'air de bonhomie et la feinte tranquillité du rusé bandit ; du reste il y avait dans ses explications, si diffuses quelles fussent, une certaine apparence de vérité qui devait servir à complètement dérouter la jeune fille ; le Chat-Tigre le savait bien.

— Peut-être dis-tu vrai ? répondit-elle ; fais-y bien attention, si tu mens, Dieu, qui lit dans les cœurs, te punira !

— Ce n'est pas avec toi que j'essaierais de mentir, Fleur-de-Mai.

— Eh bien ! donne-moi ta parole que tu ne mens pas ?

— Je te la donne ! répondit-il sans hésiter.

— Puisqu'il en est ainsi, je ne m'oppose plus à ce que tu conduises ces dames à Vent-en-Panne ; seulement j'y mets une condition.

— Laquelle ? parle ?

— C'est que je ne les quitterai pas.

— J'allais t'en prier, Fleur-de-Mai, répondit-il avec un pâle sourire.

Les deux dames étaient toujours évanouies ; Fleur-de-Mai défit elle-même la barricade. La ducheese et sa fille furent transportées dans une litière ; Fleur-de-Mai y prit place auprès des deux dames. Sur l'ordre du Chat-Tigre la petite troupe sortit du palais et s'éloigna par des rues détournées.

Le Chat-Tigre ressemblait en ceci à don Pedro Garcias, qu'il avait comme lui l'habitude de sortir de la ville et d'y rentrer sans passer par les portes.

Dix minutes plus tard, grâce à la brèche que le lecteur connaît déjà, les ravisseurs, montés sur de vigoureux chevaux, galopaient à travers la campagne. Fleur-de-Mai n'avait aucun soupçon, les rideaux de la litière étaient fermés, et elle était occupée à prodiguer les soins les plus attentifs à ses compagnons.

Cependant, après une heure de marche, la jeune fille, qui avait réussi à faire reprendre connaissance aux deux dames, commença à trouver que le Chat-Tigre était bien long à se rendre auprès de Vent-en-Panne ; elle souleva un peu le rideau, un coup d'œil lui suffit pour reconnaître qu'elle avait été lâchement trompée par cet homme, qui n'avait pas craint de lui donner sa parole d'honneur. Cependant elle ne dit rien ; en ce moment toute plainte aurait été inutile, les compagnons du Chat-Tigre étaient tous des habitués du Velorio de las Ventanas, c'est-à-dire des drôles de la pire espèce, desquels il n'y avait rien à espérer. L'enfant se pencha vers les dames et leur dit d'une voix faible comme un souffle ces trois mots :

— Ne craignez rien.

Une demi-heure plus tard, le Chat-Tigre donna l'ordre de faire halte, la litière s'arrêta. Fleur-de-Mai descendit et regarda curieusement autour d'elle.

La troupe s'était arrêtée dans une forêt, à l'entrée d'une de ces clairières naturelles, comme on en rencontre assez souvent dans ces contrées, et dont l'étendue dépassait plusieurs ares. Là s'élevaient quelques *ranchos* misérables, habités par des gens de mauvaise mine ; tous postés sur le seuil de leurs portes, ils assistaient avec un sourire narquois à l'arrivée des voyageurs.

En face de l'endroit où s'était arrêtée la litière, s'élevait une maison solidement construite en pierres, chose rare sur la Côte.

Les murs dont cette maison était ceinte étaient crénelés, particularité semblant indiquer que le propriétaire avait des prétentions à la noblesse ; un corps de logis avait depuis quelques années été ajouté à cette maison, corps de logis affecté tout entier au logement et à l'hébergement des voyageurs, ou plutôt, pour dire la vérité tout entière, cette *venta*, ou auberge, dont le nom était la venta *del Potrero* était tout simplement un repaire de contrebandiers : c'était là qu'ils avaient coutume de se donner rendez-vous, pour combiner leurs opérations contre le fisc.

Plusieurs chevaux attachés à des anneaux de chaque côté de la porte, le grand bruit qui se faisait à l'intérieur, prouvaient que les buveurs ne manquaient pas. Quelques-uns sortirent même pour voir quelle sorte de gens arrivaient. L'un de ces buveurs, après avoir dissimulé avec peine un mouvement de surprise, échangea à la dérobée un regard d'intelligence avec Fleur-de-Mai.

Il paraît que depuis longtemps, les précautions du Chat-Tigre étaient prises ; aussitôt qu'il eut été reconnu par l'hôtelier, celui-ci s'empressa d'accourir vers lui, guida la troupe par un sentier assez étroit, fit le tour des bâtiments, et après s'être assuré que personne ne surveillait ses mouvements, il ouvrit, au moyen d'une clé microscopique, une porte perdue dans la muraille, porte par laquelle toute la troupe s'engouffra comme un tourbillon, dans l'intérieur de la maison.

A peine l'hôtelier qui formait l'arrière-garde eut-il fermé la porte en dedans qu'un homme embusqué derrière le tronc d'un sablier énorme, l'homme que

LES ROIS DE L'OCÉAN 201

— Mon Dieu ! mon Dieu ! s'écria Vent-en-Panne, se cachant le visage dans les mains.

nous avons vu échanger un regard avec Fleur-de-Mai, sortit de sa cachette, abattit avec son *machete* une branche d'un arbre placé précisément en face de la porte, maintenant invisible, ramassa cette branche, et s'éloigna en murmurant à part lui :

— Je vais aller conter ce que j'ai vu à mon compère; je suis certain que cela lui paraîtra drôle et l'intéressera fort.

Quand il rentra dans l'auberge, l'hôtelier était déjà à son comptoir; sans doute il était revenu par des communications intérieures. L'homme paya sa dépense, monta sur son cheval, et prit à toute bride la direction de la Vera-Cruz.

Cependant la troupe du Chat-Tigre, guidée par l'hôtelier, après avoir franchi plusieurs chemins couverts, et traversé plusieurs cours, ce qui prouvait que cette habitation devait avoir eu jadis une grande importance, s'arrêta au bas d'un perron, devant un corps de logis assez considérable; Fleur-de-Mai s'était tenue constamment auprès de la litière, elle aida les deux dames à descendre.

— Suivez-moi, dit laconiquement le Chat-Tigre.

L'hôtelier s'était éloigné; on monta le perron; Fleur-de-Mai ne quittait pas les deux dames d'une ligne; quatre bandits, sans doute désignés d'avance, fermaient la marche. Le Chat-Tigre ouvrit plusieurs portes, traversa plusieurs pièces, et s'arrêta enfin devant la porte d'un appartement dont, sans doute, l'hôtelier venait de lui remettre les clés et qu'il ouvrit.

— Entrez! dit-il d'un ton bref.

Les trois dames, sans répondre, franchirent le seuil de la première pièce.

— Vous êtes ici chez vous, mesdames, dit le Chat-Tigre avec une ironique politesse, vos servantes ont été prévenues, elles vous attendent.

— Monsieur! dit la duchesse.

— Ne parlez pas à cet homme, madame, dit vivement Fleur-de-Mai, en interrompant la duchesse, ce misérable est indigne qu'on lui adresse la parole, autrement que pour le traiter comme il le mérite. On ne discute, ni avec les voleurs, ni avec les assassins; on subit la loi qu'ils imposent, tant qu'on ne peut s'y soustraire.

— Fleur-de-Mai! s'écria le Chat-Tigre.

— Que voulez-vous me dire encore? reprit-elle avec hauteur; vous vous êtes comporté envers moi comme un lâche et un misérable; vous n'avez pas craint de mentir en me donnant faussement votre parole d'honneur; quel mensonge inventerez-vous encore pour essayer de me tromper? Allez, vous m'inspirez plus de pitié que de mépris! Je vous ai dit que Dieu vous punirait; avant vingt-quatre heures, vous subirez le châtiment que je vous ai prédit!

— Enfant, vous êtes folle! ces rodomontades ne sont plus de saison; je suis le maître ici, nul ne saurait s'opposer à ma volonté, quelle qu'elle soit.

— Essayez donc de me l'imposer, cette volonté, misérable! s'écria-t-elle en prenant avec une énergie fébrile un des pistolets passés à sa ceinture, essayez et vive Dieu! je vous abats à mes pieds, comme un chien enragé que vous êtes!

— Jeune fille! jeune fille! prenez garde, encore une fois! vous abusez trop des immunités qu'on vous a laissé prendre : je pourrais me fatiguer d'être insulté par vous.

— Je n'ajouterai qu'un mot, fit-elle avec un écrasant mépris, ce mot, le voici : Je vous défie! entendez-vous bien? je vous défie de pénétrer dans cet appartement qui, désormais, est le nôtre, sans notre autorisation; et maintenant, sortez!

Le Chat-Tigre sourit avec ironie, cependant il s'inclina et se retira.

La jeune fille prêta un instant l'oreille, écoutant le bruit des pas jusqu'à ce qu'il se fût perdu dans l'éloignement, puis, sans prononcer une parole, elle entraîna les deux dames à sa suite.

L'appartement dans lequel les prisonnières avaient été renfermées se composait d'une dizaine de pièces, très convenablement meublées, et n'avait en rien l'apparence d'une prison. Ainsi que le Chat-Tigre l'avait annoncé, les camaristes de la duchesse avaient été enlevées en même temps qu'elle et conduites dans cette maison, où elles étaient arrivées vingt minutes avant leurs maîtresses ; elles n'avaient pas eu à se plaindre de leurs conducteurs, avec lesquels elles n'avaient pas échangé un seul mot pendant le voyage. Ces braves filles, supposant que leurs maîtresses avaient besoin de prendre quelques rafraîchissements, après une aussi longue course, faite dans d'aussi mauvaises conditions, s'étaient évertuées à préparer un déjeuner assez substantiel.

A la grande surprise de la duchesse et de sa fille, depuis son arrivée dans la Venta, l'humeur de Fleur-de-Mai semblait complètement changée ; elle riait, plaisantait et chantait comme un pinson ; les deux dames étaient fort intriguées de cette gaieté que rien ne justifiait à leurs yeux.

— Mangez, buvez, et ne vous inquiétez de rien, leur dit Fleur-de-Mai ; nul ne peut prévoir l'avenir : dans une situation comme celle où nous sommes, il est bon de prendre des forces, afin de faire face aux événements qui peuvent surgir d'un moment à l'autre.

Tout en parlant ainsi, elle fit dresser la table, puis elle câlina si bien la duchesse et sa fille, que malgré l'inquiétude qui les dévorait, elles consentirent à se mettre à table et à toucher quelques fruits du bout des dents ; lorsque le repas fut terminé, Fleur-de-Mai, qui seule, au grand ébahissement des dames, avait mangé de fort bon appétit, se leva et précéda ses compagnes dans une espèce de salon, situé à peu près au centre de l'appartement.

— Asseyez-vous, leur dit-elle, en leur indiquant des sièges.

Puis elle alla ouvrir, les unes après les autres, toutes les portes de communication. La duchesse et sa fille la regardaient faire sans rien comprendre à ce manège dont cependant elles étaient intriguées; Fleur-de-Mai avait toujours ses pistolets à la ceinture et son Gelin à la main. Quand toutes les portes furent ouvertes, la jeune fille vint s'asseoir entre les deux dames.

— Là ! dit-elle, en jetant un regard espiègle dans cette enfilade de pièces, qui se trouvaient à droite et à gauche, de cette façon je pourrai, sans crainte d'être entendue, vous donner des nouvelles qui, j'en suis sûre, vous rendront joyeuses, et feront rentrer l'espérance dans vos cœurs.

— Qu'y a-t-il donc ? s'écrièrent les deux dames.

— Silence ! s'écria-t-elle vivement ; nous disons, dans nos bois, nous autres flibustiers, que les feuilles des arbres ont des yeux ; prenez garde que les murailles n'aient des oreilles.

— Parlez, chère petite, parlez au nom du Ciel ! dit la duchesse, en lui prenant une main, tandis que doña Violenta s'emparait de l'autre.

— Eh bien ! sachez donc que lorsque nous nous sommes arrêtées devant cette vilaine maison, parmi les gens qui nous regardaient, en ayant l'air de se moquer de nous, il y en a un que j'ai reconnu.

— Ah! fit doña Violenta.

— Oui, c'est l'homme qui cette nuit m'a fait entrer dans la Vera-Cruz, et grâce auquel j'ai pénétré dans la prison de l'Olonnais; c'est un très honnête homme; il se nomme Pedro Garcias.

— Et vous a-t-il reconnue, lui, chère petite?

— Oui; nous avons échangé un regard.

— Oh! alors nous sommes sauvées! s'écrièrent les deux dames avec joie.

— Je l'espère, reprit la jeune fille; mais cependant, croyez-moi, redoublons de prudence, surtout ne laissons rien paraître. Cette nuit, nous ne nous coucherons pas, afin d'être prêtes à tout événement; nous nous tiendrons toutes trois dans la même pièce; là nous nous baricaderons du mieux qu'il nous sera possible.

— Oui, oui, fit doña Violenta, oui, chère petite sœur, nous vous obéirons, nous ferons tout ce que vous voudrez; nous vous nommons notre général en chef.

— Rapportez-vous-en à moi; le Chat-Tigre se croit en ce moment bien en sûreté; avant une heure, il aura à sa poursuite des hommes qui lui feront payer cher ce qu'il a osé faire aujourd'hui.

— Prions Dieu, dit la duchesse, prions-le ardemment de ne pas nous retirer la protection dont il a daigné nous couvrir jusqu'à présent! Lui seul a le pouvoir de nous sauver!

XVIII

QUEL MOYEN EMPLOYA DON PEDRO GARCIAS POUR RENCONTRER L'OLONNAIS

L'Olonnais, lorsqu'il avait envoyé Fleur-de-Mai au palais du duc de la Torre, croyait arriver, sinon en même temps que la jeune fille, du moins tout au plus quelques minutes après elle; malheureusement, il se trouva retenu plus longtemps qu'il ne l'aurait voulu, voici comment:

Parmi les paysans qui, le matin, s'étaient présentés pour entrer dans la Vera-Cruz, une dizaine s'étaient sauvés à travers champs; les flibustiers savaient que si la nouvelle de leur débarquement se répandait, en moins de deux heures, ils auraient à lutter contre des forces considérables, accourues de toutes les villes voisines et des villages des environs; que, par conséquent, ils seraient obligés de se rembarquer en toute hâte et de perdre ainsi tous les avantages de leur hardi coup de main; il était donc important pour eux de ne laisser fuir aucun des Mexicains, soit parmi les habitants de la ville, soit parmi les paysans venus à la Vera-Cruz pour y vendre leurs denrées.

Le beau Laurent donna donc l'ordre à l'Olonnais de prendre quelques hommes et de ramener les fugitifs; mais, ainsi que l'a dit un ancien poète, la peur donne des ailes aux ingambes; ici ce n'était pas seulement de la peur, mais une épouvante superstitieuse que les paysans éprouvaient pour les flibustiers, qu'ils considéraient comme des démons; aussi avaient-ils pris une avance considérable, avant même qu'on ne songeât à les poursuivre; il fallut plus d'une heure à l'Olonnais pour réussir à s'emparer d'eux et les ramener à la forteresse.

Lorsque les pauvres diables eurent été bien et dûment incarcérés, libre enfin, le jeune homme ne perdit pas un instant. Accompagné de Pitrians, son inséparable, il se rendit tout courant au palais du duc de la Torre; un sombre pressentiment lui serra le cœur, lorsqu'en arrivant devant le palais, il en vit les portes brisées.

— Que s'est-il donc passé ici? murmura-t-il en s'arrêtant machinalement.

— Entrons! répondit Pitrians; l'incertitude est terrible, dans une circonstance comme celle-ci; mieux vaut savoir tout de suite à quoi nous en tenir.

Ils pénétrèrent alors dans l'intérieur; toutes les portes étaient ouvertes, les meubles jetés çà et là, et brisés pour la plupart; une solitude complète régnait dans le palais. Une inquiétude poignante étreignait le cœur des deux hommes, pendant qu'ils parcouraient ces salles mornes, silencieuses; ni l'un ni l'autre ne parlait; une émotion terrible les étouffait et empêchait leur voix de se faire jour à travers leurs dents serrées; ils arrivèrent ainsi jusqu'au cabinet du duc de la Torre.

En travers du seuil, deux corps étaient étendus, baignés dans leur sang; ces malheureux tenaient encore dans leurs mains crispées les armes impuissantes à protéger leur vie. L'Olonnais et Pitrians se penchèrent vivement sur ces deux hommes: c'étaient les serviteurs de confiance du duc, ceux qu'en quittant le palais il avait laissés pour protéger la duchesse et sa fille; tous deux étaient fidèlement tombés à leur poste.

L'Olonnais crut s'apercevoir qu'un de ces hommes vivait encore; aidé par Pitrians, il lui prodigua tous les secours dont il pouvait disposer; bientôt il eut la joie de lui voir ouvrir les yeux.

Cet homme était Muñoz, le valet de chambre du duc; sa blessure était grave, à la vérité, mais ne mettait pas ses jours en danger; l'énorme quantité de sang qu'il avait perdu avait produit la syncope, et problablement aurait amené la mort, si l'Olonnais ne s'était hâté, après avoir lavé la plaie, de la bander solidement. Les deux jeunes gens avaient transporté le blessé sur un lit de repos, et l'y avaient étendu; cependant il s'écoula un temps assez long avant que ses forces fussent assez revenues pour qu'il lui fût possible de répondre aux questions que l'Olonnais brûlait de lui adresser.

Enfin son regard, jusque-là égaré et sans expression, devint plus clair, se fixa, et l'intelligence y reparut; il reconnut les deux jeunes gens; un sourire triste éclaira son pâle visage, et, laissant échapper un profond soupir:

— Oh! murmura-t-il, pourquoi êtes-vous venus si tard?

— Que s'est-il passé? demanda vivement l'Olonnais.

— Une chose horrible, reprit le blessé de cette voix lente et monotone de l'homme dont les forces sont presque épuisées; le palais a été envahi par des bandits; ils ont brisé les meubles, volé les bijoux.

— Les flibustiers ont osé faire cela? s'écria l'Olonnais avec indignation. Muñoz hocha tristement la tête.

— Non, dit-il, les flibustiers n'ont pas paru ici!

— Mais quels sont donc ces misérables alors? reprit le jeune homme.

— Des Mexicains; après avoir mis le palais au pillage, ils se sont retirés en enlevant Mme la duchesse et sa fille doña Violenta.

— Ces hommes, vous ne les connaissez pas?

— Leur chef est venu ici, une fois déjà; c'est moi qui le reçus; il portait l'uniforme de capitaine, et se fit annoncer sous le nom de Peñaranda.

— Ah! s'écria l'Olonnais avec un tressaillement de fureur, c'est le Chat-Tigre; ces dames n'ont pas résisté?

— La terreur leur avait fait perdre connaissance; elles ont été enlevées comme mortes, et, d'après ce que j'ai pu entendre, mises dans une litière.

— Ces dames n'étaient pas seules; il y avait une jeune fille avec elles?

— Oui, une vaillante fille! Seule, elle a tenu pendant dix minutes les bandits en échec, tremblants sous son regard; ce n'est qu'en employant la ruse : en lui assurant qu'il venait par votre ordre afin de mettre les deux dames en sûreté, que leur chef a réussi à la tromper.

— Et alors? demanda anxieusement l'Olonnais.

— Alors, reprit le blessé, dont les forces s'épuisaient de plus en plus, et dont la voix devenait presque indistincte, elle a consenti à laisser partir les dames, mais à condition de les accompagner.

— Ainsi, elle est avec elles?

— Oui, ou du moins elle les a suivies.

— Dieu soit loué! murmura le flibustier; si précaire que soit cette protection, elle suffira peut-être pour intimider ces misérables! Dans tous les cas, elle empêchera la duchesse et doña Violenta de perdre tout espoir.

— Hâtez-vous, reprit le blessé avec effort; instruisez M. le duc de ce qui s'est passé, peut-être pourra-t-il sauver Mme la duchesse et sa fille des mains de ces misérables.

— Mais où le trouverai-je? demanda l'Olonnais.

— M. le duc s'est mis à la tête des troupes; si l'on se bat encore, c'est au plus épais de la mêlée que vous le rencontrerez; ne perdez pas un instant, laissez-moi; vous ne pouvez plus rien pour moi maintenant; il faut vous hâter si vous voulez sauver mes infortunées maîtresses.

L'Olonnais fut contraint de reconnaître que le digne homme avait raison. Il plaça sur une table, à portée de sa main, quelques cordiaux, des boissons rafraîchissantes, et après lui avoir promis de ne pas l'abandonner, les deux jeunes gens prirent congé de lui.

— Merci, merci! dit Muñoz d'une voix faible, ne songez pas à moi; ne vous occupez que de ma maîtresse et de sa fille.

Les flibustiers quittèrent alors le palais, mais ils eurent la précaution de refermer solidement les portes de la rue, dont ils emportèrent les clés. Puis ils se rendirent à la Plaza Mayor, où le rendez-vous général avait été assigné.

Au moment où les deux hommes pénétraient sur la place, Vent-en-Panne et le duc de la Torre avaient, depuis environ dix minutes, entamé de nouveaux pourparlers pour la reddition et le rachat de la ville.

Si vive que fût l'impatience de l'Olonnais, si poignante que fût son inquiétude, il fut obligé, à son grand regret, d'attendre silencieusement la conclusion des négociations.

Le duc de la Torre, ainsi que cela avait été convenu, avait réuni dans l'église de la Merced les bourgeois notables et les principaux négociants de la ville; le duc ne se faisait pas d'illusion sur la situation précaire dans laquelle se trouvait la Vera-Cruz. De plus, ses relations intimes avec les flibustiers lui avaient permis d'apprécier combien était peu étendu, en réalité, le pouvoir de leurs chefs dans une expédition. En effet, quel que fût le respect des Frères de la Côte pour Vent-en-Panne, leur dévouement à sa personne, le duc savait qu'ils n'hésiteraient pas à le déposer et à nommer un autre chef, s'ils le supposaient capable de les tromper, ou du moins de ne pas exécuter fidèlement son devoir, par une faiblesse ou une bienveillance nuisibles à leurs intérêts. Dans ces conditions, le duc jugea qu'il devait poser nettement la question aux notables, et surtout obtenir d'eux une solution rapide; ce qu'il avait fait.

Un appel de trompettes avait annoncé la reprise des négociations.

— Eh bien! demanda Vent-en-Panne au duc, après l'avoir salué, où en sommes-nous? cette fois allons-nous pouvoir traiter avec une liberté entière?

— Oui, capitaine, répondit le duc; mais il est bien entendu que ces pleins pouvoirs ne sont valables que dans les limites du possible.

— Je le comprends ainsi, reprit Vent-en-Panne en souriant; d'ailleurs nous ne voulons aucunement vous mettre le pistolet sur la gorge.

— Hum! vous me le mettez passablement en ce moment.

— Eh! eh! fit Vent-en-Panne de son air moitié figue, moitié raisin, vos compatriotes seront bien ingrats s'ils ne vous sont pas reconnaissants, monsieur le duc. Si vous ne vous étiez pas si bravement jeté dans la mêlée, l'affaire était faite, la ville prise, et nous n'aurions eu d'autres tracas que celui causé par l'embarras de nos richesses. Sur mon âme, mon cher duc, je vous avoue que avez eu là une singulière idée! Vous ne pouviez pas me laisser m'arranger avec ces braves gens, qui pas plus tard qu'hier n'auraient pas demandé mieux que de vous couper le cou! Enfin, voyons, il faut bien nous entendre, pour éviter des malentendus regrettables; en affaires, il n'y a rien de désagréable comme les malentendus; n'êtes-vous pas de cet avis, monsieur le duc?

— Oui, répondit celui-ci en souriant, mais avec vous, capitaine, ils sont généralement difficiles.

— Bah! et pourquoi donc?

— Dame! parce que vous avez l'habitude de vous expliquer si clairement qu'il n'y a pas le moindre doute à avoir.

— Eh bien! voici comment il faut établir les bases de notre traité : 1° la ville se rachètera pour ne pas être brûlée et détruite de fond en comble; 2° les négociants riches se rachèteront pour éviter que nous emportions leurs marchandises; 3° la population se rachètera pour éviter le pillage, etc., etc;

4° la ville payera une rançon pour le rachat de la flotte des îles Saint-Jean-de-Luz et de leur citadelle, de la forteresse de la Vera-Cruz et de la liberté des prisonniers. Que dites-vous de cela, monsieur le duc ?

— Hum! je dis, mon cher capitaine, répondit le duc avec un sourire amer, que voilà bien des rachats... et tous ces rachats, en bloc, forment la somme de ?...

— Oh! un chiffre rond : vingt millions de piastres.

Le duc fit un bond de surprise à l'énoncé de ce chiffre fantastique.

— Vous plaisantez ? dit-il.

— Monsieur le duc, répondit froidement Vent-en-Panne, je ne plaisante jamais, quand il s'agit d'affaires.

— Mais, vingt millions de piastres, y avez-vous bien réfléchi ?

— En effet, monsieur le duc, vous avez raison, je n'y ai pas bien réfléchi ; j'ai oublié les vases sacrés, les ornements sacerdotaux et les reliques contenues dans les églises et les couvents. En estimant tout cela cinq millions de piastres, je ne crois pas me montrer bien exigeant. Continuez, monseigneur, je suis certain que, grâce à vous, je me rappellerai ainsi peu à peu une foule de choses que j'ai oubliées ou peut-être négligées.

Le duc de la Torre se mordit les lèvres avec dépit.

— Mais enfin, monsieur, dit-il, vingt millions de piastres, c'est énorme !

— Pardon, monsieur le duc, permettez-moi de rectifier, s'il vous plaît ; ce n'est plus vingt millions, mais vingt-cinq, la différence est importante.

— Cependant il me semble, monsieur...

— Voyons, soyez de bonne foi, interrompit Vent-en-Panne avec bonhomie, vous trouvez ce chiffre de vingt-cinq millions de piastres exorbitant ; à première vue, en effet, il peut le paraître ; mais en y réfléchissant bien, on est contraint de reconnaître combien il est modéré et dépourvu d'exagération.

— Ah! par exemple!

— Est-ce que vous vous chargeriez-vous, monseigneur, pour vingt-cinq millions de piastres, de reconstruire une ville, de mettre à la mer six bâtiments de premier rang tout armés, avec leurs équipages, d'élever des forteresses comme celles de Saint-Jean-de-Luz et celle de la ville? Allons, allons, monseigneur, n'insistez pas ; c'est pour rien.

— Mais enfin, monsieur, ce que vous dites là peut être vrai jusqu'à un certain point ; permettez-moi cependant de vous faire observer que ce n'est pas cela que nous discutons en ce moment.

— Oui, je le sais bien, nous sommes deux marchands, essayant de nous défaire avantageusement de notre marchandise.

— Marchands ou non, mon cher capitaine, il y a une question à laquelle vous n'avez pas songé et qui mérite pourtant qu'on s'y arrête.

— Quelle est cette question? Mon Dieu, je suis bon homme, je ne demande pas mieux que de traiter à l'amiable, moi !

— Eh bien! mais pour cela, il ne faut pas me mettre dans l'impossibilité de traiter avec vous.

— Pardon, monsieur le duc, où voyez-vous une impossibilité ?

— Vous me demandez vingt-cinq millions !

Elle appliqua sur le bas de la porte un vigoureux coup de crosse, qui produisit un bruit formidable.

— De piastres, c'est vrai, je vous demande vingt-cinq millions de piastres
— Pour vous les donner, il faut les avoir.
— Parfaitement raisonné.
— Je ne les ai pas.
— En êtes-vous bien sûr, monsieur le duc ?

— Je puis vous le certifier, capitaine ; ce sont les notables eux-mêmes et les principaux négociants qui me l'ont affirmé sur l'honneur.

— Eh bien ! monseigneur, permettez-moi de vous le dire, les notables et les principaux négociants de la Vera-Cruz vous ont trompé.

— Moi ?

— Tout ce qu'il y a de plus trompé.

— Oh ! prouvez-moi cela, et alors !...

— Venez un peu par ici, monsieur le duc, et permettez-moi de vous dire deux mots à part.

— A vos ordres, monsieur.

Les deux hommes s'écartèrent de trois ou quatre pas.

— Eh bien ? demanda le duc.

— Plus bas, monseigneur, fit Vent-en-Panne, ce que nous avons à nous dire ne doit pas être entendu. Écoutez bien ceci : les deux principaux banquiers de la ville, le señor don Pedro Lozada et Cie, et le señor don Jose Salazar Aguirre et Cie, ont en ce moment, dans un magasin secret que je connais, chacun quatorze millions de piastres en lingots d'or et d'argent ; le señor Santa-Cruz a onze millions de piastres ; la Conducta de Plata, arrivée il y a trois semaines de Mexico, a apporté, en lingots, neuf millions de piastres ; plusieurs autres négociants, que je pourrais vous nommer, ont entre eux huit autres millions ; je passe le menu fretin. Toutes ces sommes doivent être expédiées incessamment en Espagne sur les galions de Panama.

— Eh quoi, monsieur ! s'écria le duc au comble de la surprise, il en serait ainsi ?

— Je vous l'affirme sur l'honneur, monsieur le duc ; vous me connaissez, je ne mens jamais.

— Oh ! si cela est ! s'écria le duc d'un ton de menace.

— Cela est, reprit Vent-en-Panne en se rapprochant des autres parlementaires ; mais comme l'explication que je vous ai donnée a bien sa valeur, j'en suis fâché, monsieur le duc, les fripons doivent être punis, et ils le seront, je vous le promets, d'une façon exemplaire. Si d'ici à une demi-heure trente millions de piastres en lingots d'or ne sont pas apportés sur le môle et disposés pour être embarqués sur mes navires, dans trente-cinq minutes je mets le feu aux quatre coins de la ville et j'ordonne le pillage.

— Monsieur, je vous en prie !

— Pas un mot de plus, monsieur le duc, je ne me suis montré déjà que trop accommodant ; j'ai jusqu'à un certain point outrepassé mes pouvoirs.

Il se tourna alors vers les capitaines David et Michel-le-Basque, dont les visages épanouis témoignaient d'une joie extrême, et il ajouta :

— Frères, c'est à vous de parler ; ratifiez-vous les conditions que j'ai imposée à M. le duc de la Torre ?

— Oui, frère, répondit David, ces conditions nous paraissent très modérées, nous pensons que tu ne dois les modifier en rien.

— C'est aussi mon opinion, dit Michel-le-Basque, qui n'était pas causeur.

— Vous avez entendu, monsieur le duc ? vous avez dix minutes pour me répondre si oui ou non mes conditions sont acceptées.

Les trois flibustiers saluèrent alors le duc, et firent quelques pas en arrière afin de lui prouver que la discussion était close ; le duc salua et se retira ; après cinq minutes il revint.

— Eh bien ? lui demanda Vent-en-Panne.

— Vous aviez raison ; moi je suis honteux pour mes compatriotes de leur mauvaise foi dans cette affaire. Vos conditions sont acceptées ; on va immédiatement procéder au transport de la rançon sur le môle.

— Le capitaine David ira avec vous, monsieur le duc ; vous voudrez bien lui fournir une embarcation pour rejoindre la flotte. Tu m'as entendu, frère, ajouta-t-il en s'adressant à David, le traité est conclu. Montrons aux Gavachos que nous savons loyalement exécuter les conditions que nous consentons ; hâte-toi de faire tout embarquer ; surtout méfie-toi des Espagnols ; à Carthagène, ils ont essayé de nous faire passer des lingots de plomb recouverts d'une feuille d'or. Ne nous laissons pas prendre à ces plaisanteries-là.

— Sois tranquille, répondit David, ce n'est pas un vieux routier comme moi que l'on trompe.

— Messieurs, dit le duc, moi et six des principaux officiers espagnols, nous restons en otages, au milieu de vous ; quand tout sera terminé, vous vous retirerez sans être inquiétés : nous voulons vous prouver que nous sommes loyaux.

— Je vous remercie au nom de mes compagnons, monsieur le duc, nous acceptons les otages ; quant à l'assurance que vous nous donnez de ne pas être inquiétés, nous n'avons aucune crainte à ce sujet ; je plaindrais ceux qui essaieraient de nous retenir. Mais je ne veux pas faire de rodomontades et imiter en ceci vos compatriotes ; aussitôt nos affaires terminées, nous nous retirerons.

Ainsi que cela avait été convenu, les otages furent donnés, et le transport des lingots commença, non seulement sous la surveillance du capitaine David, mais encore sous la protection beaucoup plus efficace, de cinquante flibustiers commandés par Michel-le-Basque.

Les Espagnols demeurèrent l'arme au pied, formés en bataillon carré sur la grande place ; de leur côté les flibustiers continuèrent à occuper tous les postes dont ils s'étaient emparés.

L'Olonnais n'avait pas osé intervenir pendant tout le temps qu'avaient duré les négociations ; cependant il était en proie à une anxiété terrible ; il se figurait que tous ces délais accroîtraient encore les dangers auxquels les deux dames étaient exposées. Il se contenait donc à grand'peine ; mais dès que l'entrevue fut terminée, il s'élança vers le duc qui venait de prendre congé de Vent-en-Panne et se préparait à se rendre sur le môle ; mais Vent-en-Panne arrêta le jeune homme au passage pour l'embrasser et se féliciter d'être arrivé assez à temps pour le sauver. L'Olonnais répondit de grand cœur aux embrassements de son matelot ; mais après l'échange de quelques paroles, celui-ci ne tarda pas à s'apercevoir de l'état de surexcitation du jeune homme.

— Que se passe-t-il donc ? pourquoi es-tu agité ainsi ? lui demanda-t-il.

L'Olonnais jeta un regard autour de lui ; le duc avait disparu.

— Hélas ! mon ami, répondit-il, tout ce que nous avons fait n'a servi qu'à précipiter la catastrophe que nous voulions prévenir.

— Explique-toi ! tu m'inquiètes.

L'Olonnais comprit que mieux valait tout dire à son matelot, dont le secours ou tout au moins les conseils pourraient lui être fort utiles

— Pendant que nous surprenions la ville, dit-il d'une voix étouffée, à l'instant même où le duc, oubliant généreusement toutes les insultes dont ses compatriotes l'avaient abreuvé, se mettait bravement à leur tête, des bandits s'introduisaient dans sa maison, assassinaient ses serviteurs et enlevaient sa femme et sa fille !

— Mille tonnerres ! s'écria Vent-en-Panne en pâlissant, tu me vois brisé par l'indignation ; nomme-moi ces hommes, matelot ! quels qu'ils soient, ils mourront !

— Ils ne sont pas des nôtres, ce ne sont pas des flibustiers, mais des Espagnols.

— Des Espagnols ?

— Oui, des bandits de sac et de corde, ayant à leur tête notre plus implacable ennemi, le Chat-Tigre en un mot !

— Elles sont entre les mains du Chat-Tigre ! s'écria Vent-en-Panne en proie à une émotion indicible ; alors nous n'avons pas un instant à perdre ! ce monstre est capable de tout ! Il faut voler à leur secours ! Ah ! pourquoi ne m'as-tu pas prévenu plus tôt ?

— Eh ! mon ami, je le voulais ! mais pouvais-je interrompre les négociations ? Les affaires publiques ne doivent-elles pas en toutes circonstances passer avant les affaires privées ?

— Mon Dieu ! mon Dieu ! s'écria Vent-en-Panne se cachant le visage dans les mains.

— Je te remercie, mon ami, de l'intérêt que tu portes à ce qui m'arrive, dit l'Olonnais, se méprenant à la douleur terrible de Vent-en-Panne ; je vois que tu m'aimes réellement.

— Oh ! matelot ! s'écria Vent-en-Panne d'une voix vibrante, ce qui t'arrive en ce moment me touche encore plus que toi-même !

— Que veux-tu dire ?

— Rien ! rien ! répondit-il en faisant un effort sur lui-même pour reprendre son sang-froid ; ne m'interroge pas, tu sauras bientôt, trop tôt peut-être, ce que signifient mes paroles. Elles m'ont échappé ; maintenant, je regrette de les avoir imprudemment prononcées ; viens, suis-moi, nous n'avons pas un instant à perdre, si nous voulons les sauver.

— Il me reste un espoir ! dit vivement l'Olonnais.

— Lequel ? parle ?

— Espoir bien faible à la vérité, mais enfin le bras le moins fort peut dans certaines circonstances servir d'égide ; j'avais chargé Fleur-de-Mai de prévenir ces dames de mon arrivée..

— Eh bien ?

— La brave et loyale enfant n'a pas voulu les abandonner ; elle les a suivies, malgré le Chat-Tigre, qui n'a pas osé s'y opposer.

— Oui! fit Vent-en-Panne avec ironie, tu as raison de dire que cet espoir est bien faible; que pourra faire la pauvre enfant? Rien que mourir! Non, non! des hommes seuls, et des hommes résolus, réussiront à venger ces dames infortunées; viens, te dis-je!

— Il nous est impossible de rien tenter sans le duc de la Torre; nous devons nous entendre avec lui au plus vite. D'abord, nous ignorons quelle direction ce bandit aura prise. Savons-nous seulement s'il a quitté la ville? Les portes et les poternes en étaient gardées, c'est vrai; mais mieux que personne, nous savons, nous autres, combien il est facile de faire une brèche dans une muraille.

Vent-en-Panne confia alors le commandement au beau Laurent qui venait de les rejoindre; il lui expliqua en quelques mots quel était l'état des choses, lui fit promettre d'exécuter ponctuellement et loyalement la capitulation; puis, après avoir fait à l'Olonnais et à Pitrians signe de le suivre, il se dirigea en toute hâte vers le môle, où il espérait rencontrer le duc. Il ne se trompait pas; le duc surveillait l'embarquement des lingots, embarquement qui s'exécutait activement, et, selon toutes les probabilités, devait être terminé avant le coucher du soleil.

En apercevant Vent-en-Panne, les sourcils du duc se froncèrent; il supposa que le chef des flibustiers venait s'assurer de l'exécution stricte du traité, et se sentit blessé de cette méfiance, que rien ne justifiait en effet; mais les premiers mots prononcés par Vent-en-Panne dissipèrent son erreur, tout en le jetant dans un profond désespoir.

Selon son habitude, le vieux flibustier avait été droit au but, et lui avait, en deux mots et sans circonlocutions, raconté ce qui s'était passé.

— Je vous accompagne, messieurs! s'écria vivement le duc. Cet homme doit être encore dans la ville; nous fouillerons toutes les maisons s'il le faut. Mon Dieu! est-ce donc là la récompense que je devais recevoir de mon dévouement! tandis que j'exposais ma vie pour sauver la ville, mes ennemis me portaient ce coup terrible!

— Ne les accusez pas, monsieur le duc, lui dit franchement Vent-en-Panne; vos ennemis ne sont pour rien dans cette affaire. Le Chat-Tigre, vous le savez, est votre ennemi personnel, comme il est le mien. C'est sa vengeance qu'il a voulu assurer, en s'emparant de la duchesse et de votre fille.

— C'est vrai! murmura le duc avec accablement; pardonnez-moi, mon ami; j'ai la tête perdue; mais n'hésitons pas davantage; chaque minute écoulée augmente le péril des deux êtres que j'aime le plus au monde; je vais donner l'ordre aux otages de me suivre, afin de justifier aux yeux de tous la résolution que je prends et dont les motifs doivent demeurer inconnus.

Vent-en-Panne fit un geste d'assentiment. Le duc réunit autour de lui les otages et ils retournèrent de compagnie vers la grande place; au moment où ils atteignaient les premiers rangs des Frères de la Côte, Vent-en-Panne remarqua qu'une certaine agitation régnait parmi eux.

— Que se passe-t-il donc? demanda-t-il au beau Laurent, qu'il vit se promenant de long en large d'un air de mauvaise humeur.

— Il y a, répondit celui-ci, que, sur mon âme, tu es trop bon! ces misérables Gavachos se moquent de nous.

— Comment cela? qu'est-il arrivé?

— Il est arrivé qu'on a saisi un de ces drôles, au moment où il essayait de s'introduire par une brèche de la muraille; ce ne peut être qu'un espion de nos ennemis.

— C'est probable, dit Vent-en-Panne; qu'en as-tu fait?

— J'ai donné l'ordre qu'on l'amenât ici; je veux le faire fusiller devant le front de bandière des Gavachos, afin de bien leur montrer que nous ne les craignons point.

— Mais avant, ne serait-ce que pour la régularité de l'exécution, je crois, dit Vent-en-Panne, qu'il serait bon de constituer une commission militaire et de le soumettre à un interrogatoire en règle; les otages m'accompagnent; ils assisteront au jugement de ce coquin, afin de témoigner plus tard, si cela est nécessaire, de la façon dont nous savons rendre la justice.

— Tu as peut-être raison, frère; puisque tu es notre chef, charge-toi de ce soin. Du reste, voici l'homme en question que l'on amène.

Au même instant, une troupe d'une dizaine de flibustiers déboucha en effet de la grande rue et pénétra sur la place; cette troupe conduisait un homme qui, malgré la situation précaire dans laquelle il se trouvait et le danger terrible suspendu sur sa tête, semblait si peu inquiet, qu'il riait et causait du meilleur cœur avec ceux qui le conduisaient.

L'Olonnais et Pitrians poussèrent un cri de surprise en reconnaissant cet homme.

— Il y a là quelque erreur, s'écria vivement l'Olonnais; cet homme n'est pas un espion!

— Lui? jamais de la vie! ajouta Pitrians; c'est notre ami; nous lui avons les plus grandes obligations; si nous n'avons pas été assassinés dans quelque coin, c'est grâce à lui!

— En effet, s'écria le duc, je crois reconnaître cet homme.

— Caballeros, j'ai bien l'honneur de vous saluer, dit en souriant Pedro Garcias, car le prétendu espion n'était autre que le digne haciendero.

— Comment se fait-il, mon cher don Pedro, lui dit l'Olonnais après lui avoir courtoisement rendu son salut, comment se fait-il que vous nous arriviez sous une pareille escorte, et sous le coup d'une accusation capitale?

— Oh! c'est bien facile à vous expliquer; j'avais absolument besoin de vous voir, pour vous annoncer une nouvelle de la plus haute importance; si je m'étais tout bêtement présenté aux caballeros Ladrones qui gardent si soigneusement les portes, et que je leur eusse dit pourquoi je voulais entrer, ils m'auraient appelé imbécile, et sans doute m'auraient gardé sous clé; cela ne faisait pas mon affaire; je ne fis ni une, ni deux, je feignis de vouloir m'introduire en cachette dans la ville, tout en ayant bien soin de m'arranger de façon à me faire prendre; cela ne manqua pas; je fus naturellement accusé d'être un espion; ces caballeros ont eu l'obligeance de me conduire tout droit ici; c'était justement ce que je désirais; aussi je ne fis pas la moindre observation.

— Matelot, dit l'Olonnais à Vent-en-Panne, Pitrians et moi, nous répondons de cet homme corps pour corps. Il nous a rendu les plus grands services.
— Vous êtes libre, señor; quant à vous, Frères, retournez à votre poste.
— Merci, caballero, je n'attendais pas moins de votre justice, dit le Mexicain; vous allez voir à présent que vous n'avez pas obligé un ingrat.
— Nous vous écoutons, señor, s'écrièrent curieusement les quatre hommes.
— Mon récit sera court, mais intéressant, je l'espère; à deux lieues d'ici, au milieu d'une forêt vierge, se trouve une *aldea* presque ignorée, qui n'est en somme qu'un rendez-vous de contrebandiers et qu'on nomme *El Potrero*; dans cette aldea, il existe une hacienda dont la construction remonte à la conquête; c'est une espèce de maison forte : malgré son état de délabrement, elle peut encore, bien défendue, résister à un coup de main. Il y a quelques heures, je buvais dans une *tienda*, où certaines affaires urgentes exigeaient ma présence, quand je vis arriver à l'aldea une vingtaine de drôles, tous à cheval, escortant une litière fermée; ces *bribones*, que je connais tous, avaient pour chef un bandit de leur espèce, que je connais encore mieux et que l'on nomme el Gato-Montès. Ma surprise fut grande, lorsque, la litière s'étant arrêtée, j'en vis descendre une jeune fille, à laquelle, sur la prière de votre ami Pitrians, j'avais servi de guide la nuit dernière pour entrer dans la ville et pénétrer dans la prison de cet autre camarade; et il désigna l'Olonnais.
— Fleur-de-Mai ! s'écrièrent les flibustiers.
— Oui, reprit le Mexicain, je crois que tel est son nom, une charmante jeune fille ressemblant bien plus à un ange qu'à une femme, et qui avec cela paraît aussi brave et aussi résolue que n'importe quel homme, Je ne pus lui parler; mais elle m'aperçut; le regard qu'elle échangea avec moi était tellement significatif, que cela me suffit; je compris qu'elle avait besoin d'un prompt secours; je montai aussitôt à cheval, pour venir à la Vera-Cruz, résolu à trouver mes deux braves amis, n'importe par quel moyen. Voilà mon histoire, caballeros.
— Allons, allons, dit Vent-en-Panne, Dieu est pour nous ! Merci, caballero, ajouta-t-il en serrant chaleureusement la main du Mexicain, mes amis et moi, nous vous devons beaucoup, nous ne l'oublierons pas.
— Que voulez-vous faire? demanda le duc.
— Pardieu ! monter à cheval, et nous rendre au Potrero.
— Oh ! Dieu ! dit tristement le duc, pourquoi ne puis-je vous accompagner?
— Qui vous en empêche?
— Ne suis-je pas votre otage?
— Raison de plus ; vous et ces caballeros, s'ils y consentent, vous partirez avec nous; ainsi il n'y aura pas de malentendu possible, nous ne courrons le risque, ni les uns ni les autres, d'être accusés de trahison. Est-ce convenu, señores?
— De grand cœur, señor, répondit un des officiers au nom des autres; je vois que vos intentions sont loyales; nous serons heureux de nous associer à la bonne action que vous voulez faire.

Pendant que Vent-en-Panne s'entretenait ainsi avec le duc et ses officiers, que de son côté l'Olonnais pressait don Pedro Garcias de questions, Pitrians qui ne parlait pas beaucoup mais avait l'habitude d'agir vivement quand les circonstances l'exigeaient, avait choisi parmi ses compagnons une quarantaine des plus déterminés, sur lesquels il savait pouvoir compter en tout et pour tout. De plus, il avait fait amener de bons chevaux. Si bien que lorsque Vent-en-Panne et l'Olonnais songèrent à organiser définitivement l'expédition, ils n'eurent plus qu'à se mettre en selle, et à adresser à Pitrians des compliments, que celui-ci reçut avec la plus grande satisfaction.

Sur la prière de Vent-en-Panne, don Pedro Garcias se plaça en avant de la troupe qui s'ébranla aussitôt et s'élança au galop dans la direction du Potrero.

XIX

OU LA DUCHESSE DE LA TORRE ET LE CHAT-TIGRE ONT UNE EXPLICATION DÉLICATE

La journée presque tout entière s'était écoulée ; il était près de cinq heures du soir.

Depuis leur arrivée au Potrero, arrivée qui avait eu lieu vers neuf heures du matin, les trois dames étaient demeurées confinées dans leur appartement, sans avoir été inquiétées par leur ravisseur.

Personne n'avait essayé de pénétrer jusqu'à elles ; les caméristes avaient eu la liberté la plus entière de vaquer aux soins du ménage.

Le corps de logis servant de prison aux trois dames semblait avoir été totalement abandonné par les Mexicains ; aucune sentinelle n'avait été posée ; le silence le plus profond, la solitude la plus complète régnaient dans cette immense demeure qui devait, sans doute, être entourée de gardiens vigilants, mais qui semblaient s'étudier à rester invisibles.

Livrées à elles-mêmes, les trois femmes étaient en proie à une anxiété profonde, anxiété d'autant plus terrible qu'elles ignoraient ce qui se passait au dehors, et qu'elles se perdaient en conjectures sur le sort que leur réservait l'homme qui s'était si audacieusement emparé d'elles.

C'était en vain que Fleur-de-Mai essayait de réveiller leur courage et de leur rendre un peu d'espoir ; les consolations qu'elle leur avait prodiguées, lors de leur arrivée au Potrero, consolations qu'elles avaient presque acceptées d'abord, et par lesquelles elles s'étaient laissé séduire, perdaient de leur valeur à leurs yeux, au fur et à mesure que les heures s'écoulaient, lentes et monotones, sans que le plus léger indice leur révélât l'approche du secours qu'elles appelaient de tous leurs vœux.

La mansuétude du Chat-Tigre, la solitude dans laquelle il laissait ses prisonnières, ajoutaient encore à l'épouvante de celles-ci, tant cette conduite leur semblait étrange de la part d'un pareil homme. Depuis plus de trois heures, pas un mot n'avait été prononcé entre les trois femmes ; elles étaient assises, mornes, pensives, leurs yeux sans regards fixés devant elles, se

Repoussant brusquement la jeune fille, le Chat-Tigre s'élança vers la porte...

laissant envahir par cette apathique tristesse des cœurs brisés, sans même essayer de lutter, et s'abandonnant machinalement à leur désespoir.

Seule Fleur-de-Mai ne désespérait pas; la brave et fière enfant avait pris au sérieux son rôle de protectrice; elle ne comprenait rien aux craintes exagérées de ses compagnes. Réduite au silence par leur apathique résignation, elle avait cessé ses consolations inutiles; mais son courage n'avait pas faibli;

elle se creusait la tête pour découvrir un moyen, sinon de sauver, du moins d'améliorer la position de celles que l'Olonnais lui avait confiées.

— Cela ne peut durer ainsi plus longtemps ! s'écria-t-elle tout à coup, en frappant avec force la crosse de son Gelin contre le parquet.

A ce bruit qui rompit brusquement le cours de leurs pensées, les deux dames tressaillirent, comme si elle se fussent réveillées en sursaut; elles relevèrent la tête, en fixant un regard interrogateur sur la jeune fille, sans cependant prononcer une parole.

— Oui, je le répète, cela ne peut pas durer plus longtemps ! reprit Fleur-de-Mai, charmée dans son for intérieur d'avoir enfin réussi à éveiller l'attention de ses compagnes; il faut enfin que nous sortions, coûte que coûte, de cette situation, et, je le jure, nous en sortirons !

— Avez-vous donc trouvé un moyen ? lui demanda doucement la duchesse.

— Non, je le cherche; mais il est évident que je le trouverai bientôt. Dans tous les cas, il est important que nous sachions ce que l'on veut faire de nous; puisque le Chat-Tigre s'obstine à ne pas nous le dire, je vais le lui demander, moi.

— Eh quoi ! s'écria la duchesse, vous allez nous laisser seules ici ?

— Il le faut ! je ne veux pas rester la nuit dans ce coupe-gorge, où nous n'avons rien pour nous défendre; où l'obscurité venue, nous serons complètement au pouvoir de ces misérables; cela ne peut pas être. Si cruel et si scélérat que soit le Chat-Tigre, il doit, par quelque point, se rattacher à l'humanité; peut-être, en m'expliquant franchement avec lui, réussirai-je à le faire rentrer en lui-même, et à lui faire comprendre ce que sa conduite a d'odieux et d'infâme.

— Vous vous abusez, chère enfant, reprit la duchesse en hochant tristement la tête; cet homme est une bête féroce; rien ne parviendra ni à le toucher ni à l'attendrir; peut-être, en tentant cette épreuve, augmenterez-vous encore l'horreur de notre captivité et vous exposerez-vous vous-même à sa colère.

— Eh bien, soit ! j'en courrai les chances ! s'écria résolument la jeune fille.

— Mais au moins, reprit la duchesse avec prière, attendez encore. D'un moment à l'autre cet homme peut se résoudre à venir : ne vaut-il pas mieux prendre un peu de patience que d'exalter sa colère, en lui demandant des explications qu'il refusera de donner, s'il croit qu'on veut les lui imposer ?

— Non, non, dit Fleur-de-Mai en secouant la tête : ma patience est à bout; depuis quatre ou cinq heures que je suis enfermée dans cette prison, il me semble que j'ai vieilli de dix ans. Je suis une enfant des forêts, moi; il me faut le grand air et la liberté; je ne respire pas, derrière ces épaisses murailles qui laissent à peine pénétrer un pâle rayon de soleil, et sous ces immenses voûtes. J'ai assez attendu, j'ai trop attendu même; le Chat-Tigre dût-il me plonger son poignard dans la poitrine, j'aurai avec lui cette explication, et cela à l'instant même.

— Puisque rien ne peut vous retenir, mon enfant, allez donc, murmura la duchesse, et que Dieu vous protège ! Mais je crains que non seulement votre généreuse tentative soit inutile, mais encore, je vous le répète, qu'elle tourne contre vous.

— Elle sera ce qu'il plaira à Dieu, madame ; quant à moi, ma résolution est prise, je n'en changerai pas. Allons, prenez courage ! Je ne sais pourquoi, mais j'ai le pressentiment que cette odieuse affaire se terminera mieux que nous ne l'espérons tous.

Un pâle sourire glissa sur les lèvres blêmes des deux dames, qui courbèrent la tête sans répondre.

Fleur-de-Mai leur jeta un regard de tendre compassion, puis elle quitta le salon et se dirigea vers l'antichambre. Pour se mettre à l'abri de toute surprise, nous avons dit que les dames avaient laissé ouvertes toutes les portes de communication de leur appartement et s'étaient installées dans la pièce du milieu ; la duchesse et sa fille, des places qu'elles occupaient, pouvaient donc suivre de l'œil Fleur-de-Mai jusqu'à la porte de l'antichambre. Lorsque la jeune fille arriva à cette porte, elle posa la main sur le loqueteau et fit un mouvement assez brusque pour ouvrir ; mais la porte résista, bien que le loqueteau fût levé ; elle était fermée en dehors.

— C'est vrai, j'oubliais que nous sommes prisonnières, fit la jeune fille en souriant.

Elle appliqua alors sur le bas de la porte un vigoureux coup de crosse, qui en fit trembler tous les ais et produisit un bruit formidable.

— Il viendra peut-être, en l'appelant de cette façon ! reprit-elle.

Et elle se disposa à porter un second coup, mais en ce moment elle entendit marcher au dehors.

— Holà, quelqu'un ? cria-t-elle.

— Que voulez-vous ? pourquoi faites-vous ce tapage infernal ? répondit la voix du Chat-Tigre.

— Parce que je veux avoir une explication avec vous.

— Vous ? Fleur-de-Mai ?

— Oui, mais ouvrez ; je ne suis pas d'humeur à faire la conversation à travers une porte. Oui ou non, voulez-vous me donner l'explication que je vous demande ?

— Pourquoi non, si c'est possible ? Je venais précisément dans l'intention de causer avec vos compagnes.

— Eh bien ! alors, ouvrez.

Une clef grinça dans la serrure, la porte s'ouvrit.

— Venez, dit le Chat-Tigre.

— Non pas, répondit vivement la jeune fille en faisant un pas en arrière, entrez au contraire ; cette explication nous l'aurons ici ; je vous connais, à présent, Chat-Tigre, vous ne me tromperez plus.

— Tu es folle, enfant, pourquoi essayerais-je de te tromper ?

— Parce qu'il est dans votre nature de prendre des voies détournées ; que de plus vous êtes très contrarié de me voir auprès de ces dames ; vous ne demanderiez pas mieux que de vous débarrasser de moi.

Le bandit haussa les épaules.

— Que m'importe votre présence! fit-il. Voyons, qu'avez-vous à me dire, parlez?

— J'ai à vous dire que je ne vous reconnais pas le droit de m'enfermer entre quatre murs.

— Qui vous empêche de vous en aller? Partez, vous êtes libre.

— Soit; mais je ne puis partir seule.

— Ceci est une autre affaire; ces dames resteront ici, du moins jusqu'à nouvel ordre.

— Chat-Tigre, vous êtes fou! la passion vous aveugle, vous ne songez pas au danger terrible dont, en ce moment, vous êtes menacé; vous vous imaginez avoir conduit cette expédition avec toute la prudence nécessaire; vous vous figurez que vos précautions ont été si bien prises qu'il sera impossible de retrouver vos traces, et que vous pourrez mener à bonne fin une entreprise, selon vous si bien commencée.

— En effet, répondit-il avec un sourire goguenard, je le crois ainsi.

— Eh bien! vous vous trompez, Chat-Tigre; je vous le dis dans votre propre intérêt : votre retraite est connue de vos ennemis, ils ont retrouvé vos traces, ils accourent vers vous; peut-être avant une heure serez-vous cerné par des forces considérables, et la fuite vous deviendra-t-elle impossible.

— Misérable enfant! s'écria-t-il en frappant du pied avec colère, qui te fait parler avec cette assurance?

— La certitude que j'ai que tout est ainsi, répondit-elle froidement.

— M'aurais-tu trahi?

Elle sourit dédaigneusement.

— Qui sait? répondit-elle avec ironie; ne suis-je pas descendue de la litière à la porte de la venta? Plusieurs hommes étaient rassemblés là; peut-être dans le nombre s'en est-il trouvé un qui me connaît; cela ne suffirait-il pas?

— Allons, je suis fou d'écouter ces billevesées et de prêter ainsi l'oreille aux divagations d'une innocente! Chère enfant, ajouta-t-il, je te remercie des bons avis que tu me donnes, malheureusement ils viennent trop tard; quoi qu'il advienne, ce que j'ai résolu sera.

— Prends garde!

— Bien! bien! c'est entendu; mais sache bien ceci, Fleur-de-Mai, ma mignonne : si l'on m'attaque, je ferai une si vigoureuse résistance, que ce seront de hardis compagnons, ceux qui oseront me tenir tête. Laisse-moi passer, je désire dire quelques mots à Mme la duchesse de la Torre.

— A ton aise, Chat-Tigre; il n'y a pire sourd que celui qui ne veut pas entendre. Que le sang répandu retombe sur ta tête.

— Amen! de tout mon cœur! chère petite, dit-il en riant.

Et passant devant la jeune fille, il se dirigea à grands pas vers le salon où se tenaient les deux dames. Fleur-de-Mai le suivit machinalement. En apercevant le Chat-Tigre, les dames se levèrent; le bandit salua respectueusement, et s'inclinant devant la duchesse :

— Madame, lui dit-il, daignerez-vous m'accorder un entretien particulier de quelques minutes?

— Un entretien particulier, monsieur? répondit la duchesse avec hésitation; je n'ai rien à entendre de vous que ne puissent entendre les personnes qui m'accompagnent.

— Je vous demande pardon d'insister, madame ; mais il est indispensable que ce que j'ai à vous dire ne soit entendu que de vous seule et de moi.

— Monsieur, je ne comprends pas.

— Oh! vous n'avez rien à redouter de ma part, madame; je me souviens que j'ai été gentilhomme; quel que soit le résultat de cet entretien, je ne sortirai pas vis-à-vis de vous des bornes du profond respect, je vous en donne ma parole ; mais, je vous le répète, madame, il est indispensable que nous ayons cet entretien. J'ajouterai, madame, qu'il est de votre intérêt que ce que nous dirons ne soit pas entendu par d'autres.

Fleur-de-Mai fit alors un pas en avant.

— Accordez à cet homme ce qu'il vous demande, dit-elle ; ne redoutez rien de lui. Votre fille et moi, nous nous tiendrons dans le salon voisin : tout en demeurant ainsi hors de la portée de la voix, nous ne vous perdrons pas un instant de vue.

La duchesse sembla réfléchir pendant un instant, puis enfin elle releva la tête et fixant un clair regard sur le Chat-Tigre :

— Cet arrangement vous convient-il, monsieur? lui demanda-t-elle.

— Je l'accepte, oui, madame ; j'espère que cette nouvelle concession vous fera comprendre que je ne suis animé que de sentiments de conciliation.

— Dieu veuille que vous disiez vrai! reprit la duchesse avec un soupir.

Elle s'approcha de sa fille, et après lui avoir mis un baiser au front :

— Va mignonne, lui dit-elle, et ne crains rien pour moi.

— Oh! ma mère! murmura doña Violenta en se jetant dans ses bras et lui parlant à l'oreille, la vue de cet homme fait courir un frisson de terreur dans tout mon corps; je prierai donc pendant tout le temps que tu seras obligée de l'écouter.

— C'est cela, ma fille, reprit-elle en l'embrassant encore, et la poussant doucement du côté de Fleur-de-Mai.

Les deux jeunes filles s'éloignèrent à pas lents; elles allèrent s'asseoir dans un salon voisin, de manière à demeurer bien en vue de la duchesse et de son redoutable interlocuteur.

La duchesse se laissa tomber dans un fauteuil, puis elle se tourna à demi vers le Chat-Tigre, lui fit une légère inclination de tête et d'une voix douce et triste :

— Je vous écoute, monsieur, dit-elle.

Il y eut un instant de silence profond; le Chat-Tigre semblait ne pas avoir entendu les paroles de la duchesse; il demeurait devant elle la tête basse, les sourcils froncés, absorbé en apparence par de sombres et sérieuses réflexions; ce silence se prolongea pendant assez longtemps. La duchesse, la main crispée sur les bras du fauteuil, le regard fixe, attendait, froide et calme, qu'il plût au Chat-Tigre de s'expliquer. Enfin celui-ci releva brusquement la tête, et couvrant la duchesse d'un regard plein d'éclairs magnétiques, il lui dit d'une voix douce et tremblante, tandis que son beau visage semblait se transfigurer en prenant une expression de mansuétude infinie :

— Madame, j'ai été bien coupable envers vous; ma conduite a été odieuse, digne d'un monstre ; accablez-moi de votre mépris et de votre haine; je n'essaierai pas de me défendre ; je me reconnais coupable; je m'incline devant le verdict que dans votre cœur vous avez prononcé contre moi; mais si vous ne pouvez me pardonner, madame, peut-être éprouverez-vous quelque pitié pour mon sincère repentir.

— Est-ce à moi que vous adressez ces paroles, monsieur? répondit sèchement la duchesse, et si c'est à moi que vous parlez ainsi, quelle est l'application que je dois faire de ces paroles? Faites-vous allusion aux outrages dont jadis vous m'avez rendue victime, ou bien à ceux que vous n'avez pas craint de m'infliger aujourd'hui ? Il serait bon d'établir une distinction; je vous avoue que je commence et vous devez commencer vous-même à ne plus vous reconnaître dans cette foule d'infamies que vous entassez comme à plaisir, les unes sur les autres.

— Soit, madame, raillez-moi, reprochez-moi mes crimes, j'accepterai tout sans oser me plaindre. Si je voulais justifier ma conduite d'aujourd'hui, cela me serait facile : Je me suis, il y a peu de jours, présenté chez vous ; aucune haine ne m'animait contre votre mari ; j'étais neutre entre ses ennemis et lui ; mon intention était même de le servir au besoin. Comment a-t-il reçu mes avances? quelle réponse m'a-t-il faite quand j'ai voulu entamer cette question? Vous et lui m'avez traité avec le plus profond mépris, vous m'avez presque fait chasser par vos gens. Je me retirai en dévorant ma honte; c'est ce que je devais faire; mais en traversant vos somptueux salons, madame, je me jurai d'obtenir de vous, quoi qu'il pût m'en coûter, cette explication si obstinément refusée; voilà pourquoi vous êtes ici, seule et en mon pouvoir. Dites un mot, dans cinq minutes vous serez libre, rendue à ceux qui vous aiment, et moi j'aurai disparu pour toujours.

— Monsieur !... dit la duchesse, cet enlèvement...

— Oh! pas de récriminations, madame, interrompit-il avec violence; à part le fait même de votre enlèvement, n'avez-vous pas, depuis les quelques heures que vous êtes ici, été traitée avec tous les égards qui vous sont dus? n'essayez donc pas de revenir sur cette question.

— Soit, monsieur; mais ainsi que vous-même l'avez dit, je ne suis pas libre de discuter avec vous, comme je le ferais chez moi; je n'insisterai donc pas davantage sur un sujet que vous prétendez épuisé. Maintenant, ajouta-t-elle avec amertume, puisque vous avez fait preuve déjà de tant de franchise, continuez et dites-moi nettement et clairement ce que vous attendez de moi?

— Madame, vous me rendez ma tâche bien difficile ; vous me contraignez à entrer dans certains détails sur lesquels j'aurais voulu passer légèrement; vous le savez aussi bien que moi, madame, certaines blessures, si anciennes qu'elles soient, causent d'horribles souffrances lorsqu'on y appuie le doigt ; vous me comprenez, n'est-ce pas, madame la duchesse ?

— Continuez, dit-elle d'une voix sourde, dites ce qu'il vous plaira ; depuis longues années la douleur a été ma compagne fidèle, j'ai l'habitude de souffrir.

— Je suis contraint malgré moi, madame, de vous répéter ce que je vous ai dit devant M. le duc ; et cette fois, pour que vous ne vous trompiez pas sur le sens de mes paroles, je serai aussi clair que cela me sera possible. Oh ! je ne veux pas marchander mes crimes. Vous étiez enceinte, sur le point d'accoucher, votre camériste achetée par moi, car je veux que vous sachiez jusqu'à quel point j'étais infâme ! pour que vous puissiez ajouter foi à mes aveux...

— Je vous écoute, monsieur.

— Votre camériste de confiance, achetée par moi, dis-je, vous versa un breuvage qui vous plongea dans un sommeil léthargique, ayant toutes les apparences de la mort. C'était à la fois plus et moins que la catalepsie ; car, dans l'état cataleptique, si la matière rendue inerte n'obéit plus, si les nerfs, les muscles sont privés de toute force, de toute sensibilité, du moins, l'âme est libre, elle a le sentiment de son être ; le cerveau est lucide, on voit, on sent, on entend, on se souvient ; au lieu que dans la léthargie, l'âme et le corps sont également paralysés. Je m'introduisis dans le château dont j'avais une clé, vous vous le rappelez, madame ? je vous fis transporter dans une voiture, je me plaçai à côté de vous ; une demi-heure plus tard, vous étiez embarquée sur un bâtiment côtier qui, par un temps horrible, au risque de se perdre mille fois corps et biens, vous conduisit aux Sables-d'Olonnes. Là, une maison achetée par moi était prête à vous recevoir. J'avais fait prévenir le docteur Guénaud, le médecin du cardinal et de la reine régente, vieil ami de votre famille. Je croyais pouvoir compter sur son silence ; j'eus avec lui, dans la chambre où l'on vous avait portée, une explication que l'arrivée de votre frère interrompit brusquement. Votre frère commandait une frégate, alors en croisière sur les côtes d'Espagne ; comment avait-il appris l'état dans lequel vous vous trouviez ? qui lui avait révélé mes projets ? qui lui avait donné les renseignements positifs qui l'amenaient directement à l'heure précise, là où je me croyais si bien caché ? Je l'ignore. Il y eut alors entre votre frère et moi une scène terrible dont le récit vous fatiguerait inutilement ; à la suite de cette scène, votre frère me fit enlever par des gens apostés, embarquer de force sur mon propre navire dont il s'était emparé, et après avoir passé son épée à travers le corps de mon frère qui essayait de me défendre, il s'éloigna, nous emmenant comme un tigre emportant sa proie. Votre frère, madame, après m'avoir contraint à écrire une lettre dans laquelle je déclarais être blessé à mort, me vendit à un corsaire d'Alger, dont je fus l'esclave pendant dix-huit ans, ramant comme un forçat avec la chiourme, battu par les *comites* et traité comme un misérable.

Il se tut et cacha sa tête dans ses mains.

— Ah ! ah ! dit la duchesse avec un sentiment amer, j'ignorais que mon frère eût poussé si loin sa vengeance.

— Il a fait plus encore, madame. Pour m'empêcher de reparaître dans cette société dont il me bannissait, il m'a marqué, comme un forçat, d'une fleur de lis.

— Oh! fit la duchesse se levant et rayonnant comme la Némésis antique, mon brave frère! moi qui l'accusais!

— Oui! oui! reprit le Chat-Tigre, d'une voix triste, cela doit être ainsi; le sang florentin qui coule dans vos veines, madame, s'échauffe et bouillonne au récit de cette vengeance; vous êtes heureuse, vous triomphez! Eh bien! soit, madame, je ne me plaindrai pas.

— Mais vous ne me dites pas, monsieur, ce qui s'est passé ensuite?

— Et vous tenez à le savoir, n'est-ce pas, madame?

— Je l'avoue, oui, monsieur.

— Je ne vous dirai pas, madame, comment, à force de courage, de volonté, de persévérance, je réussis un jour à briser ma chaîne et à reconquérir ma liberté, je n'entrerai non plus dans aucun détail sur la lutte gigantesque qu'il m'a fallu soutenir pour gagner, denier à denier, la somme nécessaire à l'accomplissement des projets que j'avais. Enfin je parvins à rentrer en France; à force de chercher, d'interroger, de semer à pleines mains cet or, qu'il m'avait fallu tant de peines et de temps pour amasser, je finis par découvrir que pendant votre sommeil léthargique, vous étiez accouchée d'un fils, dont le docteur Guénaud s'était chargé. Je me rendis à Paris; le docteur Guénaud était mort; le fil que je croyais tenir se brisait dans mes doigts. Je cherchai, je m'informai de vous, madame; j'appris que vous étiez mariée, que vous étiez mère. Je me présentai à votre hôtel: huit jours auparavant vous étiez partie pour Madrid avec votre mari; je vous suivis en Espagne; je gagnai Madrid; la première nouvelle que j'appris fut celle de votre départ pour la France. C'en était trop; si mon courage resta le même, mes forces m'abandonnèrent. Pendant cinq mois, je demeurai entre la vie et la mort. Oh! pourquoi n'ai-je pas succombé? Lorsqu'enfin je pus quitter mon lit de douleur, toutes mes ressources étaient épuisées; il ne me restait plus rien, rien que le désespoir qui me tordait le cœur et la certitude de mon impuissance.

— Votre impuissance! Que prétendiez-vous donc faire, monsieur?

— Ce que je prétendais faire, madame? Ce que j'ai essayé de faire il y a huit jours chez vous, ce que je veux faire aujourd'hui.

— Mais quoi donc, enfin? Parlez, monsieur. Ce long récit, composé avec beaucoup d'art et qui, sans doute, vous semble très émouvant, peut être vrai ou faux, cela importe peu; mais sa conclusion doit évidemment être cette question que, dites-vous, vous voulez m'adresser. Finissons-en donc, monsieur, cet entretien me fatigue. Vous l'avez dit, je suis Italienne; pas plus que mon frère, je ne pardonne; donc venez au but.

— Le but: le voici, madame; vous êtes riche, heureuse mère d'une fille que vous adorez et qui, je le reconnais, mérite toutes les tendresses d'une mère; mais moi, madame, je suis seul, abandonné, voué à la misère et à la honte; un seul bien me rattache à la vie: mon fils! Son amour pourra peut-être faire luire quelques rayons de bonheur au milieu des ténèbres dans lesquelles j'ai vécu jusqu'ici. Je ne vous répéterai pas ce que je vous ai dit, lors de notre première entrevue: rendez-moi mon fils; non, maintetenant j'ai acquis la certitude que, jusqu'à présent, vous avez ignoré son

— Cette caverne communique par des souterrains avec l'hacienda del Potrero.

existence, et que par conséquent vous ne pouvez ni me le rendre ni me révéler où il est.

— Cette fois vous dites vrai, monsieur; c'est par vous que cette horrible révélation m'a été faite. Eh bien ! je me montrerai franche à mon tour; je désire, autant que vous, connaître le sort de cette malheureuse créature; je ne puis l'avouer devant le monde, devant Dieu, je suis sa mère.

— Voici enfin un cri du cœur, madame, je vous en remercie ; il éveille en moi un espoir presque éteint. Oh ! je vous le jure, ni vous ni votre mari ne trouverez en moi un ennemi. Que mon fils me soit rendu ! que les moyens me soient seulement donnés de le retrouver, je disparaîtrai, madame ; jamais vous n'entendrez parler de moi.

— Mais, monsieur, ces moyens, je ne puis vous les fournir, moi ! puisque j'ignorais jusqu'à la naissance de ce malheureux enfant, où le chercherais-je ? où le trouverais-je ? Donnez-moi une indication, une seule, je n'hésiterai pas, je ferai preuve d'autant d'ardeur, d'activité que vous-même en mettrez, pour retrouver les traces de cet enfant qui jamais n'a senti sur son front le baiser d'une mère !

— Les recherches ne seront ni longues ni difficiles, madame ; il ne tient qu'à vous d'obtenir, avant vingt-quatre heures, tous les renseignements nécessaires.

— Je ne vous comprends pas, monsieur ?

— Je m'explique, madame ; l'expédition flibustière qui s'est emparée de la Vera-Cruz, presque sans coup férir, est commandée par le capitaine Vent-en-Panne.

— Eh bien, monsieur ?

— Vous n'avez pas deviné, madame ?

— Nullement, monsieur ; pourquoi mêler le capitaine Vent-en-Panne à cette affaire ?

— C'est juste, excusez-moi ; lorsque je vous vis dans votre palais, je vous le dis, mais alors vous ne l'entendîtes pas, ou ne voulûtes pas l'entendre : le capitaine Vent-en-Panne est le nom de guerre pris par votre frère, lorsqu'il résolut de se faire passer pour mort.

— Il serait possible !

— Hélas ! oui, madame ; à cela il ne saurait y avoir le plus léger doute ; nous nous sommes mutuellement reconnus à Saint-Domingue. Cette reconnaissance a coûté la vie à mon frère qu'il a tué de sang-froid.

— Vous supposez que mon frère ?...

— Je ne suppose pas, madame, j'ai la certitude que lorsque votre fils naquit, le docteur Guénaud et votre frère s'entendirent pour faire disparaître cette frêle créature.

— Disparaître !

— Oh ! permettez, madame, le docteur Guénaud était un trop galant homme, trop bien posé dans le monde pour consentir à se rendre coupable d'un meurtre. L'enfant a été abandonné, cela est positif ; mais, par les soins du docteur Guénaud, ou votre frère lui-même, la pauvre créature a été confiée à une famille de paysans, de pauvres gens qui, moyennant une grosse somme, l'ont élevé comme leur enfant. Maintenant qu'est-il devenu ? est-il mort ? est-il vivant ? voilà ce que nous ignorons et ce que votre frère seul peut dire !

— Eh bien, monsieur, qu'attendez-vous ? s'écria-t-elle avec élan ; faites-moi reconduire à la Vera-Cruz, mettez-moi en présence de mon frère, et, j'en ai l'espoir...

En ce moment, un grand bruit se fit entendre à la porte de l'antichambre.

— Qu'est cela? s'écria le Chat-Tigre, que se passe-t-il donc?
— Il se passe, dit Fleur-de-Mai, avec un sourire triste, que la vengeance arrive, que le châtiment approche !
— Allons donc, enfant ! vous êtes folle ! Livrez-moi passage !
Et repoussant brusquement la jeune fille, le Chat-Tigre s'élança vers la porte où le bruit continuait.
— Qu'y a-t-il ? demanda le Chat-Tigre en ouvrant la porte.
— Capitaine, répondit l'homme qui avait frappé, Sandoval, envoyé par vous en batteur d'estrade, est arrivé.
— Eh bien ?
— Il est tout effaré, il apporte, dit-il, des nouvelles de la plus haute importance.
— Le diable soit du bélître ! ne pouvait-il attendre que je fusse descendu ?
— Il paraît que non, capitaine; il dit que vous devez être prévenu sans perdre un instant.
— Allons, soit, j'y vais. Se retournant alors vers la duchesse et s'inclinant respectueusement devant elle, il ajouta : Madame, je suis forcé de m'absenter pendant quelques minutes, veuillez, je vous prie, avoir un peu de patience, bientôt vous serez satisfaite.
— Allez, monsieur, j'attendrai.
Le Chat-Tigre sortit et rejoignit son affidé.
— Eh bien ? lui demanda-t-il, où est Sandoval?
— Il vous attend dans la cour, capitaine.
— C'est bon, suis-moi.
Le bandit auquel on donnait le nom de Sandoval, espèce de drôle aux traits anguleux, à l'œil sournois, pérorait et gesticulait au milieu d'une dizaine de ses compagnons.
— Voyons, pourquoi ce tapage? dit vivement le Chat-Tigre; as-tu vu le diable, mauvais drôle, pour avoir cette mine de déterré ?
— Capitaine, si je n'ai pas vu le diable, j'ai du moins vu ses amis intimes, répondit effrontément le bandit.
— Qu'est-ce à dire ?
— C'est-à-dire, capitaine, que si nous ne nous méfions pas, si nous n'ouvrons pas l'œil, je ne vous dis que cela : notre affaire sera bientôt réglée.
— Voyons, explique-toi, misérable !
— Oui, oui, vous voilà bien avec vos amabilités ! vous traitez vos amis comme des chiens et vos camarades comme des brutes.
— En finiras-tu ?
— Ah ! pardi ! pour ce que j'ai à vous apprendre, vous le saurez toujours assez tôt.
— Je ne sais ce qui me retient, misérable !...
— C'est cela, allez toujours ! Eh bien ! en deux mots, voici l'affaire : à une heure d'ici, tout au plus, je me suis presque cogné le nez contre une troupe de Ladrones, arrivant à toute bride.
— Es-tu bien sûr de ce que tu dis? la peur ne t'a-t-elle pas fait voir double?

— Oh ! il n'y a pas de danger ; je les ai bien vus et bien comptés ; il y a des Espagnols parmi eux, ils sont plus de cinquante.

— Tu appelles cela une mauvaise nouvelle, toi ? dit le Chat-Tigre. Je la trouve excellente, au contraire ; rien ne prouve encore qu'ils viennent par ici ; mais s'ils viennent, nous les recevrons. Les Ladrones ne sont que des hommes comme les autres, après tout : nous verrons qui d'eux ou de nous aura les plus longues griffes. Voyons, suivez-moi, enfants ; préparons-nous à recevoir comme ils le méritent ces visiteurs que nous n'attendions pas.

XX

LE CHATIMENT

Le Chat-Tigre, malgré son assurance affectée, était en réalité très effrayé de la nouvelle qu'il recevait ; il ne comprenait pas comment ses ennemis avaient réussi à découvrir aussi promptement la retraite qu'il avait choisie.

Pour que les Frères de la Côte se fussent aussi rapidement lancés sur ses traces, il fallait qu'il eût été trahi. Mais par qui ? comment ? voilà ce qu'il ne réussissait pas à s'expliquer. Cependant, il n'y avait pas un instant à perdre ; d'un moment à l'autre, l'ennemi pouvait paraître ; il fallait donc se mettre sans retard en mesure de lui opposer une vigoureuse résistance, ou, si la résistance n'était pas possible, essayer de lui échapper par la fuite.

Le Chat-Tigre avait fait une étude approfondie du cœur humain ; l'impression de frayeur reçue par les bandits dont il était le chef, à la nouvelle de l'approche des flibustiers, l'avait particulièrement frappé. En effet, ces hommes de boue, toujours prêts à commettre les crimes les plus horribles, étaient incapables de soutenir une lutte quelconque, contre un ennemi résolu.

En général, les scélérats sont lâches ; ils ne sont pas les hommes de la bataille, mais seulement ceux du guet-apens : combattre loyalement au grand jour, poitrine contre poitrine, n'est pas leur fait ; le cœur leur manque, ils ont peur et ils abandonnent lâchement leurs armes. Tous ces raisonnements, il ne fallut au Chat-Tigre que quelques minutes pour les faire ; ce laps de temps lui suffit pour acquérir la certitude qu'il ne devait pas songer à se défendre, dans de telles conditions ; un seul moyen lui restait, offrant quelques faibles chances de succès, bien que très dangereux : essayer de fuir ; ce fut à ce moyen qu'il s'arrêta.

Que les Frères de la Côte eussent appris qu'il s'était retiré au Potrero, cela ne faisait plus de doute ; mais en supposant même qu'on leur eût révélé sa présence à la venta, il espérait avoir assez de temps devant lui pour abandonner la vieille habitation et prendre une avance considérable, pendant que les flibustiers chercheraient l'entrée secrète par laquelle il s'était introduit dans la maison forte.

L'hacienda ne possédait que trois issues : celle par laquelle avaient passé les bandits, parfaitement dissimulée, était presque impossible à découvrir à moins de bien la connaître ; une seconde issue, tout aussi cachée, donnait dans l'intérieur de la venta ; enfin une troisième, la plus importante de toutes, débouchait par d'immenses souterrains à une longue distance dans la campagne : c'était par cette dernière issue que le Chat-Tigre se proposait de fuir.

Il rassembla tous ses hommes ; après leur avoir fait une allocution dans laquelle il les félicitait chaleureusement du courage qu'ils avaient montré, de l'intelligence déployée dans l'exécution de l'enlèvement de la duchesse, il termina ainsi :

— Je sais, caballeros, que je puis compter sur vous ; que le moment venu, vous m'aiderez à infliger aux Ladrones un châtiment exemplaire ; mais nous ne sommes pas des soldats, nous ne nous battons pas pour un vain point d'honneur ; notre sang est trop précieux pour le verser en pure perte ; il est de notre devoir, tant que cela sera possible, d'éviter le combat, de ne pas l'engager. Je crois, si vous me secondez, comme je l'espère, réussir à donner le change à nos ennemis, et nous mettre, en moins d'une heure, à l'abri de leur poursuite ; il ne faut pour cela que de l'obéissance et de la résolution ; souvenez-vous que toute hésitation nous perdrait sans rémission. Surtout n'oubliez pas que nous n'avons point affaire à un ennemi ordinaire ; les Ladrones sont implacables ; ceux d'entre nous dont ils s'empareraient seraient immédiatement mis à mort. Êtes-vous disposés à m'obéir ?

— Oui ! répondirent les bandits d'une seule voix.

— C'est bien, ne perdons pas un instant ; sellez les chevaux, attelez les mules à la litière, pendant que j'avertirai les prisonnières.

Les bandits ne se firent pas répéter ces ordres ; ils s'élancèrent vers le *corral* avec une ardeur témoignant de leur désir de s'éloigner au plus vite.

Quant au Chat-Tigre, ainsi qu'il l'avait dit, il se rendit à l'appartement des prisonnières. Celles-ci étaient réunies dans le salon du milieu ; elles causaient avec animation entre elles ; mais aussitôt qu'elles aperçurent le Chat-Tigre, elles se turent et attendirent son arrivée avec une inquiétude qui, malgré elles, perçait sur leurs visages.

Le moment aurait été mal choisi pour faire de la diplomatie, le temps pressait, il fallait agir promptement ; le Chat-Tigre se résolut donc à attaquer franchement la question.

— Madame, dit-il à la duchesse en la saluant, mes ennemis arrivent, tomber entre leurs mains serait pour moi la mort ; veuillez me suivre.

— Pourquoi vous suivre ? demanda la duchesse, répondant aussi nettement qu'on lui parlait ; ni moi ni ma fille, ni même la généreuse Fleur-de-Mai, n'avons rien à redouter, mais au contraire tout à attendre de ceux que vous nommez vos ennemis ; si vos intentions sont bien telles que vous me l'avez fait espérer, plus tôt je verrai mon frère, plus tôt il me sera possible de vous fournir les renseignements convenus.

— Madame, répondit le Chat-Tigre avec amertume, cela serait possible en effet, si j'avais devant moi d'autres hommes que ceux auxquels j'ai affaire; pour que je réussisse à obtenir quelque chose d'eux, il faut que je puisse leur imposer des conditions ; ces conditions, je ne pourrai les leur imposer qu'en vous conservant près de moi. Encore une fois, je vous le répète, il faut me suivre.

— Maintenant, monsieur, je reconnais que vous m'avez trompée, répondit fermement la duchesse ; je ne consentirai jamais à vous accompagner, surtout sachant que mes amis arrivent à mon secours ; ce serait une folie, une lâcheté dont je ne me rendrai pas coupable. Faites ce qui vous plaira ; tuez-moi, je suis faible et sans défense entre vos mains ; mais jamais, du fait de ma volonté, je ne consentirai à vous suivre.

— Soit, madame, répondit-il avec ressentiment ; dans votre intérêt même il importe que ce que j'ai résolu soit exécuté. Si vous refusez de me suivre de gré, vous me suivrez de force ; Dieu jugera entre nous.

— N'invoquez pas le nom de Dieu, monsieur, en vous préparant à commettre un crime et une lâcheté.

— Pour la dernière fois, je vous en supplie, madame, consentez à me suivre !

— Non, monsieur, non, mille fois non !

Le bandit poussa une sourde exclamation de colère et se précipita hors de l'appartement.

— Si vous tenez à la vie, aidez-moi! s'écria Fleur-de-Mai ; je ne vous demande que quelques minutes d'énergie ; ce temps si court suffira pour nous sauver en permettant à nos amis d'arriver.

— Ordonnez, ordonnez! s'écrièrent la duchesse et sa fille, auxquelles l'excès même de leur terreur avait donné ce courage fébrile, cette espèce de folie furieuse qui s'empare des gens les plus doux, et, tranchons le mot, les plus poltrons, lorsqu'ils sont poussés à bout, et les rend alors d'autant plus redoutables, qu'ils n'ont plus conscience du danger qu'ils affrontent.

Fleur-de-Mai s'était mise à la tête du mouvement ; les meubles massifs, dont l'appartement était garni, furent à grand'peine traînés devant les deux seules issues existantes, entassés pêle-mêle les uns sur les autres ; ils formèrent bientôt, dans chacune des deux antichambres, des barricades d'autant plus difficiles à démolir que ces deux pièces fort étroites se trouvaient ainsi littéralement bondées de meubles, et que pour les renverser, il fallait, de toute nécessité, les tirer en dehors ou les jeter par la fenêtre.

A peine ce travail si pénible pour les deux dames, mais qu'elles exécutèrent avec une rapidité fiévreuse, fut-il terminé, qu'une clé grinça dans la serrure, et l'on essaya d'ouvrir la porte, mais vainement ; retenue à l'intérieur par les meubles, la porte ne remua pas plus que si elle eût été murée.

— Ouvrez ! cria le Chat-Tigre avec colère.

— Ouvrez vous-même, répondit Fleur-de-Mai d'une voix goguenarde.

— Cessez ces moqueries qui me pousseront à quelque extrémité, malgré moi ; hâtez-vous d'ouvrir, sinon je défonce la porte.

— Nous n'ouvrirons pas ; défoncez, si vous l'osez, mais prenez garde !

— Des menaces? Allons, enfants! des pinces, des leviers, jetez-moi cette porte en dedans!

Fleur-de-Mai saisit rapidement la duchesse et sa fille par la main et les entraîna dans une pièce reculée de l'appartement.

— Restez là, leur dit-elle vivement; vous ne pouvez m'être utile en rien, mieux vaut vous tenir à l'abri. Ici vous ne courez aucun danger.

— Mais que prétendez-vous faire, malheureuse enfant?

— Ne vous inquiétez pas de cela, reprit-elle avec son charmant sourire; qu'ils essaient de défoncer la porte; alors vous verrez si la fille adoptive des Frères de la Côte sait manier un Gelin? Pendant que je veillerai à la barricade, priez Dieu, seul il peut nous sauver!

Et comme, en ce moment, on commençait à frapper des coups violents sur la porte, la jeune fille s'élança dans l'antichambre, s'embusqua derrière la barricade, s'assura froidement que ses armes étaient en état, et attendit le sourire sur les lèvres en murmurant d'une voix douce, presque enfantine :

— L'Olonnais sera content, quand il saura comment je me suis conduite.

Pendant un instant, les coups cessèrent, la voix du Chat-Tigre se fit de nouveau entendre.

— Pour la dernière fois, cria-t-il, voulez-vous ouvrir?

— Pourquoi n'ouvrez-vous pas comme je vous l'ai dit déjà? répondit Fleur-de-Mai en riant.

— Prends garde, enfant, cette folle résistance te coûtera cher.

— Oui, elle coûtera cher à quelqu'un; sera-ce à moi? sera-ce à vous? voilà ce que j'ignore. Croyez-moi, Chat-Tigre, ne vous obstinez pas à pénétrer malgré nous dans cet appartement; fuyez plutôt si vous en avez le temps, c'est un bon conseil que je vous donne.

— Trêve de verbiage! ouvre-moi, te dis-je!

— Je n'ouvrirai pas, je suis résolue à me défendre, ne m'obligez pas à le faire.

— Vive Dieu! c'est trop attendre, s'écria le Chat-Tigre avec colère; tant pis pour vous, vous seule serez responsable de ce qui arrivera.

— Soit! je suis prête à en subir toutes les conséquences.

— Allez! cria le Chat-Tigre. Cette fois, plus de pitié, que cette porte tombe en morceaux!

Les coups redoublèrent avec fureur; une planche se détacha; la jeune fille épaula vivement son fusil, et lâcha la détente; le coup partit; un cri de douleur lui répondit comme un funèbre écho : un des bandits avait été frappé en pleine poitrine. Il y eut parmi les assaillants un moment de stupeur dont la courageuse jeune fille profita pour recharger son arme.

Nous avons abandonné les Frères de la Côte au moment où, guidés par don Pedro Garcias, ils quittaient la Vera-Cruz et s'élançaient à toute bride dans la direction del Potrero.

Mais à peine avaient-ils franchi les portes, qu'un cavalier accourut vers eux à toute bride, suivi d'une quarantaine d'hommes, portant l'uniforme des dragons de l'infante.

Les Frères de la Côte firent halte; le duc de la Torre reconnut avec surprise dans le cavalier galopant en tête des autres, le comte de la Sorga-Caballos.

— Señores, dit celui-ci, je viens me mettre à votre disposition ; je vous amène un renfort de quarante cavaliers. Après les services éclatants que nous a rendus le duc de la Torre, il est de mon devoir de l'aider à châtier le misérable qui a traîtreusement enlevé sa femme et sa fille.

— Merci, comte, répondit franchement le duc, nous acceptons votre concours et le renfort que vous nous amenez.

L'arrivée des dragons portait à près de cent le nombre des hommes réunis pour donner la chasse aux bandits.

La conduite, en apparence si brave et si loyale du gouverneur, étonna beaucoup les Espagnols, bien qu'ils n'en laissassent rien paraître ; cependant s'ils s'étaient donné la peine de réfléchir cinq minutes, ils auraient reconnu qu'elle était de la plus rigoureuse logique. Le comte don Antonio de la Sorga-Caballos était une créature du gouverneur général de l'île de Cuba ; les officiers de l'armée le voyaient d'un mauvais œil et le jalousaient à cause de sa jeunesse. La conduite qu'il avait tenue le matin, la poltronnerie ou plutôt la lâcheté dont il avait fait preuve, mises en parallèle avec l'initiative courageuse prise par le duc de la Torre, auquel, depuis son arrivée au Mexique, il avait essayé de nuire, en se mettant presque ouvertement avec ses ennemis, toutes ces circonstances réunies le plaçaient dans une position très fausse ; il savait qu'aussitôt les flibustiers partis, il aurait un compte sévère à rendre de sa conduite au vice-roi de la Nouvelle-Espagne.

Or, nous l'avons dit, le comte de la Sorga-Caballos était un adroit politique ; il n'hésita pas à changer immédiatement de batteries, et à se faire l'ami de l'homme qu'il avait si rudement poursuivi, et à lui prêter, jusqu'à nouvel ordre, bien entendu, le concours le plus dévoué. D'autant plus que le Chat-Tigre, auteur de l'enlèvement de la duchesse et de sa fille, était l'affidé du gouverneur, le dépositaire de tous ses secrets ; en cette qualité, il connaissait beaucoup plus de choses qu'il n'était prudent qu'il en connût ; le comte tenait donc à se débarrasser le plus tôt possible de ce témoin incommode, et à le réduire au silence, n'importe par quel moyen.

Telles étaient les causes qui avaient engagé le gouverneur à se joindre à la troupe lancée à la poursuite du Chat-Tigre ; et comme surtout il tenait à ce que celui-ci n'échappât pas, il avait pris soin d'amener avec lui une troupe considérable de cavaliers.

Dans les colonies espagnoles, les magistrats, les employés, les officiers étaient tous plus ou moins contrebandiers ; ceci était de tradition, d'autant plus que le gouvernement a toujours fort mal payé ses employés ; que sans la contrebande, en Amérique, ils n'auraient pu vivre, et par conséquent auraient fait très piteuse figure.

Le Potrero était connu pour être l'entrepôt général des contrebandiers de toute cette partie du Mexique ; le gouverneur connaissait les magasins dans lesquels ils déposaient leurs marchandises, et jusqu'à leurs cachettes en apparence les plus ignorées ; cela se conçoit, il était un des agents les plus

Le duc de la Torre aperçut la duchesse et sa fille étendues sur le sol.

actifs de la contrebande; cette connaissance approfondie pouvait être et fut en effet d'un grand secours aux flibustiers.

Lorsque la troupe arriva à une demi-lieue del Potrero environ, elle fit halte pour prendre ses dernières mesures, et dresser son plan de bataille.

— Señores, dit Vent-en-Panne, nous approchons, paraît-il, du repaire des bandits que nous poursuivons : je suis étranger dans ce pays, il m'est très difficile d'émettre un avis sur ce qu'il convient de faire ; je m'abstiendrai donc, quant à présent, de donner mon opinion.

— Je suis absolument dans la même position que l'amiral, dit alors le duc, je ferai donc comme lui.

— Soit dit sans attaquer en rien l'honorabilité bien connue de notre ami don Pedro Garcias, fit alors l'Olonnais, il me semble que si on l'interrogeait, il saurait mieux que personne nous renseigner ; il habite le pays depuis longues années ; ses affaires l'obligent à le parcourir de jour et de nuit dans tous les sens ; il doit le connaître mieux que personne.

— Eh, eh ! cher señor, répondit le Mexicain en souriant avec finesse, tout en tournant une cigarette entre ses doigts, je connais beaucoup le pays, cela est incontestable, mais il y a parmi nous plusieurs honorables personnes qui le connaissent aussi bien que moi. Qu'en pensez-vous, señor gouverneur ?

— Je partage assez cette opinion, répondit celui-ci, avec un sourire ambigu ; du reste, je suis tout prêt à fournir les renseignements que je suis parvenu à me procurer ; ainsi moi, par exemple...

— C'est précisément ce que j'allais dire, interrompit le Mexicain ; je crois me rappeler, fit-il d'un ton goguenard, que vous avez été, il y a un an ou deux, señor gouverneur, en marché pour acheter l'hacienda del Potrero ; l'affaire a manqué, c'est vrai, mais si mes souvenirs ne me trompent pas, vous avez à cette époque visité l'hacienda dans tous ses détails.

— C'est exact ; et tenez, vous me mettez sur la voie d'un fait grave que j'avais complètement oublié ; permettez-moi, señores, de donner un ordre important. Lieutenant Perez !

— Seigneurie ? répondit l'officier en s'approchant.

— Prenez vingt dragons, rendez-vous ventre à terre à la lagune *del Frayle* ; cette lagune se trouve, je crois, aux environs de Médellin, tout près de la mer.

— Je la connais, Seigneurie, répondit l'officier avec un sourire railleur.

— Très bien, cela simplifie singulièrement votre mission. Sur le bord même de cette lagune, vous verrez l'entrée d'une caverne masquée par un bouquet d'arbres, je ne me rappelle plus de quelle essence ; mais vous le reconnaîtrez facilement. Vous embusquerez vos cavaliers au centre même de ce bouquet d'arbres et vous vous emparerez de tous les individus, quels qu'ils soient, qui essaieront de sortir de la caverne ; allez et ne ménagez pas vos chevaux, le temps presse.

L'officier s'inclina, se mit à la tête de vingt dragons et s'élança à toute bride à travers la campagne.

— Cette caverne, continua don Antonio, en s'adressant à Vent-en-Panne et aux autres officiers, communique, par des souterrains remontant à une haute antiquité, avec l'hacienda del Potrero ; c'est même par cette issue, assure-t-on, que les contrebandiers embarquent toutes les marchandises qu'ils font passer en fraude.

— Mordieu ! dit Vent-en-Panne avec le plus grand sérieux, vous avez eu là une glorieuse idée, monsieur le gouverneur; elle ne pouvait vous venir plus à propos.

Le gouverneur sourit, toussa et détourna la tête, en rougissant légèrement.

— L'hacienda n'a-t-elle pas d'autres issues? demanda le duc de la Torre.

— Deux seulement, monseigneur : une que j'ignorais, et que j'ai découverte aujourd'hui, et une seconde, où je vous conduirais les yeux fermés et dont l'ouverture est dans une cave située dans la cour de la *venta*, répondit don Pedro Garcias.

— Vous êtes certain qu'il n'y en a pas d'autres? fit l'olonnais.

— Oh! quant à cela, j'en suis sûr !

— Alors, reprit Vent-en-Panne, notre plan est tout tracé. Nous nous partagerons en deux troupes: l'une s'introduira par la venta, l'autre se rendra tout droit à cette issue, si heureusement découverte il y a quelques heures, par notre cher don Pedro Garcias. Partagez-vous cet avis, señores?

— De tous points, répondirent-ils en s'inclinant.

— Il me reste, señores, reprit Vent-en-Panne, à vous annoncer que l'homme, nommé El Gato-Montes, chef de ces bandits, est un Français, ancien flibustier; je désire, s'il tombe vivant entre nos mains, qu'il me soit remis ; cet homme a été traître à nos lois; à nous seuls appartient le droit de le punir.

— Mon cher amiral, répondit le duc, vous avez fait preuve de trop de courtoisie envers nous, pour que nous vous refusions cette juste demande, qu'en pensez-vous, señor gouverneur?

— Je me range entièrement à l'opinion de Votre Seigneurie.

— Merci, caballero, et maintenant, en route ; ne nous arrêtons plus que lorsque nous aurons atteint le repaire du bandit.

— Vive Dieu! s'écria Pitrians, nous allons donc en découdre! Je ne serais pas fâché d'avoir une explication amiable, à coups de Gelin, avec notre cher ami le Chat-Tigre!

— En avant! cria Vent-en-Panne.

Les cavaliers lâchèrent la bride, se penchèrent sur le cou de leurs chevaux, et la troupe partit à fond de train.

La rude riposte de Fleur-de-Mai avait, ainsi que nous l'avons dit, rempli les bandits de stupeur ; à présent qu'un de ses compagnons était gisant à ses pieds, le Chat-Tigre regrettait vivement d'avoir poussé les choses aussi loin; malheureusement, il n'y avait plus à y revenir, il lui fallait relever l'audacieux défi de la jeune fille, et subir jusqu'au bout la honte de combattre contre trois femmes, ou plutôt contre une enfant, car ses compagnes n'étaient pas armées; l'eussent-elles été, qu'elles n'auraient été d'aucune utilité pour la défense.

Revenus de leur stupeur, les bandits s'élancèrent de nouveau avec rage contre la porte, qu'ils frappèrent de leurs haches.

Un second coup de feu retentit : un second bandit tomba.

Au même instant, de grands cris se firent entendre dans les corridors et dans les cours ; les bandits refoulés sans doute par des forces supérieures, se précipitaient de toutes parts dans la maison.

Alarmé de cette invasion à laquelle il ne comprenait rien, ne pouvant obtenir aucune explication de ses hommes, qui péroraient tous ensemble à qui mieux mieux, et semblaient en proie à une vive terreur, le Chat-Tigre essaya de s'ouvrir passage au milieux d'eux, afin d'aller s'assurer par lui-même de la gravité de ce nouveau danger dont il était menacé.

— Non! non! s'écrièrent tumultueusement les bandits; restez avec nous!

— Il veut fuir! il veut fuir! répétaient d'autres.

— C'est lui qui nous a mis dans cet embarras, qu'il nous en sorte! criaient quelques-uns.

C'était un tumulte, un désordre, un tohu-bohu épouvantable.

Cependant le Chat-Tigre finit par deviner, plutôt qu'il ne le comprit, qu'une troupe de flibustiers avait réussi, on ne sait comment, à pénétrer dans l'hacienda, et qu'ils étaient maîtres du premier corps de logis.

— Puisque toute retraite nous est fermée! s'écria-t-il, combattons comme des hommes, au lieu de nous laisser tuer comme des chiens! Finissons-en avec cette porte; pénétrons dans cet appartement, nous nous y barricaderons, et nous obtiendrons de bonnes conditions. En avant! c'est pour notre vie que nous combattrons maintenant!

Mais alors, il se passa une chose étrange.

Cette porte, que si longtemps ils avaient en vain attaquée s'ouvrit pour ainsi dire toute seule; une énorme brèche avait été pratiquée dans la barricade, et laissait ainsi pénétrer la vue jusqu'au fond de l'appartement.

Au milieu du salon central, dix flibustiers rangés sur une seule ligne, le fusil à l'épaule, firent une décharge terrible, dès qu'ils aperçurent les bandits; ceux-ci se rejetèrent tumultueusement dans les cours, par où ils tentèrent de s'échapper, mais la retraite leur était coupée: d'autres flibustiers, soutenus par des soldats espagnols, les accueillirent à coups de fusil.

Le Chat-Tigre, à demi fou de rage et de douleur, reconnaissant qu'il était perdu, ne voulait pas, du moins, tomber sans vengeance; il rassembla à la hâte sept ou huit de ses plus déterminés bandits, et se mettant à leur tête, il s'élança résolument en avant; une mêlée terrible s'engagea, une lutte corps à corps sans merci.

Tout à coup le Chat-Tigre et l'Olonnais se trouvèrent face à face.

— Oh! démon! s'écria le Chat-Tigre, te voici donc enfin! Cette fois, l'un de nous succombera!

Et bondissant sur le jeune homme, il lui tira un coup de pistolet presque à bout portant.

Mais plus rapide que la pensée, Fleur-de-Mai s'était jetée devant le jeune homme, la balle l'atteignit en pleine poitrine, elle tomba.

— Misérable assassin! s'écria l'Olonnais avec un geste d'horreur.

— A toi! reprit le Chat-Tigre avec un ricanement terrible.

Et le saisissant à la gorge, il lui porta à l'improviste un coup de poignard. Tout ceci s'était passé en moins de quelques secondes.

Le Chat-Tigre, brandissant son arme sanglante, se préparait à frapper son ennemi une seconde fois, quand soudain son bras fut arrêté par un poignet de fer, tordu et disloqué avec une force extraordinaire ; il recula en chancelant comme un homme ivre et tomba sur un genou.

— Maudit! lui dit Vent-en-Panne d'une voix stridente en se croisant les bras sur la poitrine, maudit! trois fois maudit! c'est ton fils que tu as tué! misérable!

— Mon fils! s'écria le Chat-Tigre avec horreur.

— Oui, ton fils que tu prétendais tant aimer! c'est dans sa poitrine que tu as plongé ton poignard.

Deux cris déchirants se firent entendre : la duchesse et doña Violenta tombèrent évanouies sur le corps inanimé du jeune homme.

— Regarde, monstre, voilà ton œuvre infernale! reprit Vent-en-Panne avec un geste terrible.

Le Chat-Tigre se releva lentement ; son visage était livide, ses traits convulsés, ses yeux hagards ; il s'approcha en chancelant de Vent-en-Panne et d'une voix où il n'y avait plus rien d'humain :

— Tu dis que j'ai assassiné mon fils, Ludovic? fit-il avec un ricanement sauvage ; eh bien! ne devions-nous pas nous retrouver un jour ? Et puis, je n'ai été que l'instrument inconscient, c'est toi, toi seul, entends-tu, qui es l'instigateur de ce crime ; c'est toi le véritable auteur de ce meurtre horrible que je déteste!

— Misérable, oses-tu?...

— Silence!... regarde-moi pour la dernière fois!... oui, j'aimais mon fils! je l'aimais plus que tout... il est mort... mort par toi... je vais le rejoindre!... si je n'ai su vivre, je saurai mourir... mon fils me pardonnera!

Alors, saisissant de la main gauche son poignard qu'il avait laissé tomber, il se l'enfonça lentement dans le cœur, comme s'il savourait la mort avec délices, et fixant sur Vent-en-Panne, immobile et terrifié, un regard d'une expression étrange :

— Tu triomphes? lui dit-il avec un ricanement horrible ; ta vengeance est assouvie! Eh bien, cette malédiction qu'il y a vingt-cinq ans tu m'as jetée à la face, Ludovic, je te la retourne aujourd'hui : sois maudit! Je ne puis te tuer, mais je meurs satisfait... tu vivras désespéré, ton existence ne sera plus qu'une continuelle torture, et une heure fatale sonnera où de même que tu as été sans pitié pour tes ennemis, ils seront sans pitié pour toi... ta mort sera plus affreuse et plus atroce encore que la mienne!... adieu! prends garde!

Un rire nerveux crispa les muscles bouleversés de sa face, il retomba en arrière sans essayer de se retenir ; il était mort avant de toucher le sol.

De tous les bandits, cinq seulement vivaient encore ; par ordre du gouverneur, ils furent fusillés dans la cour même de l'hacienda.

Fleur-de-Mai et l'Olonnais étaient grièvement blessés ; mais leurs blessures n'étaient pas mortelles.

Par un hasard providentiel, l'Olonnais ignorait qu'il fût tombé sous les coups de son père ; jamais ce secret ne lui fut révélé par Vent-en-Panne.

En accourant au bruit du combat, le duc de la Torre aperçut la duchesse et sa fille étendues sur le sol. Il fut saisi d'une épouvantable douleur, mais bientôt il reconnut avec joie qu'elles n'étaient qu'évanouies.

Lui aussi ignora toujours l'effroyable catastrophe qui avait amené la mort du Chat-Tigre.

Mais la duchesse et sa fille savaient tout, aussi étaient-elles en proie à une douleur mortelle, et que rien ne pouvait consoler.

Au coucher du soleil, les flibustiers et les dragons espagnols étaient de retour à la Vera-Cruz.

Les conditions stipulées pour le rachat de la ville avaient été loyalement exécutées des deux côtés.

Le lendemain, au point du jour, la flotte flibustière appareillait et mettait le cap sur Saint-Domingue.

Elle emmenait avec elle le duc de la Torre et sa famille.

Le soir précédent, le duc avait, par un courrier expédié au vice-roi de la Nouvelle-Espagne, avec prière de la faire parvenir à S. M. Catholique le roi d'Espagne, donné sa démission de toutes ses charges, basée sur son désir de rentrer dans la vie privée et le dégoût insurmontable qu'il éprouvait pour les affaires, depuis les derniers événements dont il avait été témoin et failli être victime à la Vera-Cruz.

L'Olonnais et Fleur-deMai guérirent, soignés avec un dévouement véritablement maternel par la duchesse et sa fille qui, dirent-elles, voulaient ainsi prouver aux deux jeunes gens leur profonde reconnaissance pour les services qu'ils leur avaient rendus.

Sur ces entrefaites, la position de Fleur-de-Mai avait comme par miracle subi une complète métamorphose.

Voici comment :

Danican, le flibustier, père adoptif de la jeune fille, avait été fort grièvement blessé à l'attaque de la Vera-Cruz.

Transporté à Léogane, son état n'avait pas tardé à empirer dans de telles proportions, que sentant la mort venir, le vieux flibustier avait senti les remords, qui depuis longtemps le tourmentaient, devenir insupportables ; il avait fait appeler près de lui Vent-en-Panne, Pitrians et l'Olonnais, qui depuis quelques jours avait commencé à entrer en convalescence.

Alors, devant les trois hommes réunis, au milieu des affres de la mort, le flibustier se confessa.

Il avoua comment, au fond du berceau dans lequel était couchée Fleur-de-Mai, quand il l'avait sauvée du naufrage, il avait trouvé des papiers établissant sa filiation et ses droits à la succession de la fortune d'une des plus puissantes et des plus riches familles de la Bretagne, avec toutes les preuves à l'appui ; et de plus des liasses de billets de caisse pour une somme de plus de deux cent mille livres.

Fleur-de-Mai était donc l'héritière, sous le nom de Marie de Kergorlai, d'une fortune véritablement princière, sans contestation possible.

Le désir de s'emparer des deux cent mille livres, et peut-être plus tard de cette fortune, avait engagé le flibustier à garder le silence ; maintenant qu'il allait mourir, il se repentait, et avouait la faute qu'il avait commise.

Il remit alors les papiers à Vent-en-Panne ; une heure plus tard, il mourut.

Le duc de la Torre était sur le point de s'embarquer pour la France, où il avait résolu de se retirer avec sa famille ; Vent-en-Panne alla le voir dans le but de le prier d'emmener avec lui la jeune fille, et de faire toutes les démarches nécessaires pour que ses biens lui fussent restitués.

La conversation, à laquelle doña Violenta et sa mère assistèrent, se prolongea fort longtemps et demeura secrète.

Le lendemain, l'Olonnais causait avec Fleur-de-Mai du changement prodigieux opéré si miraculeusement dans son avenir, et s'étonnait de la froideur et presque de la tristesse avec laquelle la jeune fille l'écoutait, en hochant la tête et essuyant furtivement des larmes qu'elle ne pouvait retenir, lorsque la duchesse et sa fille entrèrent.

Après les premiers compliments, brusqués avec intention :

— Je viens vous faire mes adieux, dit soudain la duchesse.

— Vos adieux ! s'écria l'Olonnais avec un tressaillement involontaire.

— Oui, mon frère, dit doucement doña Violenta, nous partirons dans deux jours.

Le jeune homme baissa les yeux en soupirant.

— Mon rêve est donc fini, murmura-t-il.

— Tous les rêves finissent, continua la jeune fille d'une voix doucement émue en faisant de visibles efforts pour retenir ses larmes. J'ai fait un vœu que je dois accomplir ; mais avant de me séparer de vous, j'ai à vous demander une grâce, la dernière : me l'accorderez-vous ? Il s'agit de mon repos, presque de mon bonheur.

— Parlez, madame, s'écria-t-il avec émotion, ne savez-vous pas...

— Je sais, interrompit-elle, que vous m'êtes tout dévoué ; d'ailleurs je me souviens du serment que vous m'avez fait dans l'église de la Merced, à la Vera-Cruz.

— C'est vrai, murmura-t-il, j'ai juré.

— Eh bien ! reprit-elle d'une voix qui tremblait malgré elle, donnez-moi votre main.

— Ma main ?

— Oui, fit-elle en souriant.

— La voilà, madame.

Doña Violenta prit la main de l'Olonnais, la joignit à celle de Fleur-de-Mai, et regardant les deux jeunes gens avec une expression de joie ineffable, elle dit d'une voix attendrie :

— Aimez-vous, soyez heureux et pensez quelquefois à votre sœur qui, elle, priera pour votre bonheur, jusqu'à son dernier soupir.

Et se penchant vers les deux jeunes gens, elle effleura leur front d'un doux et chaste baiser.

Ce fut tout.

L'Olonnais était vaincu.

Le lendemain le mariage fut célébré, dans l'église de Port-Margot.

M. d'Ogeron et le duc de la Torre servaient de témoins à Fleur-de-Mai ; Vent-en-Panne et Montbars étaient ceux de l'Olonnais.

Cette union fut une véritable fête, à laquelle assistèrent tous les chefs de la flibuste, parmi lesquels se distinguait notre ami Pitrians.

Deux jours plus tard, le duc de la Torre quitta Saint-Domingue avec sa famille : il se rendait au Havre.

Un an s'écoula, Fleur-de-Mai était mère; elle berçait dans ses bras charmants un enfant auquel l'Olonnais souriait avec bonheur.

— J'ai des nouvelles pour toi, matelot, dit Vent-en-Panne en entrant à l'improviste, selon son habitude, dans l'appartement ou plutôt le nid des deux amoureux, et pour vous aussi, petite Fleur-de-Mai.

— Qu'y a-t-il donc? s'écrièrent ensemble le mari et la femme.

— Toutes vos affaires sont arrangées en France, voici les lettres que je reçois du duc de la Torre; vous êtes riches, tu es comte de Kergorlaï par substitution, matelot, de plus Sa Majesté t'a nommé chef d'escadre.

— Bon! que m'importe cela! dit l'Olonnais en souriant à son enfant et à sa charmante femme, je refuse; je suis heureux et flibustier, je préfère m'en tenir là; et doña Violenta?

— Elle est entrée dans un couvent, où elle a prononcé ses vœux.

— Dieu veuille qu'elle soit heureuse!

Un nuage passa sur le visage de l'Olonnais, mais un baiser de son enfant l'effaça.

Jamais depuis les deux hommes ne reparlèrent de cette malheureuse jeune fille.

L'Olonnais tint sa promesse, il vécut et mourut flibustier.

Quant à notre ami don Pedro Garcias, l'expédition des Frères de la Côte lui fut doublement profitable : d'abord parce que Vent-en-Panne le récompensa généreusement de ce qu'il avait fait pour ses amis; ensuite parce qu'il était trop avant dans les secrets du gouverneur de la Vera-Cruz, pour que celui-ci tentât jamais de lui nuire.

Peut-être dirons-nous un jour comment se réalisa la prophétie sinistre du Chat-Tigre, et quelle fut la mort de Vent-en-Panne.

TABLE DES MATIÈRES

VENT-EN-PANNE

		Pages.
I.	Comment l'Olonnais se perdit dans la forêt et ce qui s'en suivit.	3
II.	Comment les boucaniers tentèrent une camisade contre San Juan de la Maguana et ce qui en advint.	14
III.	Comment Vent-en-Panne lut les papiers qu'il avait enlevés à Chanteperdrix et ce qu'il en advint.	27
IV.	Comment l'Olonnais et Pitrians débarquèrent au Mexique, et firent la rencontre de don Pedro Garcias.	38
V.	Quelle fut la première entrevue de l'Olonnais et du duc de la Torre à la Vera-Cruz.	50
VI.	Chapitre dans lequel les cancans vont un train d'enfer	61
VII.	Ce que c'était que le Velorio de las Ventanas et ce qui s'y passa	73
VIII.	Comme quoi l'Olonnais fut à l'église de la Merced, entra dans un confessionnal et ne se confessa pas.	86
IX.	Comment Pitrians fit la rencontre d'un ancien ami qu'il ne connaissait pas et ce qui s'en suivit.	98
X.	Comment Vent-en-Panne organisa une nouvelle expédition.	110
XI.	Où le Chat-Tigre prend sa revanche.	122
XII.	De la visite que reçut le duc de la Torre et ce qui s'en suivit	134
XIII.	Lutte de ruses.	147
XIV.	Comment Bothwel s'acquitta de la mission qui lui avait été confiée par le Chat-Tigre	159

TABLE DES MATIÈRES

XV.	Où Fleur-de-Mai se résout à agir.	170
XVI.	Comment les flibustiers s'emparèrent de la Vera-Cruz et ce qui en advint .	181
XVII.	Où Fleur-de-Mai se dessine.	192
XVIII.	Quel moyen employa don Pedro Garcias pour rencontrer l'Olonnais	204
XIX.	Où la duchesse de la Torre et le Chat-Tigre ont une explication délicate. .	216
XX.	Le châtiment	228

FIN DE LA TABLE DES MATIÈRES

Sceaux. — Imprimerie Charaire et fils.

CATALOGUE DES OUVRAGES DE LA MAISON F. ROY,
222, Boulevard Saint-Germain, PARIS

OUVRAGES DE XAVIER DE MONTÉPIN

			franco.
Le Mari de Marguerite...	complet.	9 »	10 50
Le Bigame.	»	6 »	7 »
Les Tragédies de Paris.	»	8 »	9 50
La Vicomtesse Germaine. } suite des *Tragédies de Paris*.	»	6 »	7 »
Le Secret de la Comtesse.	»	6 »	7 »
La Bâtarde.	»	5 50	6 »
Le Médecin des folles.	»	11 »	12 »
Sa Majesté l'Argent.	»	10 »	11 »
Son Altesse l'Amour.	»	12 »	13 »
Les Maris de Valentine.	»	8 »	9 »
Les Filles de bronze.	»	12 »	13 »
Le Fiacre N° 13.	»	13 »	14 »
La Fille de Marguerite.	»	12 »	13 »
La Porteuse de pain.	»	15 »	16 »
La Belle Angèle.	»	12 »	13 »
Simone et Marie.	»	15 »	16 »
Drames de la folie. *Le duc d'Allai*.	»	9 »	10 »

OUVRAGES D'ÉTIENNE ÉNAULT

L'Enfant trouvé...	complet.	6 »	7 »
Le Vagabond.	»	3 »	3 50
L'Homme de minuit.	»	3 »	3 50
Les Jeunes Filles de Paris.	»	9 »	10 »
Les Drames d'une conscience.	»	3 »	3 »

OUVRAGES D'ÉMILE RICHEBOURG

La Dame voilée.	complet.	4 »	4 50
L'Enfant du faubourg.	»	7 »	7 »
La Fille maudite.	»	8 »	9 »
Les Deux Berceaux.	»	8 »	8 50
Deux Mères.	»	7 50	
Le Fils.	»	8 »	9 »
Andréa la charmeuse.	»	7 »	8 »
L'Ilote.	»	9 »	10 »
La Comtesse Paule.	»	10 »	

SIRVEN ET LEVERDIER

La Fille de Nana.	complet.	9 »	10 »

ADOLPHE BELOT

Fleur-de-Crime.	complet.	5 50	6 50
Reine de beauté.	»	7 »	8 »
Hélène et Mathilde.	»	1 50	2 »
Mademoiselle Giraud (édition de luxe)	»	8 »	
La Femme de feu, (édition de luxe).	»	8 »	
Mélinite (édition de luxe).	»	8 »	
La Bouche de M*** X., (édition de luxe).	»	8 »	

OUVRAGE DE PIERRE ZACCONE

Les Pieuvres de Paris.	complet.	6 50	7 »

OUVRAGE DE A. MORTIER

Le Monstre amoureux.	complet.	3 »	3 50

OUVRAGE DE A. LAPOINTE

L'Abandonnée.	complet.	3 50	4 »

OUVRAGE D'EUGÈNE SCRIBE

Piquillo Alliaga.	complet.	10 »	11 50

OUVRAGES D'ÉLIE BERTHET

Les Catacombes de Paris.	complet.	5 »	5 50
La Jeunesse de Cartouche. 1re partie.	»	3 »	3 50
Les Crimes du sorcier.	»	3 »	3 50

GABRIEL FERRY

Le Coureur des bois.	complet.	10 »	11 »

RICHARD CORTAMBERT

Un Drame au fond de la mer.	complet.	2 50	3 »

G. DE LA LANDELLE
ROMANS MARITIMES

Une Haine à bord.	complet.	3 50	4 »
La Gorgone.	»	8 »	9 »

MICHEL MASSON

Les Contes de l'atelier.	complet.	7 »	8 »

ARNOLD BOSCOWITZ

Les Tremblements de terre.	»	4 »	5 »
Les Volcans, édition de luxe.	»	5 »	6 »

OUVRAGES DE GUSTAVE AIMARD

			franco.
Le Cœur loyal.	complet.	1 60	1 80
Les Rôdeurs de frontières.	»	1 60	1 80
Les Francs-tireurs.	»	1 90	2 20
Le Scalpeur blanc.	»	1 80	2 »
L'Éclaireur.	»	2 10	2 30
Balle-Franche.	»	1 90	2 20
Les Outlaws du Missouri.	»	1 95	2 20
Le Batteur de sentiers. Sacramenta.	»	1 30	1 50
Les Gambusinos.	»	1 60	1 80
Le Grand Chef des Aucas (1re Partie).	»	3 »	3 25

OUVRAGES DE PAUL SAUNIÈRE

Flamberge.	complet.	6 »	7 »
La Belle Argentière.	»	6 »	7 »
La Meunière de Moulin-Galant.	»	7 »	8 »
Le Roi Misère.	»	4 50	5 »

CH. MÉROUVEL

Le Roi Crésus.		9 »	10 »

OUVRAGES DE PAUL FÉVAL

Le Bossu.	complet.	6 »	7 »
Le Fils du diable.	»	10 »	11 50

H. GOURDON DE GENOUILLAC

Histoire nationale de la Bastille, comp.	» 75	1 »

PAUL MAX

Les Drapeaux français avec gravures coloriées. Complet » 75
franco... 1 »

OUVRAGE DE CLÉMENCE ROBERT

Les Quatre Sergents de la Rochelle, 1 vol, orné du médaillon des quatre sergents, d'après David d'Angers. *Franco*, 4 fr.

Les Mille et une Nuits, *Contes arabes*, traduits en français par GALLAND. 2 beaux vol. illustrés. Complets, 10 fr.; *franco*, 11 fr. Cartonnés, tranches dorées... 15 fr.

Les Mémoires de Canler, ancien chef de la police de sûreté. Complet en 2 volumes... 6 fr.; *franco*, 7 fr.

Romans comiques pour rire et dérider la rate

PAR A. HUMBERT
Auteur de la *Lanterne de Boquillon*

Les Noces de Coquibus.	»	2 »	2 50
Le Carnaval d'un pharmacien.	»	1 50	
Vie et aventures d'Onésime Boquillon. 2 volumes.			5 »

OUVRAGES HISTORIQUES
Éditions splendidement illustrées

Paris à travers les siècles, histoire de Paris et des Parisiens depuis la fondation de Lutèce jusqu'à nos jours, par H. GOURDON DE GENOUILLAC, avec une préface de M. HENRI MARTIN. 5 vol. Chaque volume contient 120 gravures dans le texte, 60 belles gravures hors texte et 15 costumes coloriés avec soin. Chaque volume broché... 12 fr.; *franco*, 13 fr.
En série... 75 centimes; *franco*, 80 c.

La France et les Français à travers les siècles, par AUGUSTIN CHALLAMEL. (Ouvrage couronné par l'Académie française.) En vente les quatre volumes illustrés chacun de 130 gravures dans le texte, 65 gravures tirées à part et de 25 costumes coloriés. Le volume broché... 15 fr.; *franco*, 16 fr.
Chaque série... 75 centimes; *franco*, 80 c.

Les Costumes civils et militaires des Français à toutes les époques, belle édition de luxe coloriée avec soin, représentant les personnages célèbres de tous les siècles. Chaque série... 60 centimes; *franco*, 65 c.
Sont parues 24 séries.

Histoire populaire des ballons et ascensions célèbres, avec préface de NADAR, dessins de TISSANDIER. Un beau volume illustré, broché... 8 fr.
Cartonné, tranches dorées... 10 fr.

La Belle Gabrielle, par Auguste MAQUET. Le vol. broché. 7 »	La Belle Gabrielle, nouvelle édition de luxe avec nombreuses gravures inédites. Complet... 15 »
La Maison du baigneur (suite de la Belle Gabrielle), par Auguste MAQUET. Le volume broché... 4 »	Histoire des Bagnes depuis leur création jusqu'à nos jours, par Pierre ZACCONE. Un magnifique volume... 12 50
Les Confessions de Marion Delorme, par Eugène de MIRECOURT. Prix, broché... 10 50	Histoire de la Bastille depuis sa fondation, 1374, jusqu'à sa destruction, 1789, par MM. ARNOULD, ALBOIZE et A. MAQUET. Prix du volume broché... 10 »
Mémoires de Ninon de Lenclos, par Eugène de MIRECOURT. Prix du volume broché... 9 50	Le Donjon de Vincennes (suite de la Bastille). Un beau volume...
L'Article 47, par Adolphe BELOT. Prix du volume broché. 1 50	
Le Parricide, par Adolphe BELOT et Jules DAUTIN. Prix... 3 50	Histoire des Conspirateurs anciens et modernes, par Pierre ZACCONE et Constant GUÉROULT. 1 volume broché... 6 »
Les Contes de Boccace. 1 beau volume broché... 10 »	Les Grands Drames de l'Inde. Procès des Thugs étrangleurs, par René de PONT-JEST. Prix... 7 »
Vies des Dames galantes, par le seigneur de BRANTOME. Prix du volume broché... 3 »	
Histoire des amoureux et amoureuses célèbres de tous les temps et de tous les pays, par Henri de KOCK. Prix du volume broché... 5 »	Réimpression *in-extenso* du Journal officiel de la Commune, des numéros du dimanche 19 mars au mercredi 24 mai 1871, dernier numéro paru. Ouvrage complet... 10 »
Les Femmes infidèles, par Henri de KOCK. Fort volume de 100 livraisons, orné de 100 magnifiques gravures. Prix... 10 »	

Sceaux. — Imprimerie Charaire et fils.

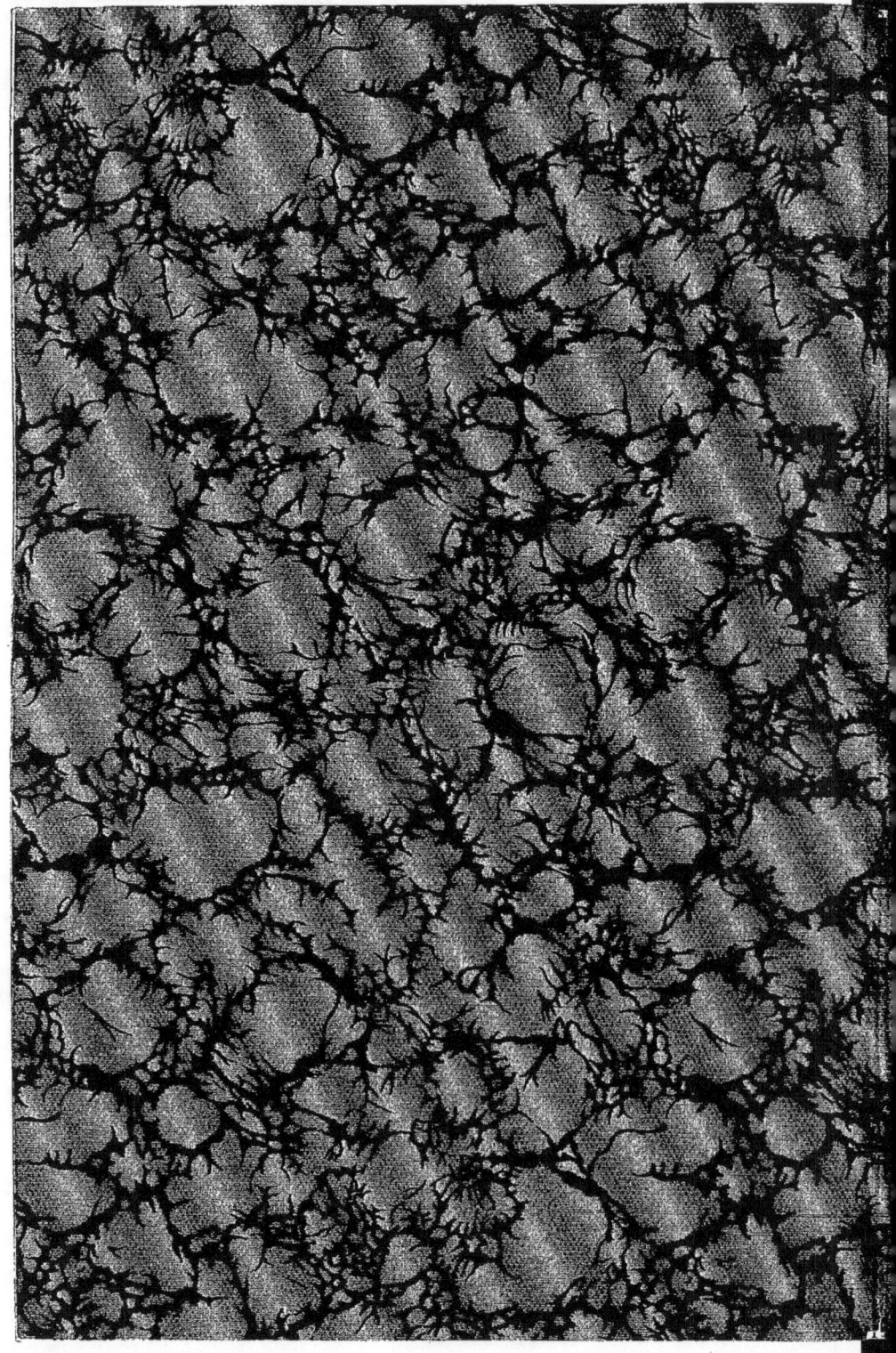

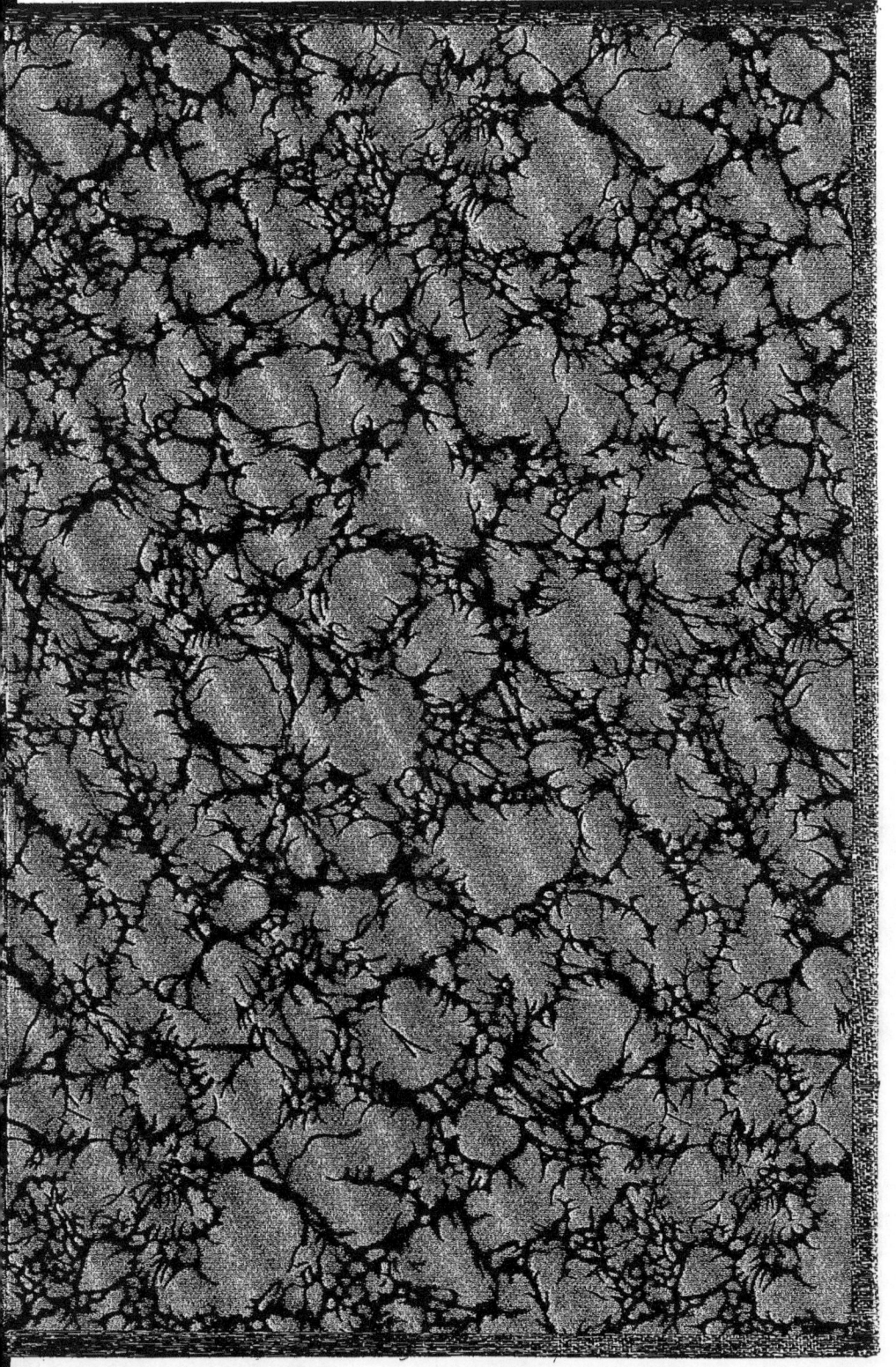

www.ingramcontent.com/pod-product-compliance
Lightning Source LLC
Chambersburg PA
CBHW070621170426
43200CB00010B/1878